30일 간의
미국★횡단일주기

2003년 여름

30일 간의 미국★횡단일주기

– 가족과 함께 밥통 들고 떠난
아메리카 촬영여행기

글·사진 | 정상원

눈빛

Around the USA in Thirty Days
Photographs & Essays by Jung SangWon
Copyright ⓒ 2004, Jung SangWon
ISBN 89-7409-955-1

지은이 정상원은 1999년 아내와 딸, 그리고 여섯 살 난 아들을 데리고 미국으로 이민을 갔다.
한국에서는 사진가로 활동하면서 사진학원을 운영했는데 구제금융 이후 어려워진 국내 경기가
그와 그의 가족을 미국행 비행기에 오르게 했다. 현재는 미국 워싱턴 주 타코마에 거주하고
있는데, 그가 미국에 도착해 설립한 Seattle Photo Intelligence Network(SPIN) 대표로 있으면서
주로 사진관련 일을 중심으로 생업에 열중하고 있다. 한국의 입장에서 보면 미국은
친미와 반미의 나라이겠지만 그의 사진을 보면 그는 정치적 입장보다도 미대륙이 지니고 있는
자연의 아름다움에 매료되어 있는 듯하다. 2003년 가족과 함께했던 30일간의 미국 횡단일주
를 통하여 그는 미국과 한국을 좀더 객관적으로 보게 된 것과 가족간의 유대감을 확인한 것을
큰 수확으로 삼고 있다. 즉 한 장의 잘 찍은 사진보다도 인종을 떠난 인간의 아름다운 삶에
더 큰 비중을 두어야 한다는 것이 이 여행기가 전해 주는 메시지일 것이다.
그는 두 번의 사진전을 미국에서 개최하였는데 타코마에서 개최한 사진전은
[아메리카 풍경]전(보더스 갤러리, 2002)이었고, 다른 한 번은 시애틀에서
[한국 장승]전(아시안 소치 갤러리, 2002)을 연 바 있다.
그가 낸 책으로는 사진기술서 [사진입문](눈빛, 2002)과
사진집 [장승](눈빛, 2000)이 있다.

30일 간의 미국 횡단일주기

– 가족과 함께 밥통 들고 떠난 아메리카 촬영여행기
정상원 지음

초판 1쇄 발행일 —— 2004년 12월 11일 / 발행인 —— 이규상 / 발행처 —— 눈빛
서울시 마포구 성산동 572-506호 전화 336-2167 팩스 324-8273 / 등록번호 —— 제1-839호
등록일 —— 1988년 11월 16일 / 편집·디자인 —— 정계화·박인희·손현주
출력 ——DTP 하우스 / 인쇄 —— 예림인쇄 / 제책 —— 일광문화사
값 13,000원

  미국에 온 이후, 틈날 때마다 여행을 했다. 한국에서 사진학원을 운영하면서 실기보단 이론에 치중한 '기형적인 사진가'라 자평을 했던 나로서는, 그 동안 알고 있던 이론을 실천하고자 하는 마음으로 떠난 촬영 여행들이었다. 무한하게 펼쳐진 변화무쌍한 이국의 자연을 바라보며 이러한 자연속에서 사는 미국인들이 한없이 부럽기도 했고, 수시로 변화하는 자연의 모습에서 진정한 아름다움을 느끼기도 했다.

  내가 살고 있는 워싱턴 주를 비롯한 서부 지역은 세계적인 풍경사진의 대가들이 많이 배출된 곳이라 나의 호기심을 더욱 자극했다. 다니면 다닐수록 자꾸 가고 싶었고, 마치 무언가에 홀린 사람처럼 카메라 셔터음에 취해서 마냥 돌아다니고 싶었다.

  몇 번 그렇게 다니다 보니 미국이란 나라가 생각보다 상당히 크고 자연의 다양한 모습을 지닌 선택받은 땅이라는 생각이 들었다. 조금씩 알아갈수록 전체를 보고 싶다는 생각이 들었다. 그러나 그게 생각처럼 쉬운 일이 아니다. 미국은 동부에 있는 몇 개 주를 빼곤 대부분의 주들이 우리나라보다 넓다. 어떤 주들은 몇 배씩 크기도 하다.

  게다가 가족 모두와 함께 자동차로 여행을 한다는 게 상당한 부담이 됐다. 조금 망설였지만 큰 마음 먹고 떠나기로 했다. 비록 일정은 짧았지만

그동안의 여행 경험을 바탕으로 미국의 진정한 모습을 살펴보고 원없이 사진도 찍어 보자는 각오였다.

한국에 있을 땐 바쁘다는 이유로 가족과 함께 할 시간이 많지 않았다. 그때의 미안한 마음도 갚고, 책으로만 보는 세상이 아닌 직접 눈으로 보고 느낄 수 있는 소중한 시간이 되었으면 하는 마음으로 떠난 여행이었다. 조금은 어려운 환경에서 여행을 하다 보니 자연스럽게 서로를 이해하고 아끼는 마음이 생겨났다. 아이들에게는 스스로를 챙기고 준비하는 습관이 생겼다. 부모에게 의존하는 마음보단 모든 일을 스스로 해결하고자 하는 의지를 보였고, 여행중엔 차 안에서 보내야 하는 긴 시간을 보내는 방법의 하나로 책을 읽기 시작했는데, 그것이 습관이 되어 요즘도 늘 책을 가까이하고 있다.

이번 여행을 통해 겉으로 보이는 미국인들의 안락함과 부유함 뒤에 감추어진 어두움도 볼 수 있었고, 나라가 어려울 땐 상상을 초월할 정도의 결속력을 보이는 이들의 애국심도 발견할 수 있었다.

흔히 미국인들은 핵가족이 성행하여 개인주의와 이기주의가 일반화되어 있다고들 말한다. 나 또한 미국에 오기 전에 그렇게 생각을 했다. 그러나 이들은 우리들보다 더 가족중심적이며, 가족간의 존중감 또한 대단했다. 게다가 상대방에 대한 이해심이 많았고, 자기보단 남을 더 배려하는 태도도 인상 깊었다. 운전중에도 서로 양보하는 자세와 문을 열고 닫을 때도 뒤따라오는 사람이 있으면 뒷사람이 들어올 때까지 문을 잡아 주는 작은 배려의 마음이 이들의 생활이고, 미국을 세계최강국으로 만든 원천임을 느꼈다.

인종문제, 마약, 총기사용문제 등 산적한 사회문제가 그들의 앞날을 불투명하게 하는 건 사실이지만, 위기를 슬기롭게 넘길 줄 아는 지혜와 국가의 위기 앞에 하나로 뭉치는 대단한 결속력을 보면서 우리가 이들에게 현실적으로 배울 게 많다고도 생각했다. 광대한 대륙과 자연박물관이라는 말이 손색이 없을 정도의 다양하고 변화무쌍한 자연 경관과 좀 과하다 할 정도의 친절함이 이들이 가지고 있는 자신감이며 힘이고 자랑이 아닐까.

앞으로 미국 여행을 준비하고 계획하는 모든 이들에게 우리 가족의 여행의 경험이 조금이나마 도움이 되었으면 하는 마음과 우리 가족의 다음 여행의 디딤돌이 되었으면 하는 마음으로 지난번 여행을 책으로 정리해 펴내게 되었다.

이 책이 나오기까지 재주 없는 필자의 글을 받아 주시고 편집해 주시느라 고생하신 눈빛출판사 이규상 사장님과 직원 모두에게 진심으로 감사를 드리며, 마음 편히 촬영을 다닐 수 있도록 한국에서 고생하며 지원해 주셨던 학원 선생님들께 이 자리를 빌어 감사드린다.

2004년 11월 워싱턴 주 타코마에서
정상원

contents 차례

11 - 20 day

21 - 30 day

20030711-0720

□ 일러두기   1. 이 책의 지명은 표준외래어표기법을 기준으로 했습니다.
              2. 이 책에 사용된 지도는 Rand McNally사의 「The Road Atlas 2002」에서 발췌했습니다.

미국의 국립공원

데 스　　　밸 리　　　국 립 공 원

조슈아　　　트리　　　국립공원

요 세 미 티 국 립 공 원

데 빌 스   타   워

캐니언 랜드 국립공원

모 뉴 멘 트   밸 리

빅　　밴드　　국립공원

그 랜 드   캐 니 언

예지네 가족의
미국 생활

왼쪽부터 아빠 정상원, 엄마 이명자.
딸 예지, 아들 도희.

나에게 1998년은 정말 힘든 해였다. 물론 나뿐 아니라 대한민국 모든 국민이 상당히 고통을 받았던 시기라고 생각한다. 십여 년 사진학원을 해오면서 자만과 나태함으로 몇 번의 어려움을 겪었지만 그런 모든 것은 내 잘못에 의해 만들어진 것이라 조금만 노력하고 신경 쓰면 해결방법이 보였고 금방 극복할 수 있었다. 그러나 1998년에 닥친 IMF라는 생소한 단어는 도대체 해결책을 찾을 길이 없었다. 1999년, 미칠 것 같고 터질 것 같은 심정으로 가족들을 데리고 무작정 미국행 비행기를 탔다. 아무것도 모르는 6살, 9살짜리 아이들을 데리고 도망치다시피 떠난 것이 우리 가족 이민생활의 출발이 된 것이다.

우리 가족은 모두 네 식구이다. 아내의 말을 빌리면, 사진이 인생의 전부라 할 만큼 사진을 사랑하는 나, 정상원_{이 말에 조금은 찔린다} 반대로 사진을 끔찍이 싫어하는 자기, 이명자_{내 생각엔 나보다 더 좋아하는 듯한데…} 그리고 태어나면서부터 목에 카메라를 걸어 주어 자연스럽게 사진을 사랑하게 된 딸 예지_{어느덧 이곳 나이로 15살이다. 9살에 들어왔는데 그 사이 몰라보게 성숙해졌다. 살도 조금 빠지고, 물론 공부도 알아서 잘해 주니 고맙다} 그리고 아들 도희_{이놈은 운동이라면 사족을 못 쓰는, 조금은 덜렁대지만 샤프하기도 한 12살짜리 소년이다} 이렇게 네 명은 1999년 2월, 미국에 정착했다.

정착해 보겠다는 생각으로 들어와 보니 전에 여행왔을 때와는 상황이 많이 틀렸다. 일단 아이들은 학교를 다녀야 했고, 아내와 나는 기본적인 생활을 위해 그리고 미국을 알기 위해서 일을 해야 했다. 미국에서의 첫 직업은 그로서리_{미국의 슈퍼마켓}에서의 일이었다. 그로서리 일은 정말 단순한 노동이었다. 진열대에 물건을 정리해 놓으면 되는 일로, 몸은 좀 고달팠지만 그런대로 할만 했다._{교민들이 하는 대부분의 일은 육체적인 노동이다} 언어문제는 둘째치고, 이곳에 와서 제일 적응하기 힘들었던 것은 상당히 느리고 여유 있게 일하는 이곳 사람들의 생활태도였다. 빨리빨리에 익숙해 있던 우리, 특히 성질이 급한 나에게는 정말 적응하기 힘든 부분이었다.

이곳에서의 일은 시간 싸움이다. 시간이 돈이라는 말이 실감이 날 정도로 얼마나 많은 시간 일을 하느냐에 따라 수입이 정해진다. 미국의 모든 주는 시간당 최저임금이 정해져 있다. 우리가 있는 워싱턴 주는 시간당 7불 20센트다. 또한 기본 노동시간이 8시간이며, 이 시간을 초과하면 시간당 1.5배를 더 받는다. 이렇다 보니 대부분의 이민자들은 한 시간이라도 더 일을 하려고 노력한다. 부부는 대부분 맞벌이를 한다. 자영업을 하는 분들이 많은데, 이들은 지출을 줄이기 위해 사람을 쓰지 않고 거의 하루 대부분을 일을 하면서 보낸다. 이러다 보니 우리 교민들의 삶은 정말 빡빡하고 고되다.

많은 분들이 아이들 때문에 이민을 온다고 하지만, 실제로는 일을 하느라 아이들과 동떨어져 생활하는 경우가 많아 안타까웠다. 아이들이 조금 큰 다음에 이민 온 가족들은 아이들이 적응을 하지 못해 방황하는 경우가 종종 있어 문제를 일으키기도 한다. 이런 상황에서 우리 아이들에게 지금도 고마운 건 영어 한 마디도 못하면서 아무런 불만 없이, 아무 탈 없이 건강하게 학교를 잘 다녀준 것이다. 처음엔 애들에게 상당히 미안하다는 생각을 했다. 사람 사는 건 어디나 마찬가지라고, 조금 지내다 보니 우리 가족은 그럭저럭 적응이 되어 갔다. 아이들은 정말 빠르게 적응했다. 이민의 나라답게 미국 대부분의 학교엔 ESL과정이 있어 영어를 못하는 친구들은 일반수업과 영어수업을 같이 받게 되어 있다. 영어 한 마디도 못하던 아이들이 지금은 원어민과 비슷할 정도니 정말 신기하다. 물론 우리 부부는 아직도 헤매지만….

우리 가족은 그래도 다른 분들보다는 다소 편하고 쉽게 이민 생활에 적응하고 있는 듯하다. 대부분의 이민자들은 자신들이 한국에서 하던 일과는 상관없는 직업에 종사하는 경우가 많다. 그러나 아직까지 나는 이곳에서도 사진이란 일을 하고 있다는 게 행복하다.

미국 횡단여행 후 몸과 마음이 훌쩍 커 버린 아이들을 보면서 앞으로도 건강하고 씩씩하게 자라 주었으면 하는 마음이다.

우리 가족은 아빠·엄마·도희 그리고 나. 우린 지금 워싱턴 주 University Place에 살고 있다. **아빠**는 사진학원 원장님이시다. 새로운 취미는 요리. 아직은 초보 요리사 요즘 들어 요리하는 걸 아주 좋아하신다. 제일 잘하는 음식은 떡볶이! 치즈 떡볶이 빼고(그건 정말 맛이 없었다). 아빠는 운동하는 걸 좋아하신다. 운동은 생각보다 참 잘하신다. **엄마**는 그냥 평범한 아줌마. 엄마는 아빠랑 달리 요리하는 걸 무지 싫어하신다(솔직히 말해서 별로 잘하시는 것도 아니다). 근데 춤추는 걸 아주 좋아하신다. TV 보며 가수들이 추는 춤을 따라 하시는 걸 보면 참 재밌다. **내 동생 도희**는 그냥 말썽꾸러기. 게임과 야구를 엄청나게 좋아한다. 도희의 하루일과는 공부하는 것 빼면 게임하고 야구 게임을 보는 것. 게임도 전부 운동 게임이다. 도희는 한국 친구들이 별로 없다. 그리고 **나 예지**. 난 그냥 평범한 학생. 예쁜 것도 아니고, 키가 크지도 않고, 엄청나게 공부를 잘하는 것도 아니다. 돼지를 정말로 좋아하고(그래서 돼지고기도 잘 먹지 않는다), 떡볶이를 좋아한다. 미국보다 한국이 더 좋고, 가끔 한국말로 혼자 얘기를 하기도 한다. 그래서 애들이 나보고 이상하다고 한다. 어쨌거나 지금 우리 가족은 행복하다.

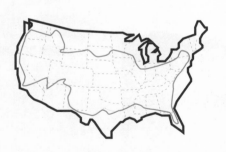

이 여행기는 미국으로 이민간 한국인 한 가족의
20,933킬로미터에 달하는 30일간의
아메리카 횡단일주를 기록한 것이다.
2003. 6. 21 - 2003. 7. 20.

Washington to Montana
워싱턴 주에서 몬태나 주까지

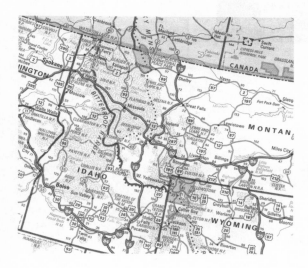

a trip log

워싱턴 주 타코마, 시애틀
→ 스노쿼미 지역 →
야키마 → 스포캔 →
아이다호 → 몬태나 미줄
라

    2003년 6월 21일 토요일, 많은 기대와 희망을 가지고 준비한 여행이다. 나름대로 꼼꼼하게 준비한다고 했지만 그래도 부족한 게 많은 듯해서 이 것저것 점검하다 보니 출발 예정 시간보다 1시간 늦은 오전 11시에 집에서 출발했다. 떠날 때 날씨는 조금 흐리고, 기온은 화씨 59도 ^{섭씨 14-15도} 정도로 다소 선선했다.

    우리가 살고 있는 워싱턴 주 타코마, 시애틀 지역은 한여름에도 그리 덥지 않고 날씨가 아주 쾌적하고 시원하다. 아침 저녁으론 한기를 느낄 정도로 선선한 게 이 지역 날씨의 특징이다. 집을 나와 고속도로인 I-5를 타고 북쪽으로 올라오다 퓨얼랍^{Puyallup}에서 167번 도로로 나와 북쪽으로

미국의 도로 a way of America

미국의 도로는 우리나라 고속도로에 해당하는 인터스테이트Interstate: 주간(州間)도로와 국도에 해당하는 US도로 그리고 지방도로에 해당하는 일반 도로로 나누어진다.

미국 도로의 대동맥에 해당하는 인터스테이트 도로의 초기 건설 목표는 미 대륙 전체를 외부의 적으로부터 원활하고 효과적으로 방어하기 위한 것이었으나 결과적으론 이 도로의 완성으로 도심과 교외의 연결은 물론 원거리 도시에까지 인적, 물적 유통이 눈부시게 이루어져 미 전역이 고르게 발전할 수 있는 기틀을 마련하게 되었다. 인터스테이트 도로는 대문자 I 를 앞에 두고 뒤에 숫자로 표시하며, 파랑 바탕에 흰 글씨로 되어 있고, 위쪽은 빨강색에 흰 글씨로 Interstate라고 씌어져 있다. 다음으로 우리나라의 국도 개념인 US도로가 있는데, 이 도로는 인터스테이트 도로 다음으로 미 전역에 걸쳐 도시와 도시를 연결해 주는 도로이며, 일반적으로 인터스테이트 도로보다 아기자기한 볼거리가 많아 자동차 여행에 재미를 주는 도로이다. 도로의 표시는 흰 바탕에 검은색 숫자로 표시한다. 마지막으로 각 주에서 관리 운영하는 주도로가 있는데, 주도로는 일반적으로 자신들의 주 이미지를 상징화시켜 표시한다. 예를 들어 워싱턴 주의 이미지는 미국 초대 대통령인 조지 워싱턴이다. 주도로의 표시는 조지 워싱턴 두상 모양의 그림 가운데에 도로 숫자를 표시한다. 자동차 통행량의 70퍼센트 이상이 고속도로에서 처리될 정도로 미국의 고속도로는 생활에 상당히 중요한 역할을 한다. 또한 모든 도로는 숫자로 구분된다. 홀수는 남북을 연결하는 도로를, 짝수는 동서를 연결하는 도로를 의미한다. 번호가 세 자리로 끝나는 도로는 순환도로 역할을 하고 5, 0으로 끝나는 도로는 대륙 종·횡단도로를 의미한다. 또 한 가지 특징으로 고속도로는 5마일당 1마일은 직선구간으로 건설, 전쟁이나 대형사고 등 위급상황 발생시 항공기 이착륙이 가능하도록 비상 활주로 구간을 만들어 놓았다.

달렸다. 아번Auburn 지역에서 18번 동쪽 방향으로 들어와 I-90 도로로 들어왔다.

스노퀼미Snoqualmie 지역으로 접어들자 비가 오면서 기온이 뚝 떨어졌다. 이 지역은 캐스케이드 산맥을 넘는 곳으로, 날씨의 변화가 심하여 늦봄까지도 눈발이 날리는 지역이다. 주변 경관이 상당히 웅장하고 수려한 산악 지형으로, 보는 이를 압도한다. 겨울엔 눈이 많이 내려 스키장으로 각광을 받고 있고, 서북미에서 가장 높다는 스노퀼미 폭포가 있다. 계속 오르막길로 올라오다 내리막길이 시작되는 지점에 이르자 날씨는 거짓

말처럼 맑아지고 기온도 올라갔다.

야키마부터는 사막 지형을 보이기 시작했고, 기온도 부쩍 올라갔다. I-90 도로를 가끔 다녀 봤지만 낮에 가기는 처음이라 모든 것들이 새롭게 보였다. 아리조나나 유타 지역을 달리는 것 같은 착각을 불러일으킬 정도로 주변 환경은 서부 워싱턴 분위기와는 사뭇 다른 사막 지형을 보이고 있다.

야키마를 지나 엘렌스버그^{Ellensburg}에서 조지^{George} 사이가 사막 지형을 보였고, 그 이후부터 워싱턴 주 제2의 도시인 스포캔^{pokane} 가까이 가기 전까지는 나무는 거의 없는 완만한 초원이 계속되었다.

스포캔에 가까이 이르자 다시 숲과 나무들이 나타났지만 서쪽 지역에 비해 많이 부족했다. 스포캔 근처에서 기름을 넣기 위해 주유소로 들어갔다. 미국의 주유소는 대부분 셀프로, 본인들이 직접 주유를 해야 한다. 미국에서 유일하게 우리나라처럼 직원이 나와 주유를 해주는 주가 한 곳 있다. 워싱턴 주 바로 아래에 있는 오리건 주로, 이 주는 고용 창출을 이유로 주유 직원을 채용하여 직원들이 주유를 하도록 주법으로 되어 있다.

개스 ^{Gas:미국인들은 휘발유를 개스라고 함} 회사마다 가격 차이가 있고, 같은 회사라도 주유소 주인에 따라 가격은 천차만별이라 대부분의 미국인들은 자기가 선호하는 회사 그리고 좀더 싼 가격의 주유소를 좀 멀더라도 찾아가는

미국인들의 알뜰함

미국은 세계에서 가장 부유한 나라이다. 우리말에 부자는 부자가 될 만한 이유가 있다고들 하는데, 미국 또한 마찬가지다. 이곳의 사람들은 가까운 슈퍼를 가더라도 할인 쿠폰을 잘 이용한다. 그 날그날 이벤트 형식으로 할인을 하는 품목들이 있다. 우편으로 배달되는 홍보지에 붙어 있는 할인 쿠폰도 잘 모아 두고, 또 슈퍼 입구에 할인 쿠폰북이 배치되어 있어 그것을 뒤져 자신이 사고자 하는 상품에 맞는 쿠폰을 찾아 이용도 한다. 우리 같으면 그냥 귀찮다고 지나칠 일이지만 이들은 얼마 안 되는 돈이라도 꼭 할인 쿠폰을 이용해 할인된 가격으로 구입을 하는 게 습관화되어 있다.

경우가 많다. 그만큼 실리를 따지는 사람들이 미국인들이다.

세콰이어 8인승 도요다 지프인 우리 차도 일반 개스를 넣는다. 오늘도 아무 생각 없이 레귤러 기름을 넣으려고 주유기를 들고 버튼을 눌렀더니 기름이 떨어져 슈퍼 프리미엄만 넣을 수 있다는 안내말이 나왔다. 프리미엄도 아니고 가장 비싼 슈퍼 프리미엄이라니. 자세히 보니 작은 글씨로 주유기에도 적어 놓았다. *Out of Order* 라고.

동네 같았으면 그냥 돌아 나올 일인데 갈 길도 멀고 지금 안 넣고 나가면 다음 엑시트Exit로 또 나가서 주유소를 찾아야 하는 번거로움에 귀찮기도 해서 먼 길 가는데 영양가 있는 기름으로 호강 좀 시키는 것도 좋을 것 같아서 울며 겨자 먹기로 비싼 기름을 넣고 나왔다.

서부지역의 고속도로에는 우리나라 같은 고속도로 휴게소가 없다. 도로를 달리다가 배가 고프다던가 기름을 넣고자 한다면 고속도로를 빠져 나와 근처 동네로 들어가야 한다. 엑시트로 나가자마자 마을이 나오면 좋은데 잘못 나가면 마을 안쪽으로 한참 들어가야 하는 경우도 있다. 대신에 고속도로에는 레스트 에어리어Rest area라는 화장실

주유소

개스의 종류는 레귤러Regular: 주유소에 따라 Unleaded 라고 부르기도 함 프리미엄Premium 슈퍼 프리미엄Super Premium 등 보통 세 가지로 구분이 된다. 물론 이러한 명칭도 회사마다 각기 다르게 부르고 있다. 대부분의 차들은 레귤러 개스를 넣게 되어 있고 가격도 가장 저렴하다. 가끔 슈퍼 프리미엄 개스를 꼭 넣으라는 고급차들도 있다. 이런 차들은 대부분 유럽 차종이다. 개스값은 최근 들어 많이 올랐지만 그래도 우리나라보다 훨씬 싼 편이다. 갤론당 레귤러가 평균 1.80불 정도(2004년 9월 현재 서부)다. 또한 디젤차에 넣는 경유가 일반 레귤러 휘발유값보다 비싼 게 이곳의 특징이며, 경유를 넣을 수 있는 주유소도 그렇게 많지 않다.

고속도로변 휴게소 입구

과 자신들이 준비한 간단한 식사를 하면서 쉴 수 있는 공간이 마련되어 있지만 우리나라 휴게소처럼 먹고 마시고 쉴 수 있는 편의시설 중심이 아니다.

아무튼 오늘은 몬태나까지 가는 논스톱 일정이라 종일 차 속에 있어야 했던 아이들은 상당히 지겨운 듯했다. 예지는 계속 잠에 취한 듯 기회만 오면 잠들었고, 도희는 게임 보이에서 눈 한 번 떼지 않았다.

집에서 출발한 지 6시간 30분 만에 워싱턴 주를 벗어나 아이다호Idaho 주로 진입했다. 아이다호는 1시간 50분 가량 통과해야 하는 짧은 지점이지만 우리 애들이 상당히 싫어하는 주이기도 하다. 지난번 여행에서 느낀 것이지만 아이다호 사람들의 아시안을 보는 시선은 무척 냉정하다. 워싱턴이나 오리건 등 기타 서부지역의 미국인들과는 달리 마주쳐도 거의 웃지 않고 무표정한 얼굴들이 보는 사람을 기분 나쁘게 한다. 말은 안했지만 그러한 분위기를 애들도 알아차린 듯해서 우울했다. 선입견이랄 수도 있겠지만 아이다호 주는 별로 머물고 싶지 않은 곳이다.

커피 한 잔 사려고 잠깐 내린 그로서리Grocery 이외엔 한 번도 쉬지 않고 아이다호를 통과했다. 주변 분위기도 별다른 특색을 찾지 못할 정도로 평범했다.

오후 6시 45분경 몬태나Montana 주로 들어왔다. 몬태나는 주 이름의 유래처럼 주변에 산이 많다. 웅장하지는 않지만 아기자기하고 예쁜 산들이 도로 주위를 감싸고 있었다. 지대가 높은지 하늘과 땅이 닿은 듯 구름이 우리 얼굴 바로 위에 있었고, 주변에 보이는 농장들이나 집들도 상당히 한가롭고 평화롭게 보였다. 도로 위에는 벌써부터 많은 휴가 차량들이 달리고 있었다.

워싱턴 시간으로 저녁 8시 30분에 몬태나 미줄라Missoula에 도착했지만 몬태나부터 시간이 한 시간 빨리 가는 지역 Mountain Time 적용지역 이라 이곳 시간으로 9시 30분이었다. 규모가 상당히 넓은 지역이었으며, 북으로는 글레이셔 국립공원이, 남으로는 옐로스톤 국립공원이 있어 중간지점으로 유명 관광지인 듯 많은 휴가 차량들로 붐볐다. 모텔마다 빈방이 없어 미국에 와서 다닌 여러 여행중 처음으로 방을 구하지 못해 애를 먹었다.

결국 다시 고속도로로 나와 미줄라 다운타운에서 조금 떨어진 곳으로 이동해서 간신히 방을 구했다. 모텔 방에 들어온 시간이 밤 10시 30분, 이번 여행의 첫 어려움을 겪은 셈이다.

여행을 떠나기 전 이것저것 주워 들은 말이 생각난다. 자신들의 여행 경험을 들려준 내용들로 어떤 면에선 편견에 가까운 말들이었지만 방을 구하지 못할 땐 정말 그런 것 아닌가 하는 생각도 들었다. 말인즉슨 유색 인종들에겐 빈방이 있어도 잘 내주지 않는다는 것이었다.

미국의 모텔들은 대부분 모텔 입구에 빈방이 있는지 없는지를 표시한다. 빈방이 있을 땐 베이컨시Vacancy 없을 땐 노 베이컨시No Vacancy라는 말로 표시해 둔다. 간혹 No Vacancy라고 하지 않고 Sorry라는 말로 표현하는 곳도 있다. 분명 베이컨시라는 표시가 있어 들어갔더니 없다고 했단다.

나는 그런 경험을 해보진 않았지만 늦은 시간까지 방을 구하지 못하니 그 말이 맞는 게 아닌가 하는 생각이 들기도 했다. 하지만 오늘 알아본 모텔들은 모두 노 베이컨시라는 표시가 되어 있었는데 혹시나 하는 생각으로 들어가 물어 본 것이었고, 많은 미국 사람들도 우리같이 방을 구하

캐스케이드 Cascade 산맥

미국 북서부 캘리포니아, 오리건, 워싱턴 주에 걸쳐 있는 산맥이며, 북쪽으로는 캐나다까지 이어져 있다. 최고봉인 레이니어 산을 비롯해 새스타, 아담스, 후드, 제퍼스, 세인트 헬렌 등의 화산이 연속해 있고 고산 지역에는 빙하가 현존하고 있으며, 각지에서 빙하 지형을 볼 수 있다. 워싱턴 주는 이 산맥을 기준으로 동서로 구분되어 있다. 서쪽은 우리가 잘 아는 시애틀, 타코마 등 워싱턴을 대표하는 도시들이 많이 있으며, 인구는 물론 모든 생산과 행정, 문화도 서쪽 지역을 중심으로 밀집되어 발전되고 있다. 또한 서쪽은 강우량이 많아 숲이 우거져 있으며 세계적인 임업지대다. 반대로 동쪽은 비교적 건조하며 여름에는 덥고 겨울에는 추운 지형으로, 인구 밀도도 낮고 숲은 거의 볼 수 없는 지역이다. 대표적인 도시로는 워싱턴 주 제2의 도시인 스포캔이 있다. 이 산맥의 최고봉인 워싱턴 주의 레이니어 산은 높이는 4,323미터로 국립공원으로 지정되어 있어 많은 관광객이 찾는 명소다. 또한 오리건 주의 크레이터 호수도 국립공원이다.

스노퀄미 폭포 Snoqualmie Fall

시애틀 다운타운에서 동쪽으로 40킬로미터 정도 떨어진 곳에 있다. 공원 입장료는 별도로 없으며, 폭포 주변으로 공원이 조성되어 있는 조용하고 아름다운 곳이다. 폭포의 폭은 그리 넓지 않지만 높이에 있어서는 나이애가라 폭포보다 30미터 정

도가 더 높다. 나이애가라 폭포가 51미터, 스노퀄미 폭포가 약 81미터 폭포는 위에서 볼 수 있도록 만든 전망대가 있고, 폭포 바로 아래까지 내려가 볼 수 있는 트레일 코스가 있다. 왕복 한 시간 정도의 길로 내려가면 폭포의 바로 앞까지 갈 수 있고, 웅장함과 장엄함을 가깝게 느낄 수 있다.

영화 「트윈 픽스 Twin Peaks」의 촬영지로도 유명하다. 카메라 렌즈인 시그마 렌즈의 광고사진에 등장하는 폭포가 또한 스노퀄미 폭포이다. I-90 도로선상에 위치한다.

로 들어가 물어 본 것이었고, 많은 미국 사람들도 우리같이 방을 구하지 못하고 헤매는 것을 보고 내 생각이 틀렸다는 것을 알았다. 모든 오해는 편견에서 시작된다. 잘못된 선입견을 버려야 이번 여행이 편해질 것이란 생각이 들었다.

서둘러 미국 사발면 _{사실은 일본 사발면으로 미국인들이 좋아함} 으로 저녁 식사를 간단히 해결한 후 내일의 일정을 준비했다.

이번 여행을 통해 유익한 정보와 많은 경험을 했으면 하는 기대를 해본다. 오랜만에 장시간 운전을 해서 그런지 많이 피곤했다. 오늘 달린 거리는 약 480마일 정도 그러니까 870킬로미터였다. 내일부터는 본격적인 여행이 시작된다. 조금은 들뜬 기분으로 잠을 청했다.

아이다호 주 Idaho

면적은 한반도 크기와 비슷하고, 인구는 120만 명 정도로 교포 수는 약 2,000명 정도 된다고 한다. 동쪽으로 로키 산맥이 겨울 추위를 막아 주어 위도나 고도에 비해 겨울의 기온이 비교적 온화한 편이다. 감자가 유명하며, 달의 표면을 닮은 크레이터 국립공원과 서북미에서 가장 깊은 헬스 캐니언이 유명하다.

몬태나 주 Montana

면적은 남한의 네 배 정도지만 전체 인구는 백만 명도 안 되는 인구밀도가 매우 낮은 주이다. 우리의 교포 수는 천 명 조금 넘는다. 몬태나란 주명은 스페인어로 산이 많다라는 뜻에서 유래되었다고 한다.
몬태나의 산은 각종 광물이 산출되는 보물의 산이다. 생산되는 광물로는 금·은·동·석탄·석유 등 다양하다. 평야지대에는 엄청난 넓이의 방목장에 소나 양 등이 사육되고 있으며, 사슴·영양 등의 숫자가 사람의 숫자보다 많다고 한다. 북쪽의 캐나다 국경과 접한 부분은 웅장한 산봉우리·폭포·빙하 등의 경관이 풍부한 글레이셔 국립공원이 있다. 미국의 존 커스터의 7연대가 수우족 인디언에게 전멸당한, 백인들에겐 아픈 기억이 남아 있는 땅이다.

Montana
Glacier National Park
몬태나 주 글레이셔 국립공원

2

6월 22일 일요일

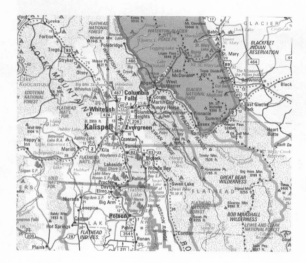

모텔에서 제공하는 아침 식사를 한 후 8시 5분경 모텔을 나와 I-90 웨
스트로 나가 조금 올라가다 93번 북쪽 주도로로 들어가 글레이셔 국립공
원<u>정식 명칭 Waterton-Glacier National Park</u>을 향해 달렸다. 주변은 한가하고 조용했으
며, 드문드문 언덕 위에 자리잡은 예쁜 집들을 보면서 남진의 '님과 함
께'라는 노래가 생각나 혼자 흥얼거려 보았다. 집사람이 웃는다.

몬태나의 크기가 남한의 네 배 정도라는데, 전체 인구는 백만 명이 채
안 된다고 하니 부럽기만 했다. 조그만 땅덩어리에서 콩나물시루처럼 바
글바글 살아가는 우리나라 현실이 생각났다.

북쪽으로 계속 올라가면서 다소 걱정이 되었다. 같은 방향으로 올라가

웨스트 글레이셔 입구 및 캐나다 관광안내소

는 차량도 별로 없었고, 주변 환경도 썩 좋지 않은 듯해서 괜히 시간만 낭비하는 게 아닌가 하는 생각이 들었다. 날씨가 흐린 게 금방이라도 비가 올 것 같아 촬영에 많은 지장을 줄 듯했다.

아니나 다를까 얼마 지나지 않아 비가 내리기 시작했다. 많은 비는 아니지만 주위가 어둑어둑한 게 상당히 음산한 분위기를 자아낸다. 그러나 다행히 폴슨이라는 동네에 접어들면서 비가 멎었다. 넓은 호수를 끼고 있는 주변의 풍경이 참 예뻐 보였다. 눈으로 보는 아름다움을 사진으로 똑같이 표현해 내지 못하는 안타까움을 오늘도 느껴야 했다.

몬태나의 아름다움을 눈에 담으며 한참을 올라온 후 글레이셔 국립공원 입구인 웨스트 글레이셔에 도착했다. 그곳엔 캐나다 앨버타 주 관광안내소가 있었다. 미국 내에 캐나다 관광안내소가 있다는 것이 생소하게 느껴졌지만 미국과 캐나다는 국가의 구분없이 같은 나라 개념으로 지내고 있어 가능한 것 같았다.

30일간의 미국 횡단일주기

캐나다 앨버타는 로키 산맥을 중심으로 한 캐나다의 대표적인 국립공원이 있는 지역이다. 꽤 오래 전 미국에 처음 왔을 때 이곳에 있는 처남이 바쁜 시간을 쪼개어 캐나다 로키 산맥으로 데리고 간 적이 있었다. 그때 본 캐나다 로키는 정말 환상적이었다. 한여름인데도 쉽게 그리고 가깝게 볼 수 있는 빙하와 자연의 장엄한 풍경은 우리를 흥분시켰다.

그후로 3년 전 3월에 다시 들린 그곳은 아직 겨울이라 온 세상이 하얀 또다른 풍경으로 나를 맞이했었다. 눈이 녹기 시작하는 게 5월이나 되어야 한다고 하니 그곳은 연중 불과 3-4개월이 관광의 절정인 듯했다. 두 번 다 내게 좋은 경험이었고, 잊지 못할 풍경이었다.

이곳에서 조금만 올라가면 그때의 장엄함을 다시 볼 수 있겠지만, 여러 제약으로 아쉬움을 간직한 채 다음을 기약하며 지나쳐야 했다. 이 공원의 입장료는 10불이다.

글레이셔라는 말 때문에 혹시 하는 생각은 했지만 그렇게 큰 기대는 하지 않고 그냥 지나친다는 생각으로 산을 넘어가는 '해맞이^{Going to the Sun} 도로'로 들어섰다. 울창한 나무가 주변의 시야를 막아 좀 답답하다는 생각을 하며 계속 동쪽으로 올라갔다.

여행중 주변 갓길에 차들이 많이 서 있으면 뭔가 볼거리가 있다는 말이다. 조금 올라가다 보니 차들이 서 있고 카메라를 든 사람들이 많아 우리도 차를 세우려고 빈 공간으로 들어가는데 우리 차 바로 옆에서 사슴이 우리를 쳐다보고 있었다. 이곳 사슴들은 사람을 두려워하지 않는 듯했다. 사람 옆으로 걸어나와 사람들을 한참을 보다가 숲

길가에서 마주친 사슴

해맞이 도로 주변의 빙하

으로 유유히 들어가는 모습이 조금은 놀라웠다. 동물들이 사람을 구경하는 시각으로 작업한 개리 위노그랜드의『동물원』이라는 사진집이 떠올랐다.

좀더 올라가자 날씨가 더욱 흐려지면서 구름과 안개가 휩싸이고 비까지 내렸다. 바람 또한 많이 불어 여름 복장을 한 우리 가족은 추워서 덜덜 떨었다. 높은 곳으로 올라갈수록 기온은 점점 떨어지고 바람은 더욱 세게 불었으며, 길은 좁고 험해 운전하는 데 상당히 힘이 들었다. 주변 풍경을 둘러보라며 집사람이 운전을 교대해 주었다. 조금은 불안했지만 그 마음이 고마웠다. 날씨가 좋지 않고 차를 세울 만한 곳도 없어 많은 촬영은 못했지만 눈앞에서 벌어지는 신비한 자연현상은 우리를 감동시켰다.

정말 미국인들은 복받은 사람들이라는 생각을 여행을 할 때마다 느낀다. 어느 계절에 여행을 하든 사계절을 다 느낄 수 있는 곳이 미국이다. 미국의 꽤 여러 지역을 다녀봤다고 자부하던 나도 설마 6월말인데 하면서 방심하다 반바지로 눈을 맞게 되었다. 외부기온은 영상 3도 정도였으나 체감온도는 영하 5도 정도로 느껴졌다. 미국인들은 다들 파카로 완전무장하고 있었다.

말로 표현하기 힘든 환상적인 자연 경관에 넋을 잃었다. 산 전체가 폭포인양 여기저기서 물이 떨어진다. 산정상에 있는 빙하가 녹아서 내리는 물일 것이다. 사방에서 떨어지는 폭포와 길게 늘어선 구름 등 자연의 조화와 아름다움에 말을 잃고 말았다.

그러나 횡단 일주여행을 끝내고 집에 도착한 며칠 후 뉴스를 보다가 안타까운 소식을 들었다. 공원 안에 벼락이 떨어져 시작된 산불이 엄청난 속도로 번져 울창한 산림을 황폐화시키고 있다는 소식이었다. 인재가 아닌 천재이니 뭐라 할말은 없지만 이번에 본 광경을 이제는 볼 수 없으리라는 것에 대한 속상함과 좁은 길과 좋지 않은 날씨로 인해 촬영을 많이 하지 못한 것에 대한 안타까움이 밀려왔다.

우리 딸 예지는 고소공포증이 있는지 높은 지역에 들어서면 상당히 불안해 한다. 이날도 창밖을 보지 못하고 빨리 가자고만 한다. 그런 누나를 도희는 자꾸 놀린다. 눈발을 맞으며 내리막길로 들어서 조금 내려오다 보

글레이셔 국립공원 Waterton-Glacier National Park

미국 쪽 글레이셔 국립공원과 캐나다 쪽의 Waterton Lakes 국립공원을 합해 보통 Waterton-Glacier National Park이라 부른다. 이 공원은 두 나라의 국경을 마주하고 있다. 공원의 오픈은 5월 중순부터 10월 중순 정도로 지역에 따라 다소 차이가 있다. 빙하와 강, 험준한 산악 지형이 조화를 이룬 북미 최대의 아름다움을 간직한 공원이다. 일교차가 심해 여행할 때는 여름 옷은 물론 두툼한 겨울 옷도 준비하는 게 좋다.

글레이셔 국립공원을 횡단하는 공원의 가장 대표적인 길이 Going to the Sun 도로이다. 이 도로는 1921년에 착공하여 11년이나 걸려 1932년에 완공되었다. 공사가 상당히 힘들고 어려웠던 곳으로, 이 도로의 건설은 역사적인 토목공사라는 평가를 받고 있다.

워낙 험하고 길이 좁아 운전할 때는 상당히 조심해야 하지만, 도로 곳곳에서 암벽을 타고 떨어지는 수많은 물줄기와 좁은 도로 아래로 보이는 풍경은 환상적이라고 할 수 있다. 도로 폭이 좁고 길이 험해 통과 차량의 크기도 제한하는데, 길이는 6.5m 높이는 3m 이하의 차량만 통과할 수 있다. 일반 승용차는 무난히 통과가 가능하다. 공원 입장료는 차량 한 대당 10불이며, 자전거를 타거나 걸어서 오는 사람은 한 사람당 5불의 입장료를 받는다. 사용기간은 구입한 날로부터 7일간이다. **몬트 국립공원도 같음.** 공원을 돌아보는 투어 버스가 있어 이용하면 편리하다.

● 웨스트 글레이셔 지역 평균기온 (섭씨)

월	최고 온도	최저 온도
5월	18도	3도
6월	21도	6.5도
7월	26도	9도
8월	26도	8도
9월	21도	4도

니 금방 해가 뜨고 눈은 자취를 감춘다. 바람은 변함없이 세차게 불었지만 기온은 금방 올라가 훈훈했다. 서쪽과는 반대로 몬태나 동쪽은 넓은 초원지대로 정말 그림 같은 풍경을 보여주었다. 완만한 경사와 곧게 뻗은 도로, 구불구불한 길은 운전자를 오히려 편안하게 해주었다.

그런데 몬태나 지역에 와서 한 가지 이상한 점을 발견했다. 미국은 까치보단 까마귀가 많은 곳이라고 평소에 알고 있었다. 우리나라에선 흉조인 까마귀를 이곳에선 길조로 여긴다고 한다. 반대로 까치가 흉조고 보기 또한 쉽지 않다. 그런데 몬태나에 오니 까치가 훨씬 많이 보인다. 여기저기 날아다니는 까치를 보면서 이번 여행에 뭔가 행운이 따랐으면 하는 바람을 가져 본다.

멀리 보이는 글레이셔 국립공원을 뒤로 하고 우리는 그레이트 폴스^{Great Falls}라는 도시를 향해 갔다. 잠깐 교대해서 내가 운전을 한다. 오늘따라 이상하게 졸음이 몰려와 다시 집사람과 교대하고 그레이트 폴스까지 갔다. 여행 적응기간이라는 핑계를 대 본다. 혹시 어제처럼 모텔을 잡는 데 고생을 할까봐 집사람이 안달이다. 지금까지 여러 차례 여행을 다녀 보았지만 모텔을 구하지 못해 고생을 해본 적이 없는 나로선 그렇게 걱정이 되진 않았다. 그러나 가족들을 안심시키고 어제의 악몽에서 벗어나고자 5시 30분경 모텔을 잡아 여장을 풀었다.

모텔을 사전에 예약해 놓으면 일정을 맞추기 위해 무리하게 이동하게 되므로 시간 활용에 어려움이 생기게 되어서 별로 선호하지 않는다. 아무튼 오늘은 처음에 계획한 목적지보다 170마일 정도 못 가고 이틀째 밤을 맞았다.

좀 일찍 모텔에 들어왔다고 집사람은 챙겨온 아이들 공부거리를 어느새 아이들에게 배당한다. 대단하다. 한국 아줌마! 아이들은 짧은 투정과 함께 바로 자리에 앉아 할당량을 소화한다. 역시 대단하다. 한국 아이들!

미국의 국립공원

1872년 3월 1일 옐로스톤을 최초의 국립공원으로 지정한 이후,

1. 넓은 면적에 걸친 원시적, 야생적 풍경지역
2. 자연풍경을 그대로 보존하는 것이 국민의 복지와 영감을 얻는 데 도움이 되는 지역
3. 그 보전과 이용을 위해 국가가 중대한 관심과 책임을 져야 하는 지역으로 국립공원 자격의 기준을 정해 지금까지 39개의 국립공원과 수많은 National Monument, National Historical Park, National Scenic Trail 등으로 구분 관리, 그 수는 헤아릴 수 없을 정도로 많다. 모든 공원 입장시 공원 내 지도와 공원관련 소식지를 나누어 준다. 그 자료를 보면 해당 공원의 정보는 물론 관광을 하는 데 많은 도움을 얻을 수 있고, 더 많은 정보가 필요하다면 공원 내에 위치한 비지터 센터를 이용하면 친절한 상담도 가능하다.

미국 국립공원의 입장료는 세 가지로 구분된다.

1. 자동차 한 대당 20불, 단 상업 목적이 아닌 차량 개인 및 자전거 10불, 오토바이 15불
   공원에 따라 도보 입장이나 자전거, 오토바이로 들어오는 경우에 입장료가 같을 수도 있다.
2. 자동차 한 대당 10불, 개인·자전거·오토바이 5불
3. 입장료 무료

옐로스톤, 요세미티, 그랜드 캐니언과 같이 규모가 큰 공원들과 대부분의 국립공원은 입장료가 20불이다. 어느 공원이든 한 번 지불하면 통상 일주일은 사용할 수가 있다.
10불을 받는 공원은 대체적으로 공원 규모가 작은 편이다. 무료로 들어가는 국립공원은 일반 관광보다는 레크레이션이나 캠핑 및 자연학습 등 특정한 목적을 즐기기 위해 찾는 공원들이 대부분이다. 그러나 여러 지역을 다니는 사람은 국립공원 패스를 구입하여 사용하는 게 훨씬 유리하다.

국립공원 패스의 종류

1. 내셔널 파크 패스 National Park Pass
이 패스는 미국 내 국립공원만 입장이 가능하고 일 년 동안 사용이 가능하며, 가격은 50불이다.

2. 골든 이글 패스 Gorden Eagle Pass
국립공원만이 아닌 국가에서 운영하는 입장료를 받는 모든 지역에서 일 년 동안 사용이 가능하다. 금액은 65불이며, 일반 국립공원 패스에 독수리 스티커를 붙여 준다.

3. 또다른 종류로 특정 공원 일 년 회원권도 있다. 금액은 공원에 따라 차이가 있다. 일 년 회원권을 구입하면 해당 공원은 연중 아무때나 입장이 가능하다.

Yellow Stone National Park
옐로스톤 국립공원 가는 길

3

6월 23일 월요일

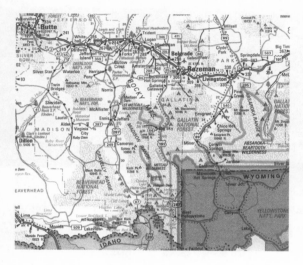

a trip log

그레이트 폴스 → 옐로
스톤 북쪽 입구(몬태나)
→ 옐로스톤 서쪽 입구
(와이오밍) → 옐로스톤
국립공원

아침 7시 30분, 날씨는 상당히 맑았다. 아침 기온은 영상 15도로 비교적 포근한 온도다. 모텔에서 제공하는 아침 식사를 한 후 기분좋게 출발했다. 그러나 조금 못 가 사거리에 표지판이 붙어 있질 않아 길을 잘못 들었다. 10마일 정도 가다 되돌아왔다. 이 때문에 집사람과 작은 말다툼이 있었다.

다시 왔던 길로 되돌아가 바른 길로 들어섰다. 미국의 표지판은 비교적 잘돼 있어 초행길의 사람들도 지도만 보면 쉽게 길을 찾을 수 있다. 그러나 옥의 티라고 가끔 지금처럼 중요한 사거리에 표시가 없어 초행자를 당황하게 하는 경우가 있다. 되돌아와 보니 다시 모텔 앞이었다. 다운타운

몬태나 주 대평원

을 가로질러 나오며 그레이트 폴스라는 도시가 몬태나에서는 상당히 큰
도시라는 것을 실감했다. 다운타운을 빠져 나오니 그야말로 대평원이 눈
앞에 펼쳐진다. 답답한 가슴이 확 뚫리는 것 같은 아주 상쾌한 기분이 들
었다. 날씨도 맑고 도로에는 차도 별로 없어 아주 여유 있게 목적지인 옐
로스톤을 향해 달렸다. 몬태나의 닉네임인 빅 스카이^{Big Sky}라는 말이 실감
이 났다.

도로를 달리는 중간중간 낮게 날으는 제비와 도로를 가로질러 다니는
정체불명의 작은 동물(?) 때문에 상당히 조심스럽게 운전을 해야 했다.
특히 작은 동물은 길가에 서 있다가 차가 오면 쏜살같이 길을 건너가곤
했는데, 가끔 이상한 동작으로 느리게 건너는^{사람으로 말하면 낮은 포복 자세} 놈들 때
문에 운전에 어려움을 겪었다. 이놈들 때문에 심하진 않지만 가끔 급브레
이크를 밟느라 애를 먹었다. 겉으로 보기엔 다람쥐와 비슷하게 생겼다.
나중에 도희가 그 동물의 이름이 피카^{Pika: American Pika}라고 알려준다. 도희는

평소에도 동물들에 대한 관심이 많은 편이었지만 이 정도로 잘 알고 있는지 신기하면서도 대견했다.

우리나라에서는 특히 대도시에는 제비가 자취를 감춘 지 꽤 오래된 것으로 안다. 한국에서 자취를 감춘 제비들이 이곳으로 다 왔나 할 정도로 엄청나게 많은 제비들이 도로 사이사이를 아주 낮게 날아다닌다. 다리 밑에는 무슨 타운을 연상시키듯 제비집들이 즐비했다. 이러한 제비의 모습은 동부로 들어갈 때까지 계속 볼 수 있었다. 또한 도로를 달리는 중간중간 초원지대에 서 있던 사슴들이 우리를 신기한 눈으로 쳐다보기도 했다. 미국의 중서부 대부분의 지역에서는 야생동물을 많이 볼 수 있지만, 특히 몬태나는 사람의 숫자보다 사슴과 영양의 숫자가 더 많다고 할 정도로 많은 야생동물들이 살고 있다고 한다. 때문에 도로를 횡단하다 차에 치여 죽어 있는 사슴이나 이름 모를 동물들을 자주 보게 되어 안타까웠다.

대평원을 달리다 보니 부분적으로 조금씩 사막화되어 가는 현상들이 나타났다. 들리는 말에 의하면 미국토의 많은 지역이 사막화되고 있다고 한다. 우리는 환경재해에 대해 많은 말들을 듣곤 한다. 그러나 이렇게 여행을 다니다 보니 이러한 사막화 현상도 환경재해 중의 하나가 아닐까 하는 생각이 들었다.

1시간 반 가량을 달리니 다시 산과 계곡이 나타났다. 조금 전과는 판이하게

몬태나 주 대평원에서 뛰노는 사슴

옐로스톤 국립공원은 1872년 미국 최초로 국립공원으로 지정되었다. 이곳은 세계적으로 유래를 찾아볼 수 없는 온천 현상들을 볼 수 있는 곳이다. 옐로스톤은 여러가지 자연의 힘의 복합작용에 의해서 만들어졌다고 한다. 즉 화산의 분출로 인한 고원의 형성, 빙하의 얼음과 홍수, 온천수에 의한 암석의 용해, 바람과 비 그리고 옐로스톤 강에 의한 침식작용이 함께 작용해 만들어졌다. 매년 삼백만 명 이상의 방문객이 찾으며, 대부분 7월에서 8월에 가장 많은 방문객이 몰린다. 가장 좋은 방문 시기는 9월과 10월 초순이며, 이때는 사람도 많지 않고 많은 종류의 야생동물을 볼 수 있는 시기이기도 하다. 옐로스톤 국립공원에는 총 만여 개의 온천 지형이 있으며, 이 중 250여 개의 왕성한 활동을 하는 간헐천이 있다. 많은 간헐천 중에서 관광객들이 가장 많이 찾는 곳은 올드 페이스풀Old Faithful이다. 이 온천의 분출 간격은 30분에서 길게는 120분 정도로 1870년 이 간헐천을 공식 확인한 이래 백만 번 이상 분출했다고 한다. 분출 주기를 예측할 수 있다는 가능성에 착안해 '정확한 옛친구'라는 뜻의 Old Faithful이라는 이름이 붙여졌다고 한다.

공원 내에는 회색 곰, 버펄로미국 들소, 무스Moose 등 많은 종류의 동물들이 보호를 받으며 안전하게 서식하고 있으며, 특히 1900년대까지 50여 마리밖에 안 되었던 버펄로가 왕성하게 번식해 상당히 많은 숫자가 공원 내에 서식하고 있다고 한다. 공원 내 도로는 11월 1일부터 5월 1일까지 폐쇄되며, 12월 중순부터 3월 중순까지 겨울 시즌으로 많은 눈 관련 축제와 행사가 펼쳐진다.

공원 입장료는 20불이며, 다른 공원과 마찬가지로 일주일간 사용이 가능하다. 도보나 자전거를 타고 입장을 하게 되면 일인당 10불이다. 이곳 또한 일교차가 심해 한여름에도 긴 팔 옷을 준비하는 게 좋다.

공원 입구는 아이다호를 거쳐 몬태나 서쪽으로 들어오는 US20번 도로인 서쪽 입구와 몬태나 북

쪽으로 들어오는 US89번 도로의 북쪽 입구 그리고 몬태나 북동쪽으로 나가는 US212번 도로의 Northeast Entrance가 있고, 와이오밍 내륙으로 들어가는 서쪽 매표소 도로와 연결된 US20번 도로의 East Entrance 그리고 그랜드 텐튼 국립공원 방향으로 나가는 US89번 US191, 287 도로와 겹침 도로의 South Entrance 등 총 다섯 군데의 입구가 있다. 각 입구로 들어와서 공원을 원형으로 돌아 볼 수 있도록 돼 있어 관광하기가 편리한 공원이다.

Old Faithful

다른 분위기를 보여주었다. 개인적으로는 사방이 막히고 좁은 길의 연속인 산과 계곡보단 앞뒤가 뻥 뚫리고 좌우가 막힘이 없어 주변을 둘러보며 운전할 수 있는 평야지대를 훨씬 좋아한다.

일단 옐로스톤에 도착하면 모텔부터 잡고 촬영을 하기로 했다. 워낙 유명한 관광지라 혹시 빈방을 구하지 못할까봐 미리 서두르기로 한 것이다. 그래야 촬영도 느긋한 마음으로 할 수 있기에 그렇게 하기로 결정했다.

옐로스톤은 미국에서 처음으로 국립공원으로 지정된 지역으로, 매년 상당히 많은 관광객이 찾는다고 한다. 나는 개인적으로 두번째 방문이다. 첫번째 방문할 때는 다소 색다르다는 생각은 했지만 별다른 감동을 받지는 못했었다. 공원의 크기는 상당히 넓다. 그러나 분위기는 다른 공원과 별반 차이가 없다. 용암 지역과 더운 물이 치솟는 지역 간헐천:일정한 간격을 두고 주기적으로 분출하는 온천 등 나타나는 현상이 비슷하다. 간헐천이 있는 땅 주

옐로스톤 국립공원 북쪽 입구

변은 뜨겁고 열이 많이 나 둘러볼 수 있는 곳에는 나무로 다리를 만들어 놓았다. 지난번 왔을 때는 날씨까지 더워 상당히 뜨겁게 느껴졌는데 이번에는 선선한 날씨 때문인지 아주 따뜻하게 느껴진다. 이 공원에서 조금 이색적인 곳이라면 폭포가 있는 지역인 듯하다. 노란 바위로 협곡을 이룬 곳에서 우렁찬 폭포가 내리친다. 폭포의 이름은 Upper Falls와 Lower Falls이다.

옐로스톤 입구는 모두 다섯 곳으로 동, 서, 남, 북 그리고 북동쪽에 있다. 이중에 북쪽 입구와 북동쪽 입구 그리고 서쪽 입구는 몬태나 지역이다. 공원 내부는 와이오밍 주지만 입구에서 조금 더 들어간 부분까지는 몬태나 지역인 것이다. 재미있는 잠은 실질적으로 공원은 아니고 출입구만 제공하는 몬태나 지역에는 관광지처럼 모텔이나 쇼핑할 수 있는 상점들이 즐비한데, 정작 공원이 들어서 있는 와이오밍 주 입구인 동쪽과 남쪽 공원 입구에는 아무런 시설이 되어 있지 않다는 것이다.

몬태나 주를 다니면서 느낀 점은 사람들이 친절하고 밝다는 점이다. 같은 백인이면서도 무표정하고 무뚝뚝한 아이다호 사람들과는 정반대라는 생각이 든다.

또한 이곳은 산불이 빈번한 지역으로 한여름 온도가 올라가면 뜨거운 태양열로 인해 자연발화가 잘된다고 한다. 이번에도 와 보니 몇 해 전에 많은 지역이 산불로 피해를 본 듯했다. 그러나 6월말인 지금은 많이 서늘한 편이라 어제에 이어 오늘도 반바지 차림의 나와 우리 가족은 추위에

옐로스톤 폭포

조금 고생을 했다.

옐로스톤 북쪽 입구는 이번이 처음이
다. 공원 입구가 우리나라 독립문같이 특
색 있게 보였다. 과거 옐로스톤은 현재의
북쪽 입구로만 들어갈 수 있었다고 한다.
1903년 당시 미 대통령이었던 데어도르
루스벨트Theodore Roosevelt가 휴가차 이곳을 방
문해 옐로스톤의 이색적인 풍경에 반했
고, 공원 입구를 상징하는 건축물을 만들
도록 지시해 현재의 건축물이 만들어졌다
고 한다.1923년 완공 루스벨트의 이름을 따서
루스벨트 아치Roosevelt Arch라는 이름이 붙은
이 건축물 상단의 "For the benefit and
enjoyment of the people"이라는 문구가
눈에 띄었다.

버펄로

북쪽 입구를 통해 공원에 들어온 시간
이 12시 30분경. 이동거리를 생각해 서쪽 입구로 가서 방을 정하기로 하
고 규정속도 35마일로 1시간 30분 가량을 달려 서쪽 지역으로 나왔다. 그
러니까 몬태나에서 와이오밍 주로 들어갔다 다시 몬태나 주로 나온 것이
다.

오는 길에 주변의 산림말고는 별다른 특색이 없는 듯했다. 아이들이 다
소 실망하는 눈치였다. 특히 도희는 버펄로Buffalo: 들소의 일종으로 미국 들소라고도 함를
볼 수 있냐고 계속 물었다. 나는 지난번에 온 경험을 바탕으로 자신 있게
많이 볼 수 있다고, 차 가까이까지 다가온다고 걱정하지 말라고 했지만 1
시간 30분 가량을 통과해 오면서 한 마리의 버펄로도 보지 못했다. 아버

지로서 체면이 말이 아니었다. 다른 길로 가면 볼 수 있을 거라 둘러대고 일단 모텔을 잡으러 공원 밖으로 나왔다.

아니나다를까 빈방이 없었다. 정말 이상한 일이었다. 앞에서도 말했듯이 지금까지 많은 여행을 다녀 보았지만 이번처럼 방을 잡느라 신경을 써 본 경험이 없었다. 촬영이 주목적이라 촬영을 하다 보면 예정된 시간보다 지체될 수도 있고 예정한 지점을 늦게 통과할 수도 있어 모텔 예약을 못 하고 오는 경우가 대부분이었다. 그렇지만 늘 원하는 모텔을 얻을 수가 있었는데 이번에는 정말 이상했다. 더군다나 가족과 함께한 여행인데 난감했다. 한참을 헤매다 힘들게 비싼 방 하나를 얻어 놓고 다시 공원 안으로 들어갔다.

여기저기 여러 종류의 사슴들이 눈에 띄었다. 도희가 좋아한다. 마냥 신기해 했다. 그러나 버펄로는 여전히 보이지 않았다. 그러나 공원 안으로 좀더 들어가니 버펄로가 멀리지만 한두 마리씩 눈에 띄기 시작했다. 그러더니 여기저기서 막 나타났다. 좀더 가까운 거리에서 볼까 하고 도희하고 차에서 내려 버펄로 가까이까지 가 보았다. 도희의 말로는 버펄로는 시속 30마일 속도로 달린단다. 그 속도로 우리한테 달려들면 어떻게 하겠느냐면서 은근히 겁을 준다. 아닌게아니라 공원 매표소에서 나누어 준 공원 안내문에 포함된 경고문에도 버펄로의 공격을 조심하라는 말이 있기는 했다. 도희 말에 조금은 걱정되었지만 태연한 척 사진 몇 장을 찍고 차로 돌아왔다.

공원을 원형으로 돌아보았다. 걸린 시간은 총 6시간 30분 가량. 주변을 자세히 둘러보라며 이번에도 집사람이 운전을 했다. 날씨가 흐리고 기온도 쌀쌀했다. 흐린 날씨 때문에 원하는 촬영은 많이 하지 못했다. 늦은 시간에 다시 모텔로 돌아와 밥하기 귀찮아 라면으로 저녁을 대신했다.

미국에 와서 여행을 다닐 땐 꼭 식사할 도구들을 챙겨 다닌다. 가끔 텐트를 치고 야영을 하고 싶지만 우리 여행의 목적은 촬영이라 잠은 거의 모텔에서 잔다. 야영을 하게 되면 텐트를 치고 걷고 하는 게 빠듯한 일정에 많은 시간을 소비하게 되어 오히려 촬영에 많은 지장을 줄 것 같아서다. 생각 같아선 시간 절약 차원에서 식사도 사 먹고 다녔으면 좋겠지만, 사 먹을 수 있는 게 햄버거 종류가 대부분이라 귀찮고 번거롭더라도 취사 도구와 김치를 꼭 챙겨 가지고 여행을 다니는 것이다.

전기밥통은 필수인데 욕실에서 쌀을 씻어 코드만 꽂으면 근사한 주식이 된다. 대개 저녁에 밥을 많이 지어 남으면 가지고 다니면서 먹는다. 요즘은 인스턴트 제품들이 많이 나와 여행중 식사문제 해결에 많은 도움을 주고, 또한 어딜 가나 한국 교민들이 살고 있어 교민이 조금만 모여 사는 지역으로 가면 김치나 라면 등의 식품을 쉽게 구입할 수 있는 게 과거와 달라진 미국 여행인 듯하다. 대신 김치 등에서 나는 냄새가 우리를 좀 곤란하게 할 때가 많고, 음식물 보관 때문에 커다란 아이스 박스를 가지고 다녀야 하는 게 여간 불편하지가 않다. 모텔에 도착해서 방으로 옮겼다가 출발 전에 다시 차로 옮기고, 다른 짐도 많지만 이놈의 아이스 박스가 항상 골치다.

얼음을 매일 채워 넣어야 하는데 다행히 미국 모텔에는 어디나 아이싱 머신이 있어 쉽게 얼음을 채울 수 있다. 얼음은 방에 비치되어 있는 얼음 그릇 한 개 정도만 가져다 쓰는 게 일반적인데, 우리는 커다란 아이스 박스 때문에 매번 많은 얼음을 채우다 보니 약간 눈치를 보는 경우도 있다. 아이싱 머신이 모텔 사무실 안에 있을 때는 할수없이 얼음 한 통만 채우고 나온다.

미국의 주유소 어디나 대부분 슈퍼^{미국에선 Grocery라고 함}를 함께 운영한다. 그로서리에는 다양한 물건들이 있는데 얼음을 봉지에 담아 팔기 때문에 얼음 보충에 걱정은 없다. 가격도 비싸지 않아 부담도 없고 다만 트렁크에서 짐을 다 내리고 얼음을 부어야 하므로 그 점이 불편하다.

간혹 한국에 가면 친구들이나 주변 사람들이 한국 음식은 어떻게 해 먹는지 궁금해 하는 경우가 있다. 미국에서 버터만 먹고 사는 거 아니냐고 묻기도 하고…. 물론 오래전에는 그랬는지 모른다. 그러나 요즘은 웬만한 지역에는 대부분 교민사회가 형성되어 있다. 얼마 전 정부에서 발표한 내용을 보니 미국에 있는 한국 교민의 수가 200만 명이 넘는다고 한다. 세계에서 우리 교민이 가장 많이 사는 나라가 미국이다.

교민이 조금만 모여 사는 곳에는 한국 식품점이 있어, 지역에 따라 조금 부족한 것도 있지만, 한국에서 구입할 수 있는 모든 종류의 식품과 도구들이 다 있다. 김치는 물론 모든 음식을 다 해 먹을 수 있다. 심지어 사골국물까지 들어와 있다. 한마디로 요즘 미국은 말이 미국이지 생활은 거의 한국과 비슷하게 한다고 보면 정답이다. 물론 한국사람이 별로 없는 지역에서 향수에 젖어 고생하는 사람도 있지만 말이다.

이것저것 정리하다 다소 늦은 시간에 피곤한 몸을 쉬었다.

내일은 그랜드 텐톤 국립공원에 갈 예정이다.

와이오밍 주 Wyoming

와이오밍 주는 미국 내에서 인구가 가장 적은 주이며 전체 인구가 50만 명이 안 됨 크기는 한반도 전체 크기보다 크다. 미국에서 콜로라도에 이어 두 번째로 지대가 높은 와이오밍은 서부 제일의 자연 경관을 가지고 있는 그랜드 텐톤Grand Teton N.P 그리고 간헐천으로 유명한 옐로스톤 국립공원 등 아름다운 자연 경관을 가지고 있는 주이다.

와이오밍은 천연자원석유, 석탄, 천연가스 이 풍부하고 '카우보이 스테이트'라는 별명처럼 목축이 대표되는 주이다. 와이오밍 주 자동차 번호판에는 말을 길들이는 카우보이 그림이 그려져 있다. 미국 서부로 들어가는 중간기점인 와이오밍은 미국의 대표적인 강인 콜로라도, 미주리, 컬럼비아 강의 발원지가 있다.

Grand Tenton National Park
그랜드 텐톤 국립공원

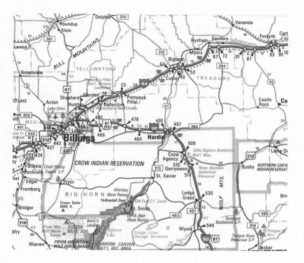

a trip log
옐로스톤 서쪽 입구 →
그랜드 텐톤 공원 →
옐로스톤 남쪽 입구 →
옐로스톤 동쪽입구 →
코디 → 빅 혼 레크레이
션 에어리어 → 쉐리단

  여행 나흘째, 역시 흐리고 가랑비가 내렸다. 어제 늦게 들어와 이것저
것 정리하느라 늦게 잔 탓에 오늘 아침은 상당히 피곤했다. 나뿐만 아니
라 가족 모두가 피곤해 보였다. 적응이 되려면 앞으로도 며칠이 더 필요
할 듯하다.

  정해진 일정을 소화하기 위해 다른 때보다 더 일찍 일어나 아침을 먹
고, 그랜드 텐톤 국립공원으로 가기 위해 옐로스톤 서쪽 입구로 들어갔
다. 어제 다녔던 길을 다시 돌아야 하는 좀 따분한 일정이고 시간을 많이
뺏기는 코스지만 사진으로만 보던 공원의 풍경을 직접 눈으로 본다는 설
레임에, 비가 오는 게 마음에 걸렸으나 기꺼운 마음으로 출발했다.

기름을 넣고 와야 하는 걸 깜박 잊고 들어와 집사람의 걱정이 태산이다. 미국에서 자동차 여행시 가장 주의해야 할 것 중의 하나가 차에 기름을 항상 가득 넣고 다녀야 한다는 것이다. 도시 주변에는 곳곳에 주유소가 있지만, 외곽으로 나가면 몇 시간을 달려도 주유소 한 번 나타나지 않는 경우가 허다하다. 우리 가족도 몇 번의 여행을 하면서 여러 번 겪었던 고충이었다. 어제 돌아다니다가 관심을 갖지 않아서 그런지 주유소를 보지 못했던 게 조금은 걱정되었지만 국립공원 안이라 크게 불안하지는 않았다. 아내에겐 지금 남아 있는 기름으로 얼마든지 주유소 있는 데까지 갈 수 있다고 장담했다. 그러나 속으론 조금 불안했다. 기름이 거의 바닥을 가리키고 있었기 때문이다. 그러나 다행스럽게도 얼마 가지 않아 주유소가 나타났다. 거기서 기름을 보충하고 약간의 간식을 챙긴 후 다시 목적지를 향해 출발했다.

여기서 또 한 가지, 미국의 국립공원 안에서는 별달리 식사를 해결할 방법이 없다. 요세미티 국립공원이나 옐로스톤같이 규모가 큰 공원의 경우는 그래도 좀 나은 편이지만 대부분의 공원 안에는 식당이 없어 준비없이 들어갔다간 굶기 딱 좋다. 가끔은 음식점이 지천으로 널려 있는 우리나라 관광지가 그리울 때가 있다.

몇 해 전 유타 지역을 여행할 때 일이다. 그날도 아무 생각없이 캐니언랜드Canyonland 국립공원 안으로 들어갔다. 한참을 돌아다니다 보니 점심 시간이 훌쩍 넘었다. 아이들이 배가 고프다고 난리였다. 별달리 먹을 것이 없어 고민하다 전날 먹다 남은 밥이 생각나 차를 한적한 곳에 세웠다. 트렁크를 열고 밥통을 열어 밥을 푸는데, 갑자기 돌풍이 불어와 온몸으로 밥통을 감쌌지만 밥에는 모래가 온통 뒤덮여 있었다. 아이들 얼굴이 하얗게 변해 나를 더욱 안타깝게 했다. 별수없이 모래를 대충 걷어내고 얼마 남지 않은 밥과 김치를 아이들에게 넘겨 주었더니 아주 맛있게 먹었

서해안 해안가

다. 아내와 나는 군침만 삼키고 쳐다보기만 했었는데, 그 다음부턴 삶은 계란이나 간단한 요깃거리를 항상 차에 싣고 다니는 습관이 생겼다.

또한 미국에 와 여행을 다니면서 늘 느끼는 게 있다. 가장 큰 것은 당연히 이들과 우리의 문화 차이다. 그런 차이야 말할 필요도 없이 당연하다고 본다. 그러나 이들의 여행문화는 우리와 사뭇 다른 면이 있다. 우리나라에서는 물론 최근 들어 테마 여행 등 다양한 여행 프로그램이 등장은 했지만 아직도 많은 이들은 먹고 마시고 노는 것을 더 선호하는 듯하다. 내일은 생각하지 않는다. 마시고 푹 잔다. 모처럼 가족과 시간을 내서 휴가를 가면 볼썽사나운 모습들 때문에 안 가니만 못한 꼴이 되고 만다.

그러나 미국 사람들은 휴식을 취하며 충전하고 자신을 되돌아보는 시간을 갖고 가족과의 관계를 돈독하게 하는 등 참으로 바람직한 여행을 하고 있었다. 어느 관광지마다 사람은 많지만 조용하고 깨끗해서 피곤한 몸과 마음을 자연에 맡기고 자신들의 역사와 문화를 보고 들으면서 편안한 충전 시간을 갖는다. 여행을 하는 대부분의 연령층도 젊은 사람들보다는 대부분 나이가 많은 사람들이다. 젊었을 때 열심히 일하고 나서 은퇴한 후 부부가 함께 여행을 다니는 경우가 유독 많다. 그만큼 연금제도가 잘 되어 있다. 또한 친구들과의 여행보다는 가족이나 부부 단위의 여행이 대부분이다. 특히 거동이 불편한 노인들이 큰 버스RV차량를 직접 운전하면서 여유있게 여행을 하는 모습은 보는 이들까지 편안하게 한다.

반대로 젊은 친구들은 차를 이용한 편안한 여행보다는 긴 여름방학을 이용해 자신을 의지를 시험해 보는 여행을 하는 경우가 많다. 자전거에 휴대품을 매달고 힘겹게 페달을 밟고 가는 그들을 볼 때면 그들의 용기에 박수를 보내고 싶고, 그렇게 하지 못했던 나의 젊은 시절이 부끄럽기도 하다. 또 많지는 않지만 걸어서 여행을 하는 친구들도 종종 있다. 아무튼 과거 한국에서 휴가를 갔다 오면 남는 건 없고 후유증으로 한참을 고생한 생각이 나서 나도 모르게 쓴웃음이 났다.

사우스 입구를 나와 얼마 가지 않아 그랜드 텐톤 공원 입구가 나왔다. 공원 입구에 있는 비지터 센터에 들러 공원지도를 얻어 다시 출발했다. 별도의 매표소가 보이진 않았다. 옐로스톤 입장료에 포함되었던가 아니면 비지터 센터에 들어가 셀프로 내는 듯했다.

그랜드 텐톤 국립공원 Grand Tenton National Park

옐로스톤 국립공원 남쪽에 붙어 있는 공원으로, 1929년 국립공원으로 지정되었으나 최초의 공원은 작은 규모였다. 현재와 같은 크기로 공원이 결정된 것은 1950년이다. 지각이 융기하여 생긴 거대한 산맥이자 로키 산맥의 일부를 구성하는 텐톤 산맥 및 부근지역을 포함하고 있다. 높이 4,196미터의 그랜드 텐톤 산 이외에 많은 빙하를 가지고 있는 험준한 12개의 산들이 연이어 있다. 동쪽 기슭은 급경사를 이루나 서쪽면은 완만하다. Snake 강을 막아 댐을 만들어 생긴 공원 최대의 호수인 잭슨 호수를 비롯해 많은 호수들이 있으며, 많은 야생동물과 식물을 관찰할 수 있는 공원이다. 연중 눈을 볼 수 있지만 7-8월 중에는 햇빛이 드는 곳의 눈은 녹는다. 공원 주도로가 10월말에서 5월까지 폐쇄되므로 실질적으로 공원을 돌아볼 수 있는 시기는 일 년에 5개월 정도이다. 6월-10월 전체 공원을 돌아볼 수 있는 도로는 총 25마일 정도로 소요시간은 2시간 정도이다. 9월과 10월은 날씨가 쾌적하고 맑으며, 사람도 많지 않고 야생동물도 많이 볼 수 있어 가장 여행하기 좋은 시기다. 공원 입장료는 20불이지만 옐로스톤 국립공원 입장료가 포함된 금액이다.

● 공원내 월별 평균기온 (섭씨)

월	최고 온도	최저 온도
5월	15.5도	−0.5도
6월	21도	3.3도
7월	26도	5.5도
8월	25.5도	5도
9월	20도	1도
10월	13도	− 3도

이 공원은 연중 6월부터 9월까지 4개월만 개방한다. 늦가을부터 늦봄까지는 눈이 많이 와 일반인의 통행이 불가능하기 때문이다.

공원 지도를 보고 남쪽으로 내려가서 원형으로 돌아 올라오는 코스를 잡았다. 안내책자를 보니 총 길이 25마일, 예정시간 2시간 정도란다. 그러나 아침에 출발할 때부터 걱정했던 날씨는 여전히 좋지 않다. 비가 오락가락하다 굵은 비로 변하기도 하고 짙게 내려앉은 안개가 시야를 가린다. 또한 낮게 깔린 구름은 주변의 아름다운 경관을 반 이상은 감춰 버렸다. 이럴 때마다 시간에 쫓기는 촬영에 회의를 느낀다. 며칠이고 눌러 앉아서 원하는 날씨에 원하는 광선으로 촬영을 해야 하는데, 워낙 거리도 멀고 짧은 시간에 많은 것을 봐야겠다는 생각에 쫓겨 안타까운 마음만 앞선다. 다음부턴 어떠한 일이 있어도 한 지역에 오래 머물면서 원하는 사진을 찍는 여행을 하겠다고 재차 다짐을 해본다.

일단 쉽게 오기 힘든 곳이고 처음 방문한 곳이라 분위기도 파악하고, 다음번에 다시 올 것에 대비해 여러가지를 알아둘 겸 날씨에 구애받지 않고 원래 일정대로 그냥 돌기로 했다.

그랜드 텐톤은 사진가 앤셀 아담스의 사진을 보면서 꼭 한 번 오고 싶었던 곳이다. 그렇게 벼르고 벼르다 온 곳이지만 날씨가 도와주질 않는다. 그러나 날씨 때문에 사진 찍는 것을 포기할 수는 없었다.

마음에 드는 장면이 있어 비를 맞으며 사진을 찍고 있는데, 한 미국 노인이 차에서 내려 조수나 아들쯤 될법한 젊은이가 받쳐 주는 우산을 쓰고 내게 다가와 렌즈는 뭘 쓰냐고 묻는다. 내 대답을 들은 후 우산을 받쳐 준 젊은이에게 뭐라고 한참 말을 하고 롤라이 플렉스 중형 카메라를 꺼내 간단히 셔터를 누른 후 차를 타고 떠났다.

텐톤을 돌아 다시 옐로스톤 남쪽 입구로 들어왔다. 코스가 그리 멀지 않아 도는 데 많은 시간이 걸리지는 않았다. 이곳 공원의 입장료도 20불

펠리컨

이다. 어디서든 입장료를 한 번 내면 그랜드 텐톤과 옐로스톤 두 곳을 들어갈 수 있어 그렇게 부담스러운 금액은 아니다. 옐로스톤에서 이 공원으로 들어올 때 입장료를 받지 않은 이유를 이제 알게 되었다. 텐톤 공원의 규모로만 본다면 당연히 비싼 편이라고 생각은 들지만 주변 풍경 자체가 그 정도의 값어치를 한다고 생각했다. 아무튼 아이들이 아우성이다. 벌써 몇 번째냐고. 같은 길을 계속 들랑날랑하니 이해할 만하다.

아이들 때문이라도 빨리 옐로스톤을 빠져 나가야 할 것 같았다. 옐로스톤이나 텐톤 공원에서 가장 좋았던 점은 안내책자에 나온 대로 야생동물들과 자주 마주칠 수 있었던 점이다. 특히 도희는 난리가 난다. 자다가도 동물이 있다면 벌떡벌떡 일어난다. 이곳에서 만난 동물들은 버펄로, 사슴, 무스, 펠리컨, 코요테, 피카, 독수리 등등 수없이 많았다. 자연동물원이라는 생각이 들 정도였다.

옐로스톤 동쪽 입구로 나가기 위해 길을 잡았다. 동쪽 입구는 상당히 험하고 다른 입구들보다 주변 경관이 좋았다. 공원을 빠져 나가는 길목에 작은 호수가 있었는데 나중에 알고 보니 옐로스톤 레이크로 상당히 큰 호수였다 그 주변에 차들이 늘어서 있다. 앞에서도 말했듯이 공원 내에서 별다른 팻말이 없는 데도 차들이 많이 서 있으면 주변에 뭔가 구경거리가 있다는 표시다. 우리도 차를 세우고 주변을 살펴보니 펠리컨 여러 마리가 서로 몸을 밀착하고 똑같은 동작으로 물에 얼굴을 담갔다가 빼고 한쪽으로 돌다가 다시 담그고 하는 동작을 반복하면서 호수를 배회하고 있었다. 물고기를 잡아 먹는 듯한 그들의 일치된 행동이 신기하고도 재미가 있었다. 자리를 뜰 생각도 안하고 신이 나서 보는 도희를 겨우 달래 옐로스톤을 빠져 나오자 남쪽 지역의 풍경과 흡사한 풍경들이 나타났다. 흡사 애리조나 사막지대에 와 있다는 느낌마저 들 정도로 주변 분위기가 닮았다. 단 다른 점은 애리조나보다 날씨가 선선하다는 것과 말목장이 많다는 것이었다. 와이오밍 차 번호판에 카우보이 그림이 있는데 이제야 그 그림이 이해가 갔다. 주변 풍경이 과거 서부영화에서 많이 보았던 풍경이었다. 정말 말들이 너무 많았다.

공원을 나와 코디라는 도시를 지나쳐 오는데, 오늘밤에 로데오 시합이 있다는 안내방송을 하는 차가 도시를 돌아다니고 있었다. 시간만 있다면 이곳에서 하룻밤 묵으며 로데오 경기를 보고 싶은 생각이 굴뚝 같았다. 이 동네가 와이오밍에서도 로데오로 상당히 유명한 도시라고 한다.

아쉬운 마음으로 그곳을 빠져나와 한참을 평범한 도로를 달리다가

말목장

빅 혼^{Big Horn} 레크레이션 에어리어라는 곳으로 차를 몰았다. 멀리서 보이는 풍경이 너무 좋아서 사진을 찍기 위해 원래의 코스보다 지름길로 가는 방법을 택했던 것이다. 들어가는 초입은 사막과 같은 황량한 벌판과 나무 하나 없는 벌거숭이 민둥산이었다. 바람도 많이 불고 날씨도 무더운 편이었다.

상당한 급경사의 길을 힘들게 한참을 올라갔다. 아래가 점점 가물가물해지더니 와이오밍 전체가 보일 듯한 높은 곳까지 올라왔다. 아래보다 바람은 더 강하게 불었지만 산 아래로 보이는 풍경도 장관이었다. 다행히 비는 오지 않았고, 날씨는 맑았으나 대기 상태는 그리 좋은 편이 아니었다. 안개가 낀 듯 뿌옇다. 기념사진 한 장 찍고 계속 차를 몰았다. 끝났나

싶으면 또 올라가는 길이 나온다. 이런 길이 몇 번 반복되다가 정상으로 보이는 해발 10,200피트^{약 3,108미터}까지 올라가니 주변에는 눈이 쌓여 있고 날씨도 꽤 쌀쌀해지기 시작했다. 정상에 올라온 후 계속 평지가 이어진다.

그 길을 계속 달리는데 갑자기 겨울로 들어서기 시작한다. 주변에 희끗희끗 보이던 눈이 어느새 쌓여 있는가 싶더니 눈발이 날리기 시작했다. 주변은 온통 하얗고 펑펑 함박눈이 내렸다. 꿈을 꾸

길가에서의 기념사진

고 있는 듯했다. 다른 세상으로 빨려 들어온 느낌이었다. 그런 길을 1시간 30분 가량 달렸다. 미국이니까 경험할 수 있는 장관이 아닌가 싶었다.

눈길을 빠져 나와 다시 아래로 내려오니 이번엔 나무가 울창한 숲이 나타났다. 내리던 눈도 비로 변해 있었다. 쌓였던 눈이 녹으면서 길이 상당히 미끄럽다. 그 길을 따라 한참을 내려와서 I-90 도로를 만나 고속도로로 들어왔다. I-90과 헤어진 지 3일 만에 다시 만나게 되었다.

산을 다 내려오니 비가 그치고 구름 사이로 해가 비쳤다. 석양에 비친 와이오밍 들판은 정말 아름다웠다. 고속도로도 마침 붉은색이라 석양의 햇빛과 어우러져 환상적인 풍경을 보여주었다. 어렴풋이 무지개도 떴다. 운전하느라 촬영할 포인트를 자꾸 놓치는 바람에 사진 한 장 못 찍고 그냥 바라보고만 오는 게 안타까웠다. 처음 오는 곳에서 차로 이동하면서 촬영한다는 게 이렇게 어렵다는 것을 다시 한 번 느낀다. 촬영을 포기하고 한참을 분위기에 취해 멍하니 운전을 하다 보니 해가 지고 있었다. 오늘밤 쉬어 갈 모텔을 찾아야 한다는 생각이 들자 마음이 조급해진다. 미국 고속도로에는 각종 안내판이 서 있다. 주유소, 식당, 모텔 등 여행객의 편의를 위한 기본적 안내판이 고속도로 주변, 도시가 나오기 몇 마일 전부터 나타나기 시작한다. 안내판에 보이는 모텔 표시를 보고 무작정 진입했다.

쉐리단Sheridan이라는 마을이다. 마을 입구에 제일 먼저 눈에 띄는 모텔 간판이 있었다. 원래는 베스트 웨스턴이라는 모텔을 찾으려고 들어왔는데 괜히 시간 낭비 말자는 생각에 마을 입구에 있는 모텔 식스Motel 6로 바로 들어갔다.

미국엔 상당히 많은 체인 모텔들이 있다. 대부분 시설이나 분위기는 비슷하다. 가격 또한 비슷하지만 모텔 식스는 같은 체인 모텔들 중에서도

미국의 모텔 Motel

미국에는 크게 두 가지 형태의 모텔이 있다. 하나는 여행자들을 위한 모텔이고, 다른 하나는 일반적으로 정크 모텔Junk Motel이라고 부르는 모텔이다. 두 곳 모두 우리나라의 여관의 개념과는 확실하게 틀린 건 사실이지만 정크 모텔은 우리나라 여인숙과 비슷하다고 보면 크게 다르지 않을 듯하다.

일반적으로 고속도로 주변에 있는 모텔들은 모텔이라는 글자의 어원에 맞게 자동차 여행객을 위한 편의시설이 잘되어 있는 모텔들이다. 이런 모텔에는 세탁시설은 물론 수영장, 옷을 다릴 수 있는 다리미, 헤어 드라이기, 커피 등 장거리

모텔 안내책자

여행에 지친 여행객들이 편안한 휴식을 취할 수 있게 만들어 놓았다. 앞에서도 말했듯이 대부분의 모텔에서 간단한 아침도 제공해 준다. 좀더 고급 모텔들은 사우나 시설도 갖추고 있다. 가격은 지역에 따라 천차만별이며, 계절에 따라 많은 차이가 난다. 그렇지만 모텔간의 가격은 비슷비슷하다. 많은 모텔들이 체인점 형태로 운영이 되고 있고, 자신들의 전국 모텔 안내책자를 제작하여 다른 여행지로 가는 여행객들에게 편의를 제공해 준다. 그 책들을 보면 자신이 가고자 하는 목적지에 맞는 모텔을 쉽게 찾아 사전에 예약할 수 있다. 한마디로 안전문제에 걱정없이 편안하게 쉴 수 있는 곳들이다.

다음으로 정크 모텔은 일반적인 모텔처럼 여행객보다는 장기 투숙자가 많은 모텔이다. 미국이란 나라는 신용을 상당히 중요시 여기는 나라다. 신용도만 높으면 담보 없이도 많은 혜택을 받을 수 있는 그런 나라다. 내가 처음 미국에 왔을 땐 내 이름으론 아무것도 할 수 없었다. 하다 못해 얼마 되지 않는 핸드폰도 살 수 없었다. 크레디트가 없기 때문이었다.

신용이 낮으면 아파트도 못 얻는다. 거기에 일정한 수입조차 없으면 더더욱 힘들다. 고정적인 직업도 없고 신용도 없는 영세민들이 아파트를 구할 수 없어 대신 기거하는 곳이 정크 모텔이다. 물론 자신의 집을 오랫동안 수리한다든가 하는 다른 이유로 숙박하는 사람도 있다. 아무튼 그러다 보니 시설이나 모든 조건이 형편없다. 환경도 열악하고 또한 많은 투숙객들이 마약을 해서 사고도 많고 경찰의 검문도 많은 편이다. 물론 외지에서 싼 모텔을 찾아오는 여행객들도 가끔 있다. 그러나 그런 경우는 가뭄에 콩 나듯이 한두 번이고 대부분은 그 지역의 영세민들이 주고객이다. 이러한 모텔의 한 가지 좋은 점은 경기를 별로 타지 않아 경기가 안 좋아 모든 장사가 안 될 때도 이런 모텔만큼은 예외라는 것이다. 이러한 정크 모텔들은 대부분 다운타운 입구에 많다.

미국에 와 보니 정크 모텔들의 주인은 대부분 한국인들이었다. 모든 이민자들이 그렇듯이 일이 고되고 힘들지만 아메리칸 드림을 꿈꾸며 모두들 정말로 열심히 살고 있다.

숙박료가 저렴하기로 유명하다. 그런 이유로 많은 사람들이 여러 모텔 중에서 모텔 식스를 선호하는 경우를 종종 보았다. 그런데 겉으로 드러난 숙박료가 일반 모텔들보다 싼 건 사실이다. 다른 모텔과 다르게 이 모텔은 고속도로 길가 광고판에 숙박료까지 표시한다. 그러나 그 가격은 성인 1명을 기준으로 제시한 가격이라 실제로 책정되는 숙박료는 그보다 훨씬 높다. 그렇게 따지면 4인 기준으로 들어가면 다른 모텔과 가격이 비슷해지거나 더 비싸질 수도 있다는 말이다. 그런데 웃기는 건 싸다는 이유로 다른 모텔에서 제공하는 편의시설이 하나도 없는 것이다. 일반 모텔들은 여행객들을 위해 기본적인 시설이 되어 있으며, 헤어 드라이기 등 기본적인 생활기기를 갖추고 있다. 좀더 세심한 곳은 전자렌지나 냉장고도 있다. 대부분 아침 식사도 제공해 준다. 아침이래야 별것은 아니다. 간단한 토스트나 시리얼, 도너츠 종류 등을 비치해 두고 먹을 수 있도록 해준다. 그렇지만 모텔 식스는 싸다는 이유로 아무런 시설도 없을 뿐만 아니라 아침 식사도 제공하지 않는다.

우리 가족이 미국에 와서 처음 여행을 다닐 때만 해도 모텔 식스가 가격도 저렴하고 분위기도 깨끗하고 좋았다. 지금까지 가끔 묵어 본 모텔 식스 모텔들은 정말 그랬다. 그래서 정말 싼맛에 여행중에 눈에 띄면 들어오곤 했었다.

그런데 오늘 들어온 이 모텔은 가격도 일반 다른 모텔 못지않게 비싸고, 예상하고 있었듯이 기본적인 서비스도 하나 없는 곳이었다. 우리 방이 3층인데 하다못해 짐을 옮길 수 있는 카트 하나 비치되어 있지 않았다. 짐 옮기느라 고생을 했다. 모텔 식스의 전국 체인점 책자를 보니 다른 체인점들도 예전보다 가격이 많이 올라 있었다. 지금까지의 좋았던 기억들이 싹 사라졌다.

오늘은 촬영도 별로 못하고 겨우 찍은 디지털 사진을 실수로 다 날려 버리고 말았다. 그 허무함이란 말로 표현할 수 없다. 조금 피곤해서 정신도 없었고, 모텔 문제로 짜증도 겹치고 해서 이래저래 오늘은 몹시 고생 스러웠던 날로 기억될 듯하다.

Devils Tower to South Dakota
데빌스 타워에서 사우스 다코타까지

5

6월 25일 수요일

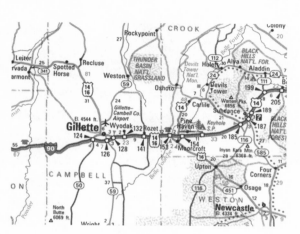

a trip log
와이오밍 주 → 와이오
밍 데빌스 타워 → 사우
스 다코타 → 시닉 하이
웨이 → 러쉬모어 산 →
래피드 시티

날씨는 맑았지만 기온은 그리 높지 않았다. 밤새 추워 고생했다. 히터를 틀어 주지 않은 모양이다. 들어갈 때부터 찜찜했던 게…. 아무튼 모두들 일찍 일어났다. 모텔에서 식사를 제공해 주지 않아 처음으로 아침을 먹지 못했다. 아침에 먹으려고 지난밤에 밥은 해두었지만 다들 피곤해서 그런지 생각이 없다고 한다.

여행을 다녀 보면 알겠지만 아침에 일어나 아침 식사를 준비한다는 것은 여간 귀찮은 일이 아니다. 꼬박꼬박 챙겨 먹을 수 없는 아침을 비록 간단한 아메리칸 블랙퍼스트라 할지라도 모텔에서 제공해 준다면 경제적이고, 든든하게 하루를 시작할 수 있다. 운이 좋으면 사과나 바나나도 슬쩍 주머니에 집어 넣어 나올 수 있다. 그것이 훌륭한 간식거리가 된다는 사실은 나중에 알게 된다.

모텔 주차장에서 워싱턴 주 훼드럴 웨이에 사는 한국분들을 만났다. 반갑게 인사를 나눴다. 워싱턴 DC를 거쳐 돌아가는 길이라고, 날씨가 좋지 않아 고생했다고 한다.

여행중에 간혹 한국분들을 만나면 이상하리만치 서로를 피하는 기색이 역력하다. 그러나 집사람은 한국분들만 보면 먼저 인사를 한다. 대부분 무응답, 무표정으로 대해 당황할 때가 많지만 말이다. 오늘도 집사람이 먼저 인사를 했더니 뜻밖에 반갑게 맞아 주어 잠깐이지만 대화를 하게 되었다. 같은 한국 사람들을 만나면 반가운 게 인지상정인데 왜들 그러는지 잘 모를 일이다.

아침에 보는 와이오밍의 풍경은 어제 보았던 석양 무렵 풍경과 같이 정말 아름다웠다. 넓은 초원에 많은 소와 말들이 드문드문 있는 게 평화스러워 보였다.

오늘의 목적지는 데빌스 타워인데 인디언들의 전설을 간직하고 있는 역사적 기념물이다. 와이오밍 끝부분에 위치하고 있고, 와이오밍 자동차 번호판에 로데오를 하는 카우보이 그림과 함께 그려진 이곳의 대표적인 명물이다. 미국의 몬태나, 와이오밍, 노스 다코타, 사우스 다코타, 네브래스카 주는 서북미 인디언의 멸망사를 간직하고 있는 주들이며, 우리가 알고 있는 전설적인 인디언 영웅들이 활동하던 곳이다. 이중 와이오밍의 데빌스 타워부터 사우스 다코타 지역은 북미 인디언들의 성지로 인디언과 관련된 많은 이야기가 전해지는 곳이기도 하다.

데빌스 타워의 입장료는 8불이고, 타워 주변을 걸어서 둘러볼 수 있는 트레일 코스가 있어 타워 가까이까지 갈 수 있으며, 사전에 허가를 받으면 암벽 등반도 가능하다.

데빌스 타워 전설

어느 인디언 부부가 있었다. 어느 날부턴가 아내의 외출이 잦아지자 남편은 아내를 의심하기 시작한다. 자신은 다른 남자들보다 능력도 많고 가정에 충실하다고 생각한 그는 이런 아내의 행동을 이해할 수 없었다. 다른 남자와 바람이 난 게 분명하다고 생각한 그는 아내를 미행했지만 다른 남자와 만나는 것 같지는 않았다. 그런데 외출하고 돌아올 때 항상 아내는 나갈 때 걸치고 있지 않았던 가죽을 걸치고 들어오는 것이었다.

하루는 다른 때보다 귀가 시간이 늦은 아내를 붙잡아 잦은 외출의 이유를 추궁했다. 아내는 아무 대답도 하지 못했다. 인디언은 화가 나서 아내의 가죽옷을 찢었다. 그때 아내의 몸에 긁힌 자국이 있음을 발견한다. 인디언 남자는 누가 그랬는지를 알려고 아내를 더욱 다그쳤다. 남편의 화난 모습에 놀란 아내는 커다란 바위에 살고 있는 매우 큰 곰이 자신에게 주술을 걸었다고 고백한다. 그 곰은 짝이 없어 외로웠고, 인디언의 아내가 열매를 따고 있는 모습에 반해 유혹을 했다고 한다. 인디언의 아내는 곰의 말을 들어 주지 않으면 자신들의 마을 안전에 문제가 될까 두려워 자신의 몸을 허락했고, 그때 어깨에 긁힌 자국이 생긴 것이라고 말했다. 남편은 화가 나서 곰을 죽이기로 하고 아내와 곰이 있는 곳을 찾아 나섰다. 곰을 찾은 인디언은 곰의 크기에 놀라 겁을 먹고, 곰은 인디언의 아내를 발로 차서 곰으로 만들어 버린다.

남편은 자신의 부족들에게 도움을 받기 위해 마을로 도망와 많은 인디언 용사를 데리고 다시 곰이 있는 곳으로 갔다. 그러나 곰은 이미 발자국만을 남기고 동굴 속으로 들어가 버린 후였다. 곰의 발자국이 너무 커서 어느 누구도 발자국을 넘어갈 수 없었다. 곰에게 다가갈 수가 없자 인디언 용사들은 곰이 나오도록 동굴 속으로 활을 쏘았다. 화가 난 곰이 나왔을 때 인디언들은 곰의 크기에 놀라 거대한 바위 위로 숨어 버린다. 인디언들은 겁에 질려 자신의 신인 위대한 정령에게 구해 달라고 기도를 했다. 그때 갑자기 바위가 땅에서 솟구쳐 올라 매우 높은 곳에서 멈추었다. 화가 난 곰은 바위 위에 있는 인디언들을 향해 뛰어올랐고, 곰의 앞발이 바위 꼭대기까지 닿기 시작했다. 그때 인디언의 신이 인디언들에게 힘을 주었고, 용사들은 곰을 활로 쏴서 죽였다. 곰은 뒤로 쓰러지면서 기대고 있던 거대한 바위를 밀어내었다.

그후 곰으로 변한 인디언의 아내는 이 큰 바위를 자신의 집으로 삼았고, 샤이언 인디언들은 이곳을 베어스 티피^{Bears Tipi}라고 부르게 되었다. 백인들이 나타나기 전까지 샤이언 족 인디언들은 다른 많은 부족들처럼 그들의 신인 위대한 정령^{Great Spirit}을 숭배하기 위해 베어스 티피라는 곳을 자주 순례하곤 하였다. 이곳을 신성한 장소로 여겨 대부분의 인디언들은 가족들과 함께 다녀가곤 했다고 한다.

넓은 벌판에 지각 변동으로 솟아오른 그냥 좀 독특한 바위인가 보다 생각하고 지나치려다 잠시 들렀던 곳인데 생각했던 것보다 상당히 괜찮은 곳이었다. 공원 내에서 데빌스 타워로 가는 길가에 프레리 도그 타운Prairie Dog Town이라는 표시가 있는데, 지나는 차들이 그곳에 멈춰 서서 무언가를 살펴보고 있었다. 당연히 우리도 길가에 차를 세우고 보았더니 프레리 도그라는 조그마한 동물들이 엄청나게 많이 모여 살고 있는, 엄청나게 큰 타운이었다. 프레리 도그의 생김새는 전에 길가에서 보았던 피카Pika와 거의 흡사했는데 이 또한 마못marmot의 일종이라고 했다. 언뜻 보면 꼬리가 작아서 그렇지 다람쥐와 흡사했다.

마못

데빌스 타워 Devils Tower

데빌스 타워는 수직으로 솟은 하나로 된 암석으로 높이는 1,267피트 386미터이다.

약 천만 년 전 지하의 마그마가 분출하면서 솟아오른 퇴적 바위가 굳으면서 형성된 바위이다. 수백만 년에 걸쳐 퇴적암의 침식이 이루어져 지금과 같은 타워를 형성한 듯하다. 바위는 세로줄 모양으로 굳어졌다. 타워 정상은 평평한 지역으로 크기는 1.5에이커 6,072 제곱미터 정도라 한다. 인디언들이 신성하게 여기는 지역으로, 많은 전설을 지니고 있다. 타워 주변은 소나무숲과 대초원의 평야로 이루어져 있다. 데어도르 루스벨트 대통령에 의해 1906년 미국 최초의 내셔널 모뉴멘트로 지정되었다.

이곳의 비지터 센터는 4월초에서 10월 중순까지 개장한다. 공원 입장료는 차량 한 대당 8불이며, 사용 기간은 7일이다. 오토바이, 자전거, 보행자 등은 각각 3불이고, 하루 캠핑 요금은 12불이다. 타워를 중심으로 외곽으로 넓게 도는 코스는 물론 타워 둘레를 걸어서 볼 수 있는 짧은 트레일 코스도 있다. 총 길이는 약 2킬로미터다.

촬영을 마치고 나오는 길에 공원 앞에 있는 상점에 들어가 간단하게 식사를 하고 사우스 다코타로 이동했다. 사우스 다코타의 첫인상은 와이오밍과 같았다. 큰 변화없이 계속 비슷한 풍경들이 이어졌다. 사우스 다코타 하면 가장 먼저 생각나는 게 큰바위 얼굴인, 미 대통령들의 얼굴을 조각해 놓은 곳이다. 사우스 다코타 자동차 번호판에도 그려져 있는 이곳을 대표하는 명물이다. 그곳으로 방향을 잡고 사우스 다코타로 접어들어 조금 가다 보니 공사구간이 나왔다.

미국은 공사구간마다 공사구간 훨씬 전부터 안내판을 세워 두어 공사에 대한 내용을 미리 알리고, 공사구간 가까이에 오면 스톱Stop과 슬로우Slow라는 글씨가 써 있는 팻말을 든 사람들이 공사현장에서 조금 떨어진 곳 양쪽에 서 있다가 지나가는 차량의 흐름을 조절해 준다.

공사구간이 길거나 도로 폭이 좁을 때는 안내 차량이 선두에서 길을 안내한다. 물론 이럴 땐 맞은편에서 오던 차들은 모두 서 있다. 이렇게 하다 보면 시간이 꽤 걸리지만 이곳 사람들은 당연한 듯 마냥 기다린다. 자신들의 안전을 위한 일이라 불만을 표시하지도 않는다. 아무 표시도 없이 갑자기 나타난 공사구간으로 운전자를 당황하게 하는 우리나라의 도로행정과는 많이 달라 보였다.

공사구간 도로는 며칠 비가 많이 온 듯하다. 길을 통제하는 사람이 길의 상태가 많이 좋지 않다고 한다. 얼마 후 안내 차량이 와서 그 차 뒤를 따라 약 10분 정도 공사구간을 통과했다. 다시 정상적인 도로로 진입해 시속 65마일로 달렸다.

이곳에서 한 가지 재미있는 것을 발견했다. 미국은 세계 대부분의 나라들이 사용하는 단위를 쓰지 않고 독자적인 단위를 사용한다. 그래서 처음에는 상당히 혼란스러웠다. 킬로미터를 쓰지 않고 마일을 쓰고, 킬로그램을 쓰지 않고 파운드를 쓰는 것처럼 말이다. 그런데 사우스 다코타에

오니 마일 표시와 킬로미터 표시를 같이 해 놓았다. 이젠 킬로미터 표시가 생소해 보였다.

시닉 하이웨이^{Scenic Highways}라는 곳을 달려 큰바위 얼굴이 있는 마운트 러쉬모어까지 갔다. 공식 이름은 Mount Rushmore National Memorial이다. 웬만한 시닉 하이웨이는 시닉이라는 말 뜻대로 주변 경관이 아주 좋은데, 이곳은 눈에 띄는 풍경이 있는 게 아닌 평범한 산길이었다. 마치 강원도 산길을 달리는 것 같은 그런 기분이다. 그동안 서부 지역의 대단한 풍경들을 보아 와서 그런 것일지 모른다는 생각을 하면서 공원에 도착했다. 입장료가 아닌 주차비 명목으로 차량 한 대당 8불씩 받는다. 주차비로 받으니 그동안 어느 곳이든 그냥 들어가던 골든 이글 패스가 무색해졌다.

주차비를 지불하고 주차장으로 들어가니 미국 전역에서 온 수많은 차량들로 주차장이 꽉 차 있었다. 미국의 자존심을 보여주는 것 같기도 하

마운트 러쉬모어 Mount Rushmore

러쉬모어 산에는 조지 워싱턴^{George Washington} 토마스 제퍼슨^{Thomas Jefferson} 데어도르 루스벨트^{Theodore Roosevelt} 에이브러햄 링컨^{Abraham Lincoln} 등 초기 미국을 대표하는 네 사람의 흉상을 만들어 놓은, 미국의 탄생과 발전을 기념하기 위해 만든 미국의 대표적인 기념비이다. 이 지역 인디언들의 성지였던 이곳에 자신의 새로운 성지를 만들어 자신들의 힘을 과시하는 듯한 인상을 주는 곳이기도 하다.

조각가 가츠 보그럼^{Gutzon Borglum}을 주축으로 총 400여 명의 인원이 동원되어 1927년에 시작해 1941년에 완성되었다. 이러한 공사가 가능했던 이유 중 하나는 이 지역의 지질이 단단한 화강암으로 이루어졌기 때문이다.

공원 입장료는 주차비 명목으로 받는 차량 한 대당 8불이며, 관람하기 가장 좋은 시기는 아무래도 여름인 7–8월이 가장 좋을 듯하다. 그러나 여름에도 간혹 번개와 천둥을 동반한 불규칙한 기상과 심한 안개로 인해 시야가 흐려지는 경우도 종종 있다. 이 지역은 빠르면 9월 초순부터 5월 중순까지도 눈이 내리는 지역이기도 하다. 한여름 날씨는 낮에는 덥고 아침저녁으로 선선한 전형적인 여름 날씨를 보인다.

마운트 러쉬모어를 찾은 관광객들

고 미국의 우월감이 느껴지는 듯하기도 했지만 바위산 정상에 이러한 작업을 할 생각을 했다는 자체만으로도 높이 평가를 받을 만하다고 생각했다. 그러나 공교롭게도 이 지역은 블랙 힐Black Hill이라는 지역으로, 북미 인디언들이 신성시하는 성지였다. 과거 이곳을 차지하기 위해 수많은 살육이 행해진 장소이기도 하다. 이러한 곳에 조형물을 만들어 백인들은 자신들의 자존심과 자신들의 역사를 기리는 듯했다.

마운트 러쉬모어 주변은 완전한 휴양지였다. 아니 관광지라고 해야 맞을 것이다. 미국의 여러 지역을 다녀 보았지만 이곳처럼 관광지 같다는 느낌이 드는 곳은 처음인 듯하다. 상당히 들떠 있는 듯한 분위기가 그동안 보아 왔던 차분했던 많은 다른 지역과는 다르다. 지나고 보니 사우스 다코타 지역이 대부분 그런 것 같았다. 다른 지역에 비해 유난히 많이 서 있는 고속도로 주변의 수많은 광고판도 그렇고.

지난 며칠에 비해 오늘 하루는 날씨도 좋았던 편이고, 가고자 하는 코스대로 촬영도 무사히 마쳤다. 시간이 어중간하여 배드랜드 국립공원 방문은 내일로 미루고 래피드 시티로 나와 숙박을 했다. 블랙 힐과 래피드 시티 주변은 과거 인디언들의 생활터전이었던 곳이다. 그래서 그런지 래피드 시티 주변에는 볼거리가 많다. 그런데 인디언 관련 장소보다는 짧지만 백인들의 역사와 문화 그리고 경제적인 발전을 나타낼 수 있는 대표적인 장소가 더 많았다. 가만히 살펴보니 그런 모든 것이 대부분 인디언 멸망사와 관련된 장소 같아서 씁쓸했다.

많은 미국인들이 찾는 곳이라 그런지 모텔 숙박비가 비쌌다. 모텔에 들어와 짐을 푸는데 반대편 하늘에 무지개가 떴다. 소나기가 오락가락하더니 하루의 마지막을 멋있게 장식한다. 사진을 찍고 또 하루를 정리했다.

여기서 미국을 여행할 때 주의할 사항 몇 가지를 짚고 넘어가 보자.

우리나라를 비롯한 세계의 많은 나라가 사람들의 모습만 다르지 살아가는 방식은 대개 거의 비슷하다. 미국을 대표하는 다국적 기업들의 무차별적 공략으로 한국에서 본 많은 상표를 자연스럽게, 아니 당연하게 미국에서도 만날 수 있고, 한국에서 늘 먹었던 음식들도 쉽게 맛볼 수 있다. 어느덧 우리는 우리도 모르는 사이에 문화식민지시대에, 문화사대주의를 의식하지 못한 채 살고 있다는 말이다. 그러다 보니 어디를 가든, 특히 미국 같은 나라는 언어문제를 제외하면 여행이나 생활을 하는 데 큰 어려움은 없다.

그러나 한 가지 인터넷 사용과 셀룰러 폰 이용에는 종종 어려움을 느꼈다. 우리나라에서는 휴대폰을 핸드폰이라고 하지만 미국에서는 주로 셀룰러 폰이라 한다. 몇 년 전만 해도 인터넷이나 셀룰러 폰이 없어도 별 불편없이 살아왔지만 어느덧 우리는 우리도 모르게 기계에 종속되어 인터넷이나 셀룰러 폰이 없으면 불편하다는 생각을 하게 되었다. 영화에서 본 매트릭스의 세계가 현실로 다가올 날이 멀지 않은 듯하다.

아무튼 여행중 들어온 이메일도 체크해야 하고 인터넷 뱅킹으로 처리해야 할 일도 많고 중간중간 여행 정보도 얻어야 하는데, 인터넷을 만들어낸 나라지만 우리나라같이 보편적으로 보급된 지 얼마 되지 않아 사용하기가 쉽지 않다.

아직도 모뎀 사용자가 훨씬 많고, 특히 규모가 작은 소도시나 관광지 같은 경우는 아직도 인터넷 사용이 원활하지 않다. 인터넷이 실제 일반인이 사용하기 쉽게 활성화한 것은 불과 얼마 되지 않는다. 그래서 무선 인터넷 노트북을 가지고 다니는 나도 여행중 인터넷을 사용하지 못하는 경우가 대부분이었다. 워낙 땅이 넓다 보니 여러가지 제약도 많기는 많을 거라는 생각은 든다.

또 다른 불편한 점은 셀룰러 폰이다. 도시만 빠져 나가면 통화가 되질 않는다. 셀룰러 폰 또한 사람에게 필요악이 되어 버린 지 꽤 오래되었다. 넓은 땅에 구석구석 기지국(?)을 설치할 수도 없고 그러다 보니 도시를 벗어나면 통화가 되질 않는다. 이해를 하면서도 막상 통화가 되질 않으면 짜증도 나고 불안해지기도 한다. 이게 다 기계 중독현상이 아닐까?

그런데 시카고가 있는 일리노이 주부터 플로리다까지는 어딜 가든 통화가 되었다. 아무래도 서부 지역보단 동부 지역에 도시가 많아 그런 것 같다. 통화가 안 되는 지역이 많은 것도 불편하지만, 이 나라는 전화를 거는 쪽뿐 아니라 받는 사람에게도 통화료가 부과된다. 처음엔 상당히 황당했지만 차츰 무덤덤해졌다. 그러다 보니 전화가 잘못 걸려 오면 더 짜증이 날 때도 있다.

말이 나왔으니 미국에서 생활하면서 불편했던 점 하나만 더 이야기해 보자. 처음 미국에 도착해 가장 불편한 것 중의 하나가 은행과의 거래였다. 은행에 계좌를 개설했는데 통장을 안 주는 거였다. 그냥 계산서 같은 영수증만 달랑 줘서, 통장은 없느냐고 물었더니 없단다. 그러다 보니 지금 내 통장에 얼마가 들어 있는지 바로바로 확인할 수가 없다. 통장에 돈을 입금할 때도 잔액 확인을 해달라고 말하지 않으면 입금된 금액만 찍혀서 나온다.

또 이곳에선 첵Check이라는 개인수표를 많이 사용한다. 한국으로 말하면 가계수표다. 한국은 어느 정도 자격이 돼야 가계수표 개설이 가능하지만 미국은 은행에 계좌를 개설하면 누구든 개인수표를 준다. 담배를 살 때도 음료수 하나를 살 때도 개인수표를 사용하는 경우가 많다.

아무튼 대부분의 결제를 수표로 하는데 은행 잔고를 몰라 그 수표가 결제가 되었는지 아닌지 바로바로 확인할 수가 없다. 그러다 보니 항상 통장엔 여유 돈이 있어야 하고, 그렇지 못해 실수로 통장에 돈이 없는데 수표를 많이 썼다면 그것을 막지 못해, 쉬운 말로 부도가 나기 쉽다. 그런 일이 자주 생기면 신용불량자가 된다. 그 부도난 수표를 받은 사람도 과태료를 문다. 요즘은 부도가 많이 나서 그런지 많은 상점들이 수표를 받지 않으려고 한다. 특히 한인들이 운영하는 가게들은 대부분 개인수표를 받지 않는다.

사우스 다코타 주 South Dakota

남한의 두 배 정도 크기로, 전체 인구는 70만 명 정도다. 이 지역의 한인 수는 1,600명 정도 된다고 한다. 다코타라는 말은 이 지역 인디언인 수우 족의 말로 '친구'라는 뜻이다.

1850년대부터 농민들을 끌어들이기 위해 마을을 건설하면서 백인 인구가 유입되기 시작했으며, 1876년 블랙 힐 지역에 금광이 발견되면서 인구의 대거 유입이 시작된다. 이 금광은 서반구 최대의 금광이며, 지금도 금이 생산되고 있다. 사우스 다코타는 인디언 수우 족의 고향으로, 그들의 비참한 운명을 바탕으로 형성된 지역이라고 보면 정답이다. 인디언들의 영웅 크레이지 호스Crazy Horse 시팅 불Sitting Bull 레드 클라우드Red Cloud 등의 고향이 사우스 다코타이다.

마운트 러쉬모어엔 미국을 대표하는 조지 워싱턴, 토마스 제퍼슨, 데어도르 루스벨트, 에이브러햄 링컨의 얼굴이 조각되어 있는 러쉬모어 국립기념비가 있어 더욱 유명하다.

Crazy Horse Memorial to BadLands National Park

크레이지 호스 기념관에서
배드랜드 국립공원까지

6월 26일 목요일

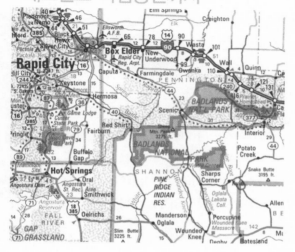

a trip log

커스터 시 → 크레이지
호스 기념관 → 커스터
주립공원 → 래피드 시티
→ 배드랜드 국립공원 →
사우스 다코타 미셸

 이제는 모두들 습관이 되었는지 애써 깨우지 않아도 시간이 되면 일어
났다. 집사람이 항상 먼저 일어나 모든 것을 챙겨 놓아 곧바로 이동하기
가 편했다.

 아침 날씨는 맑았고 기온은 선선했다. 원래대로라면 바로 배드랜드 국
립공원으로 가야 했지만, 아침에 이곳 홍보책자를 보다가 인디언들의 전
설적인 인물인 크레이지 호스의 기념관이 있다는 것을 알았다. 옛날 미
제7연대 존 커스터의 부대를 전멸시킨 북아메리카 인디언의 영웅으로 크
레이지 호스를 기억하고 있던 나는 시간이 조금 지체되더라도 이곳만은
꼭 들러 봐야겠다는 생각으로 모텔을 출발했다.

약 한 시간 가량 가다 보니 기념관이 나왔다. 이곳 사우스 다코타의 래피드 시티에서 커스터 시까지는 현재는 대부분의 지역이 관광지역으로 되어 있지만, 예전에는 블랙 힐이라는 인디언들의 성지였다. 인디언들에게는 상당히 중요한 이 지역은 지난 1929년 수우 족 인디언들이 자신들의 조상의 땅인 이곳을 되찾기 위해 연방법원에 반환소송을 제기해 현재까지 소유권 분쟁이 계속되는 곳이기도 하다. 이 지역 관광상품의 대부분은 인디언 관련 문화상품이다. 그만큼 미국이란 나라는 인디언을 빼고는 생각할 수 없는 나라임에 분명하다. 또 하나 재미있는 것은 크레이지 호스 기념관 주변 도시 이름이 커스터라는 것이다. 정확한 도시 이름의 유래는 알 수 없지만 존 커스터 장군의 이름을 따서 붙인 건 아닌지 하는 생각이 들었다.

크레이지 호스 기념관 입장료는 다소 비싼 18불이다. 국가에서 운영하는 것이 아닌 개인이 운영하는 곳이라 입장료가 비싼 편이다. 아침 일찍이라 사람들이 많지 않았다.

마운트 러쉬모어에서 몇 분 걸리지 않는 이곳에 러쉬모어에 있는 네 명의 조각상의 크기를 합친 것보다 큰 크레이지 호스 얼굴의 바위 조각상을 만들어 놓았다.

1939년 당시 수우 족 추장이던 헨리 스탠딩 베어는 러쉬모어 산 블랙 힐에 인디언의 영웅인 크레이지 호스의 조각상을 만들어 달라고 미국 대통령 얼굴 바위를 조각한 조각가의 조수였던 지올코프스키에게 부탁했다. 백인들에게 존경할 만한 사람이 있듯이 인디언에게도 영웅이 있다는 것을 보여주고 싶다고 하면서 크레이지 호스에 대한 이야기를 들려주었다. 그에 관한 이야기를 전해 들은 그는 감동을 받아 크레이지 호스에 관한 연구에 들어가 마침내 인디언들의 요구를 받아들이기로 한다.

인디언들이 블랙 힐에 조각하기를 원했으므로 지올코프스키는 1947년

블랙 힐의 인디언 영웅 크레이지 호스 조각상

블랙 힐에 텐트를 치고 7개월 동안 살 곳과 일하러 가는 길을 직접 만들기 시작해 이듬해에 다이너마이트를 터뜨려 작업의 시작을 알렸다. 그의 나이 마흔이었으며, 총 자본금 174달러를 가지고 이 엄청난 작업에 도전한 것이다.

처음 계획은 바위산 위에 30미터의 조각상을 만드는 것이었지만 계획을 수정하여 바위산 전체를 조각상으로 하고 그 주변을 북미 인디언 종합박물관으로 만들기로 했다.

연방정부로부터 산의 채굴권을 얻어 내고, 바위산 정상까지 741단이나 되는 작업용 통나무 계단을 만들었다. 거의 모든 일을 혼자서 해야 했으므로 얼굴 모양을 만드는 데에만 무려 5년이 걸렸다. 1987년에야 자금이 조성되고 일꾼들이 생기기 시작했고, 그 사이 열 명의 자녀가 태어나 그 중 일곱 명이 석상 작업을 도왔다. 지올코프스키는 1982년 74세의 나이로 세상을 떠나지만, 그의 부인과 자녀들이 그 대업을 이어받았다. 조각상이 완성되려면 앞으로도 수십 년은 더 걸릴 것이라고 한다.

한 사람의 평생을 건 노력과 그들 가족의 애정이 잊혀지는 인디언들의 역사를 살리는 것 같아 상당히 감동적이었다. 또한 백인들의 조상이 저지른 잘못된 역사를 바로잡는다는 의미도 있겠지만 자신의 조상을 몰살한 인디언을 성역화하는 공사를 허가해 주는 미국 정부의 포용력에 다시 한 번 감탄하지 않을 수 없었다.

조각되어 있는 바위까지는 공사중이라 일 년에 한 번만 개방한다고 했다. 6월 초순에. 정확하진 않지만 지올코프스키 부인의 생일이 개방되는 날이라고 알고 있다. 나머지는 그 아래까지 투어 차량으로 들어갈 수 있

크레이지 호스 Crazy Horse

라코타 수우 족은 여러 개 파로 나누어진다. 그 중 크레이지 호스는 오글라라 족의 전사이자 전투 추장으로, 아버지는 부족의 성인이었으며 브를레 족 어머니 사이에서 태어났다. 그가 태어난 곳은 검은 언덕의 래피드 크릭이며, 이곳은 백인들이 오기 전까진 인디언들의 생활터전이요 풍족한 자원을 공급해 주는 곳간 같은 곳이었다. 크레이지 호스는 몸집이 작고 야위었으며 어려서부터 말수가 적고 수줍음을 많이 탔다. 아버지는 추장이 아니었으나 크레이지 호스는 많은 전투에서 공적을 세워 추장으로 추대된다. 어떤 상황에서도 미군과의 타협은 없었으며 부족민을 생각하는 마음은 대단했다. 인디언들에게 악명높았던 존 커스터의 제7기병대를 리틀 빅혼 전투에서 전멸시킴으로써 인디언의 전설적인 영웅으로 추앙받는다. 그는 싸움에선 한 번도 패해 본 적이 없지만 안타깝게도 그는 그를 시기하던 인디언과 미군들에 의해 살해된다. 그의 어릴 적 이름은 고수머리였다. 많은 전투에서 공적을 세우는 것을 지켜본 그의 아버지가 자신의 이름인 크레이지 호스를 그의 아들에게 넘겨 주고 자신은 웜Warm이라는 이름으로 바꾼다.

는데 일인당 비용이 3불이다. 시간은 약 20분 정도 소요된다.

오늘도 날씨가 쌀쌀하여 우리 가족은 변함없이 애를 먹었지만 인디언의 역사를 더듬어 나갈 수 있어 흥분되었다. 특히 도희는 난리가 났다. 크레이지 호스에 대해 질문도 하고, 크레이지 호스 조각을 시작한 조각가에 많은 관심을 갖는 듯했다. 모텔에 들어와서도 흥분을 감추지 못하고 크레이지 호스에 관련된 책을 사달라고 졸라댔다.

조각상을 둘러본 후 박물관 안을 돌아보았다. 인디언들의 장식품 및 사진들이 전시되어 있었다. 말로만 들었던 북미 인디언 영웅들의 사진들도 많았다. 그러나 아쉽게도 크레이지 호스의 사진은 없었다. 나중에 알고 보니 크레이지 호스는 살아 생전 사진을 한 장도 찍지 않았다고 한다. 그 이유는 백인들이 만든 카메라가 혼을 빼앗아 간다고 믿었기 때문이란다. 조각상을 제작할 때도 사진이 없어 인디언들의 증언을 종합해서 얼굴을 제작했다고 한다.

실제 크레이지 호스는 덩치도 작고 왜소했으며, 말이 없고 수줍음을 많이 탔다고 한다. 그러나 현재 진행중인 조각상의 모습은 강하고 힘찬 인디언 영웅의 모습을 담고 있다.

인디언의 성지였던 이곳에 인디언 문화와 역사를 알 수 있는 변변한 장소 하나 없어서 많이 아쉬웠던 나로서는 크레이지 호스 기념관 방문이 상당히 뜻깊고 보람된 방문이었다. 즐거운 마음으로 이곳을 나와 배드랜드를 가기 위해 조금 돌더라도 커스터란 이름을 지닌 주립공원 쪽으로 돌아서 가보자며 길을 나섰다. 어느 주든 특별한 경우가 아니면 주립공원은 입장료를 거의 받지 않는다. 그러나 커스터 주립공원은 12불4인 기준이라는 적지 않은 입장료를 받았다. 그래서 혹시 뭔가 보여줄 만한 대단한 게 있지 않을까 기대를 하고 들어갔지만 실망만 하고 말았다. 가끔 보이는 버펄로말고는 특별한 게 없었다. 사우스 다코타는 상당히 상업적인 냄새가 강하다는 것을 새삼 느꼈다.

커스터 주립공원을 지나 다시 래피드 시티로 들어와서 배드랜드로 가는 길로 방향을 틀었다. 조금 지나자 지금까지 보았던 사우스 다코타 분위기와는 다른 넓은 평야지대가 나왔고 계속 그런 길이 이어졌다. 주변은 넓은 목초지였다.

65마일 정도를 달리자 데스 밸리에 온 듯한 착각이 들 정도로 데스 밸리와 거의 흡사한 배드랜드 국립공원이 나타났다. 기온은 많이 올라 25도를 넘었다. 날씨도 맑아 촬영하기는 아주 좋았지만 바람이 매우 강하게 불었다.

배드랜드 국립공원 Badlands National Park

연중 개장하며, 여름철에 일반적으로 많은 관광객이 몰린다. 여름에 기온이 높을 땐 섭씨 35도 이상 올라갈 때도 있으며, 봄, 가을엔 기온차가 조금 심하지만 사람들로 붐비지 않고 대체로 쾌적한 날씨라 즐거운 여행을 할 수 있다. 겨울엔 평균 12~24인치 정도의 눈이 내리고 상당히 추운 날씨를 보인다. 일 년 내내 날씨의 변화가 심하고 상당히 강한 바람이 불 때가 많다.

이곳은 급격하게 침식되어 변형된 작은 언덕들과 뾰족탑 같은 크고 작은 뾰족한 지형들이 혼합되어 이루어져 있다. 연방 정부의 보호지인 대초원이 있으며, 멸종 위기의 흰 담비가 살고 있다. 11,000년 이상 된 화석들이 발견되며, 화석을 통해 여러 포유류의 진화 과정을 살펴볼 수도 있다.

1939년 내셔널 모뉴멘트로 지정되었다가 1978년에 국립공원으로 재지정되었다. 공원 입장료는 차량 한 대당 10불이며, 오토바이·자전거·보행자는 일인당 5불이다.

공원을 관통하는 길로 방향을 잡고 들어갔다. 처음에 배드랜드에 올 때는 반신반의했다. 그래도 명색이 국립공원인데 마운트 러쉬모어나 크레이지 호스 정도의 홍보도 되지 않은 듯했고, 길거리 어디에도 배드랜드에 관한 안내판이 보이질 않았다. 좀 유명하다 싶은 곳은 몇 십 마일 밖에서도 안내판을 볼 수 있지만 배드랜드 표지판은 가까이 와서야 겨우 보였다. 어젯밤 묵은 모텔 사무실에도 배드랜드 국립공원에 관한 자료는 하나도 없었다. 확실한 팻말도 보이질 않아 처음엔 길을 잘못 들었나 의심을 할 정도였다.

그러나 입구에서 본 공원 모습은 국립공원의 자태를 충분히 느끼게 했다. 오기를 잘했다 생각하고 예정된 코스대로 들어섰다. 그러나 가다 보니 이 정도 가지고 국립공원이라 하기는 좀 그렇다는 생각이 들 정도로 별다른 특색을 찾지 못했다. 공원의 모습은 침식작용에 의해 생긴 기형 지형과 넓게 펼쳐진 초원지대로 이루어졌다.

공원 중간 피크닉 에어리어에서 늦은 점심을 먹기로 했다. 준비한 게 없어서 사발면을 먹기로 하고 불을 켜는데 바람이 너무 강하게 불어 상당히 고생을 했다. 그래도 이런 곳에서 먹는 라면 맛은 정말 굿이다.

예정된 시간보다 너무 많이 지체해서 서둘러 미네소타 방향으로 길을 잡아 I-90으로 들어섰다. 동부로 갈수록 길은 일직선이고 주변은 평야지대라는 말은 들었지만 직접 운전을 해보니 정말 그랬다. 핸들 한 번 돌릴 일없이 계속 일직선으로 달리는 길들이 대부분이었고, 몬태나 대평원보다도 더 넓은 평야지대가 계속 이어졌다.

몇 시간을 달려도 같은 풍경이었다. 한없이 달려 원래의 목적지인 사우스 다코타 미셸에 여장을 풀었다. 모텔에 들어와 보니 시간이 또 한 시간 빨라져서 약간 허탈해졌다. 센트럴 타임이 적용되는 것이다.

시간도 늦고 피곤하기도 해서 피자를 시켜 저녁을 대신했다. 미국이란 나라는 배달이라는 단어가 맞질 않는다. 대부분 소비자가 가야 한다. 배달을 시키면 그만큼 적지 않은 돈을 더 내야 한다. 인건비가 비싸다. 재료비는 얼마 들지 않는다. 모든 걸 시간으로 계산한다. 그러다 보니 이곳 사람들은 모든 일을 대부분 스스로 한다.

그러나 유일하게 배달이 가능한 것이 피자다. 피자는 어딜 가나 무료 배달을 해준다. 이렇듯 요즘은 미국에도 조금씩 변화가 생기고 있다. 무료 배달이 조금씩 늘어나고 있는 추세다. 그만큼 경쟁업체들이 많이 생겨 경쟁이 치열해졌다는 뜻일 것이다.

Corn Place, Minnesota and Wisconsin

콘 플레이스에서 미네소타를 거쳐 위스콘신 주 매디슨까지

7

6월 27일 금요일

a trip log

사우스 다코타 미셸 콘 플레이스 → 미네소타 도로 → 미시시피 강 → 위스콘신 주 매디슨

오늘은 유난히 일어나기 싫어 마냥 꾸물거렸다. 아침 식사를 하고 콘 플레이스라는 곳을 찾아 나섰다. 모텔 근처에 있고 사우스 다코타에서는 상당히 유명한 곳이라 한 번 둘러보기로 했다.

콘 플레이스는 건물 외관을 옥수수로 장식한 건물이라고 한다. 이곳 사우스 다코타는 옥수수가 유명하고 그것을 상품화시키기 위한 방법으로 이러한 곳을 만든 듯했다. 시작 연도가 1821년 정도니까 상당한 역사가 있다. 평균 2-4년 간격으로 디자인을 다시 하여 개장하는데, 가는 날이 장날이라고 우리가 간 날, 건물 벽에 붙어 있는 옥수수를 모두 뜯어 내고 있었다. 실내 체육관을 변형해 만든 듯한 건물 안에서는 이 건물의 역

사를 보여주는 슬라이드
쇼와 가이드에 의한 설명
이 진행되며, 한쪽엔 매
장을 만들어 기념품을 팔
고 있다. 실제 건물 외관
을 보지 못했지만 실내에
걸려 있는 지난 세월 동
안의 콘 플레이스의 변천
과정 사진을 보면서 만족
해야 했다. 자신들의 주
요 농산물을 관광상품화
하는 이들의 능력과 미국
인들의 상업성에 다시 한
번 감탄하게 되었다.

공사중인 콘 플레이스

   이곳에서 마냥 지체할 수가 없어 서둘러 미네소타로 이동하기로 했다.
일단 I-90을 타고 미네소타 끝까지 가서 그곳에서 미니애폴리스 쪽으로
나 있는 미시시피 강을 끼고 달리는 61번 도로, 시닉 하이웨이를 둘러보
고 위스콘신 주로 넘어가기로 했다.

   미네소타 도로 주변은 온통 옥수수밭이었다. 콘 플레이스는 사우스 다
코타가 아닌 미네소타에 있어야 하지 않을까 생각을 해보았는데, 위스콘
신으로 들어가서도 대부분의 농토가 옥수수를 재배하고 있었다.

   대부분 일자로 곧게 나 있는 도로를 운전하기란 상당히 지겹다. 졸음도
많이 온다. 오토 차량에 달려 있는 크로스 컨트롤로 속도를 맞춰 놓고, 한
손으로 핸들을 잡고 마냥 가기만 하면 된다. 거의 쉬지 않고 미네소타 끝
부분까지 7시간 정도를 달려왔다. 아이들이 몸을 뒤틀고 난리다. 중간중

미시시피 강변 철로

간 사진도 찍고 구경도 하면서 와야 몸도 가볍고 덜 지겨운데, 오늘은 주
변 풍경이 별 특징도 없고 시원치 않아 그냥 달려왔던 것이다.

눈앞에 미시시피 강이 나타났다. 이제 이 강만 건너면 위스콘신 주다.
시닉 하이웨이를 조금은 기대하면서 미니애폴리스로 올라가는 61번 도
로 북쪽으로 들어갔다. 오른쪽으로 미시시피 강을 따라 올라가는, 한마
디로 강변도로인 이곳은 솔직히 볼거리는 없었다. 미시시피라는 강만 아
니었다면 정말 올라가 보지도 않았을 그러한 장소였다.

한 20분 올라가다 다시 방향을 돌려 오던 길로 내려왔다. 다리를 건너
위스콘신 주로 들어와 35번 도로로 진입해 다시 미시시피 강을 끼고 매디
슨이라는 도시로 내려갔다.

세계에서 세 번째로 길고 미국 50개 주 중에 31개 주를 거친다는 미시시
피 강 주변은 우리나라의 양수리나 양평 같은 분위기였다. 그냥 평범하고
조용한 풍경이었다. 다소 아쉬웠던 점은 갓길이 적어 중간중간 차를 세우

지 못해 사진촬영을 거의 하지 못했다는 점이다.

고속도로인 I-90으로 왔으면 빨랐을 것을 공연히 시닉 하이웨이로 돌아와서 시간이 많이 늦어졌다. 볼 만한 풍경이 많아 중간중간 사진촬영을 하면서 왔더라면 좀 덜 섭섭했을텐데, 조금은 시간이 아깝다는 생각이 들었다.

위스콘신 주에 있는 매디슨은 상당히 넓은 도시였다. 나중에 알고 보니 위스콘신 주의 주도라고 했다. 매디슨이란 지명은 미국의 4대 대통령인 제임스 매디슨에서 따왔다고 한다. 대부분의 미국 주들은 행정과 상업도시가 분리되어 있다. 상업도시는 상당히 크고 활동적인 반면, 주도가 있는 행정도시는 규모면에선 그리 크지 않고 조용한 게 특징이다. 그러나 위스콘신 주의 주도인 매디슨은 그렇지 않은 듯했다. 행정과 상업적인 면을 같이 가지고 있는 듯이 매우 활동적이고 생동감이 있는 도시로 느껴졌다. 나중에 중동부 지역으로 가다 보니 매디슨과 같이 주도가 발달한 주들이 꽤 많았다.

여행 첫날 숙소를 찾느라 고생을 한 이후 오늘도 시간이 늦어 조금은 걱정이 되었지만, 큰 도시라 빈방이 있을 거라 생각하고 큰 걱정 없이 자주 가는 모텔 표지판을 보고 고속도로를 빠져 나왔다. 표지판에 표시된 대로 길을 찾아 들어왔는데 잘못 들어왔는지 모텔이 보이지 않았다.

잠시 헤매다 '매디슨 한인장로교회'라는 한글로 된 교회 간판을 보고 반가운 마음으로 차를 세웠다. 마침 교회 앞에 서서 담배를 피우고 있는 젊은 한국 친구가 있어 길을 물었다. 일주일 만에 보는 한글 간판이 그렇게 정겨울 수가 없었다. 그러나 아쉽게도 그 친구는 이곳에 온 지 얼마 되지 않아 길을 잘 모른다며 다른 친구를 데려왔다. 아주 싹싹한 친구였다. 그러나 그 친구도 지리는 잘 모르는 듯했다. 둘 다 유학생인 듯했고, 한 친구는 시애틀에 있다가 이곳으로 온 지 얼마 안 된다고 한다. 그래서 그런지 더 반가웠다.

집사람이 이곳이 더 좋으냐고 물으니 시애틀이 더 좋다고 했다. 이곳은 겨울이 너무 추워 고생이 많다고 한다. 한국 교민의 수를 물으니 교민보다는 유학생들이 더 많다며 그 이상 자세한 건 잘 모르겠다고 했다. 이 지역이 교육과 문화의 도시로도 유명해서 유학생들이 많은 것 같았다. 오랫동안 이야기하고 싶었지만 시간이 없고 길을 찾길에 세워 두어 급한 마음에 고맙다는 말을 하고 길을 재촉했다.

모텔을 찾으려고 돌아다니다 보니 걸어다니는 한국 사람들이 몇 명 눈에 띄었다. 생각보다는 많은 한국인들이 사는 듯했다.

겨우 찾은 모텔에는 빈방이 없었다. 주말이라 그렇겠지만 도시 규모에 비해 모텔의 숫자가 적은 듯했다. 다른 모텔을 알아보았지만 다 마찬가지였고, 전화로 주변의 다른 지역을 알아보았으나 역시 빈방은 없었다.

조금 걱정이 되었다. 딱 한 곳 체인 모텔이 아닌 처음 보는 이름의 모텔이 있어 마지막으로 알아보기로 했다. 모텔 오피스로 들어갔더니 다행히 빈방이 있다고 했다. 부겟Budget이라는 렌탈 회사에서 운영하는 모텔이었는데, 좀 오래되어 냄새는 났지만 냉장고부터 없는 게 없는 아주 좋은 모텔이었다. 다행이라 생각하고 하루종일 이동한 피로를 풀기 위해 짐을 풀었다.

모텔에 들어온 시간은 저녁 9시쯤 되었다. 아무리 피곤해도 먹어야 하는 게 저녁. 부랴부랴 짐을 옮기고 밥을 짓고 저녁 식사를 마쳤다. 설거지를 하고 짐을 정리한 후 노트북 앞에 앉는다. 디지털 카메라로 촬영한 사진을 컴퓨터로 옮겼다. 촬영한 게 별로 없어 일은 빨리 끝났다. 하루 동안 지나온 일들에 대해 대충 정리를 한 후 잠자리에 들었다.

내일이면 일리노이 주 시카고로 들어갈 것이다. 조금은 걱정이 된다. 미국에 와서 서부 지역 이외엔 처음 가 보는 대도시라 그런지 조금은 걱정이 되는 게 사실이다. 동부 도시에 대한 좋지 않은 말을 많이 들은 것도 있지만, 나 스스로 아주 촌놈이 다 되었다는 생각이 들어 우스웠다.

오늘은 정말 먼길을 달려왔다 사우스 다코타에서 미네소타 그리고 위스콘신까지 세 개의 주를 관통해 온 것이다. 총 거리는 약 520마일[837킬로미터]이다.

우와 –

미네소타 주 Minnesota

한반도 크기와 비슷한 면적을 가지고 있다. 주 전체 인구는 5백만 정도이고, 우리 교민은 25,000명 정도라고 한다. 미네소타란 주명은 수우족 인디언의 말로 '하늘빛 강물'이라는 뜻을 가지고 있다. 우리의 생활과 밀접한 스카치 테입, 호치키스 등이 미네소타에서 발명되었고, 수상스키 또한 이곳에서 시작되었다. 미네소타의 자동차 번호판에 10,000레이크라고 씌어 있을 정도로 주 전체에 12,000여 개의 크고 작은 하천과 호수가 있는 물이 풍부한 주다. 미네소타는 밀 농사, 제분, 제재업의 산업에 근간을 두고 있었으나, 1880년대 철광석 광산이 주 경제에 크게 공헌하기 시작했다.

위스콘신 주 Wisconsin

우리나라 강원도의 10배 크기로, 전체 인구는 5백만 명을 조금 넘으며, 우리 교민은 12,000명 정도 된다고 한다. 미국 제일의 낙농지역답게 치즈 및 낙농제품이 많이 생산되고, 미국 내에서 우유 생산량이 가장 많은 곳이기도 하다. 또한 미국 내 생산되는 맥주의 대부분이 위스콘신주에서 생산되고 있고, 오토바이 마니아들의 꿈인 할리 데이비슨의 본사가 밀워키에 있다. 주의 주요산업은 농업이지만 미시간 호수 주변도시들에서는 일반 산업과 상업이 번창하고 있다.

Madison to Chicago
위스콘신 주 매디슨에서
일리노이 주 시카고까지

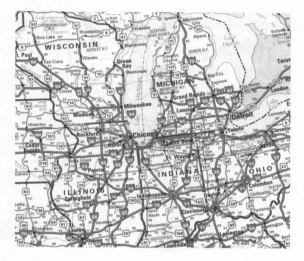

a trip log

매디슨 → 일리노이 주
시카고 → 인디애나 주
→ 오하이오 주

아침부터 비가 주룩주룩 내린다. 비 내리는 모양이 워싱턴 주와는 사뭇 다르다. 워싱턴 지역은 겨울이 되면 우기가 되어 연일 비가 내린다. 그러나 우리가 알고 있는 장대비라든가 집중호우 같은 비가 아니라 부슬부슬 내리는 가랑비 정도다. 물론 가끔 많이 내릴 때도 있지만 그 양은 그렇게 많지 않다. 그러나 이곳의 비는 한국에서 맞는 그런 비와 비슷했다. 꽤 많이, 그리고 눅눅하게 내린다.

아침을 거르고 모텔 앞 맥도널드로 갔다. 미국의 대부분의 모텔들에서는 간단한 아침을 제공한다. 일반적으로 토스트, 도너츠, 베이글^{Bagel}, 시리얼, 우유, 주스, 커피 등이 기본이고, 거기에 바나나, 사과 등도 있으며,

좀더 성의 있는 모텔들은 손님이 직접 만들어 먹을 수 있도록 와플 소스를 제공해 따뜻한 와플^{Waffle}을 먹을 수 있는 곳도 있다. 그러나 우리가 묵었던 모텔은 도너츠 몇 개만 놓고 아침을 제공하는 것처럼 생색을 냈다. 조금은 지저분하고 정리되지 않은 듯한 식탁이 마음에 들지도 않았지만, 오랜만에 맥도널드 아침이 생각나 핑계삼아 그냥 나왔다.

여행 후 처음으로 들어온 맥도널드다. 요즘 미국에서도 비만이다 뭐다 해서 패스트 푸드점들이 가장 큰 타격을 받고 있다. 맥도널드도 예외는 아니지만, 그래도 아직까진 가장 성황을 이루는 곳이 패스트 푸드점이다. 맥도널드는 미국 어디를 가든 쉽게 찾을 수 있어 편리하긴 하다. 그렇지만 버거킹 같은 햄버거 집은 최근 들어 많은 체인점이 문을 닫고 있다. 미국의 패스트 푸드점들은 대부분 아침 메뉴를 별도로 제공한다. 팬 케익, 커피 등 아침에 간단히 먹을 수 있는 것들도 있지만 대부분 계란을 주요리로 해서 만드는 토스트 종류인데 많은 사람들이 즐겨 찾는다. 특히 아침을 거른 직장인들이나 노인들이 선호하고 있다.

이곳의 맥도널드는 규모도 크고 실내 분위기가 상당히 깨끗했다. 들어오는 사람들도 대도시라 그런지 대부분이 화이트 칼라들이다. 상당히 분주한 토요일 아침 같았다. 역시 대도시는 생동감이 있어 좋았다.

식사를 마친 후 우리는 일리노이 주 시카고를 향해 차를 몰았다. 매디슨이란 도시가 상당히 크다는 걸 새삼 느끼며 고속도로를 달렸다. 다들 규정속도를 지키지 않는다. 웬만한 주 같으면 70마일 정도는 했을 규정속도를 55마일로 했으니 그럴 만도 하다.

일리노이 주로 들어오니 차량들의 과속은 더 심해졌다. 도로를 달리는 차들도 많아지고, 웬지 상당히 복잡하고 어수선해 보인다. 사람이 많이 사는 곳은 대부분 과속이 심했다. 그만큼 사는 게 빡빡하다는 것일 게다. 아무튼 이젠 정말 나도 시골 사람 다 된 듯하다. 규정속도로 달리는 나만

톨 웨이

바보 같다는 생각이 들기도 했다.

일리노이 주에 들어오면서 지도에 톨 웨이Toll way라는 표시가 되어 있어 혹시나 했더니 역시 고속도로 중간중간에서 통행료를 받는다. 우리나라 톨 게이트 같은 곳이다. 미국 도로를 달릴 만큼 달려 봤지만 통행료를 내 보기는 처음이라 상당히 생소했고, 처음 얼마 동안은 적응이 되질 않았다. 40센트씩 시카고 들어오기 전까지 네 번을 냈다. 우리나라 외곽순환도로도 김포에서 잠실까지 가는 데 서너 번 통행료를 낸 기억이 있다. 그렇게 받아야 하는 복잡한 이유가 있겠지만 사용자 입장에선 상당히 짜증이 났다. 한 번에 다 받든가 하면 좀 편할 텐데 하는 생각을 해본다.

지도를 자세히 들여다보니 돈을 내는 도로의 표시 색이 달랐다. 우리가 가지고 간 지도에는 톨 웨이 도로는 초록색으로 표시가 되어 있는데, 공교롭게도 우리가 가고자 하는 동부지역 목적지 대부분이 톨 웨이였다. 앞으로 얼마나 더 많은 돈을 내야 할지….

시카고에서

　세상이 복잡해지면서 많은 사람들로 인해 우리의 자연환경은 심하게 변형되고 있다고 생각했다. 그러나 동부지역으로 들어오면서 환경이 사람을 만들기도 한다는 생각을 새삼 해본다. 서부 사람들의 여유 있고 순수했던 모습이 동부로 들어오니 바쁘고 정신없어 보인다. 좋은 말로 활기차 보인다고는 하지만 뭔가에 쫓기는 듯한 분위기를 떨쳐 버릴 수가 없었다. 늘 느끼던 것이고 이번 여행에서도 동부로 들어오는 것에 대해 걱정을 했던 부분이기도 했다.

　웬지 동부는 싫다. 어느 도시보다 복잡한 거대도시 서울에서 오래 살아서 그런지 조용하고 한적한 워싱턴 주 같은 곳이 좋다. 집사람이 나이가 들어서 그렇단다. 그럴지도 모른다. 아무튼 동부는 그냥 마음에 닿지 않는다. 그래도 사람들은 동부지역을 둘러봐야 미국을 봤다고들 한다.

동부에 있는 다른 도시도 마찬가지지만 시카고는 더더욱 처음이다. 시카고에 대한 나의 이미지는 무겁고 음산한 그런 도시였다. 알파치노가 생각나고 범죄가 생각나는 도시. 그러나 시카고 초입에서 본 도시의 모습은 나를 어리둥절하게 했다. 너무 질서정연하고 건물 하나하나가 중후하고 웅장했다. 도로에는 휴지 하나 없고, 마침 우리가 들어온 날이 토요일이라 관광객이 많아서 그랬겠지만, 지나가는 사람들의 모습도 화사하고 밝아 거리의 분위기를 활기차게 만들었다. 규모 면에서나 도시의 여러 모습이 워싱턴의 시애틀이나 캘리포니아의 LA는 물론 샌프란시스코와 비교가 되지 않는 듯했다.

시카고에는 도시 중심은 물론 주변으로 51개의 다리가 있다고 한다. 이 모든 다리가 배들이 통과할 수 있도록 승개교로 설치해 근사했다.

어떤 책을 읽다가 시카고가 가장 미국적인 도시라는 글을 본 적이 있다. 태평양을 바라보고 있는 서부의 샌프란시스코나 대서양을 접하고 있

시카고 Chicago

시카고의 역사는 1803에 구축된 디어번 요새에서 시작한다. 처음에는 1개 중대에 불과한 병사들이 배치되었지만, 1834년에 시가 되고 1848년에 일리노이 미시간 운하가 개통된다. 같은 해에 최초로 철도가 부설된 뒤 1870년까지 대륙횡단 노선을 포함해 철도가 모두 연결돼 미국 제1의 교통도시가 되었다. 1871년 10월, 27시간에 걸친 대화재로 시의 대부분이 소실되었지만 화재가 일어난 뒤 공업도시로 전환되었다. 1959년 세인트 로렌스 수로의 개수는 시카고를 외항과 직접 연결해 항만도시 기능을 추가했다.

19세기말에서 20세기초에는 범죄도시로도 유명세를 떨쳤다. 특히 금주법 시대의 알카포네는 대표적인 시카고 갱이다. 지금도 교통상의 중요성

에는 변함이 없고, 산업도시로서 중북부의 중추도시로 자리잡고 있다.
가장 추운 1월의 평균기온이 영하 3도 정도이고, 가장 더운 7월의 평균기온이 24도 정도이다. 그러나 가끔 캐나다 쪽에서 남하하는 한랭기단을 막아낼 지형적인 장벽이 없어 영하 25도까지 떨어지는 경우도 있고, 여름엔 내륙의 건조 열풍이 불어 38도 이상의 고온현상이 나타날 때도 있다.

는 동부의 뉴욕은 쉴새없이 해외에서 문화나 정보가 들어오다 보니 자신들이 가지고 있는 순수성이 희석돼 미국다운 면모가 적어진 반면, 깊은 내륙에 위치한 시카고는 그러한 영향을 덜 받아 가장 미국다움을 유지하고 있다고 한다. 시카고를 둘러보면서 그 말이 실감났다.

일정도 일정이지만 대도시에서의 주차문제도 있고 해서 우리는 차로 시카고 시내를 한 바퀴 돌아보기로 했다. 다운타운을 중심으로 차로 돌았다. 군데군데 경찰들이 나와 차량의 흐름을 조절해서 그런지 차량이 많았지만 그렇게 혼잡하지 않았다. 차로만 보려고 하니 아무래도 아쉬움이 많이 남고 또 언제 올지 모른다는 생각에 다소 힘들더라도 차를 주차시킨 후 몇 시간만이라도 걷기로 하고 주차장을 찾았다.

노스 미시간 애버뉴로 가다 보니 도로 지하에 대형 주차장이 있었다. 상하행선 할것없이 주차장으로 진입하기가 쉬웠다. 또한 주차 공간을 걱정할 필요가 없을 정도로 도시의 지하 공간에 도로 길이만큼 만들어 놓은 상당히 넓은 주차장이었다. 이곳을 처음 찾은 우리 같은 사람들에겐 상당히 편리하게 느껴졌다.

고속도로 휴게소

30일간의 **미국 횡단일주기**

지하 주차장에서 엘리베이터를 타고 올라오니 바로 도심 한복판이다. 다운타운인데도 불구하고 2시간 주차를 했는데 주차비가 13불이다. 10시간 이상은 18불로 생각보다 주차요금이 싼 듯했다. 경비원들이 수시로 돌아다녀 주차장 안전은 전혀 문제가 있어 보이지 않았다. 많이 찾아오는 관광객을 위해 편의시설이 잘 갖추어져 있었다.

시카고의 역사와 문화를 구석구석 살펴볼 수는 없었지만 참으로 기분좋은 관광이었다. 아쉬운 마음을 뒤로 하고 시카고를 나와 인디애나 주로 넘어가기 위해 다시 고속도로로 들어왔다. 일리노이 주가 끝나는 부분에서 또 돈을 받는다. 이번에는 2불이었다. 환장할 노릇이다. 그렇다고 도로가 좋은 것도 아닌데 말이다.

인디애나 주로 들어섰다. 인디애나 주의 첫인상은 그리 좋지 않았다. 지저분하고 산만해 보였다. 인디애나 주로 들어와 얼마 가지 않아 중간에 기름을 넣으려고 엑시트로 나오는데 30센트를 받는다. 일리노이 주보다 더했다. 나중에 알고 보니 돈을 내지 않고 고속도로 휴게소로 갔으면 되었는데 그걸 몰랐다. 인디애나

고속도로 휴게소

주와 오하이오 주뿐만 아니라 동부에 있는 톨 웨이 고속도로에는 우리나라처럼 고속도로에 휴게소가 있었다. 인디애나에서는 트래블러 플라자 Travler plaza라고 했고, 오하이오 주에서는 서비스 플라자라고 하는데 주마다 명칭은 조금씩 달랐다. 이러한 휴게소에는 스낵 바와 화장실 그리고 관광용품을 파는 상점들과 주유소가 입주해 있다. 우리나라 고속도로 휴게소

시설과 많이 비슷했고, 우리나라 휴게소와 같이 뽕짝 노래가 금방이라도 들릴 것 같은 착각이 들어 혼자 웃었다. 이외에 돈을 받지 않는 미국의 고속도로는 앞에서도 말했듯이 중간중간에 레스트 에어리어^{Rest Area}라는 휴게시설이 있다. 화장실과 음료 자판기를 설치해 두고 간단한 지역 관광안내를 받을 수 있도록 설치되어 있으며, 휴게소 주변에 준비해 온 음식을 먹을 수 있는 벤치를 마련해 두어 장거리 여행자들에게 편의를 제공한다. 이러한 휴게시설도 물론 주마다 틀려 30~40마일 간격으로 설치한 주가 있는가 하면 캘리포니아나 텍사스처럼 백 마일을 넘게 달려도 없는 구간도 있다. 많은 미국의 여행자들은 이러한 시설을 이용해 식사도 하고 같이 다니는 애완동물의 용변도 해결한다.

우리가 사는 워싱턴 주의 레스트 에어리어는 내가 다녀 본 32개 주 중 유일하게 무료 커피를 제공한다. 1~2불 정도 내야 하는 도네이션^{Donation}이라 완전한 공짜는 아니지만 얼굴이 두꺼우면 그냥 마실 수도 있다. 커피와 간단한 쿠키를 준비해서 피곤한 여행자들에게 제공하는데 대부분 나이 많은 노인분들이 자원봉사자로 나와 운영을 한다. 이것만 보아도 서부 지역의 따뜻한 인심을 느낄 수가 있다. 아무튼 동부 고속도로에 있는 고속도로 휴게소는 볼일을 보려면 고속도로를 빠져 나가야 하는 서부 지역 고속도로보단 참 편리하다는 생각이 들었다.

인디애나와 오하이오 주는 일리노이 주처럼 계속 반복해서 돈을 받지 않고, 우리나라처럼 처음 나갈 때 티켓을 받고 목적지에 도착해서 돈을 내는 방식을 택했다. 같은 I-90 고속도로 선상인데 서부 다른 주들은 돈을 내지 않는데 동부 주들은 왜 이용료를 받는지 이유를 모르겠다. 참고로 I-90 고속도로는 서부 시애틀에서 시작하여 동부 매사추세츠 보스턴에서 끝나는 대륙 횡단도로이다.

서부의 주들은 도로를 달리다 보면 군데군데 아름다운 풍경을 볼 수 있는 뷰 포인트가 있어서 여행객들의 지루한 장거리 운전의 피곤함을 덜어 주고 눈의 피로도 풀어 주는 천연의 서비스를 제공한다. 그런데 동부 지역의 도로 주변은 통행료를 받으면서도 서비스는커녕 열악한 도로 사정과 평범하고 볼거리 없는 풍경으로 인해 가뜩이나 피로한 눈을 더욱 피로하게 만든다.

오늘도 주로 차만 타고 다닌 신세가 되었다. 위스콘신 주에서 일리노이 주, 인디애나 주, 오하이오 주까지 하루에 네 개 주를 거쳐 온 셈이다. 미시간 호를 끼고 달려온 거리는 말이 네 개의 주이지 거리는 다른 날과 비슷했다.

토요일이라 조금 늦으면 모텔 잡기가 어려울 것 같아 이동중에 휴대폰으로 모텔 예약을 하기로 했다. 지금까진 휴대폰이 제대로 터지질 않아 예약을 하고 싶어도 못했는데, 위스콘신의 매디슨 지역부터 휴대폰이 제

일리노이 주 Illinois

주의 면적은 남한의 1.5배 정도다. 주 전체 인구는 약 1,200만 명 정도로 서울 인구와 비슷하다고 한다. 우리 교민은 8만여 명이며, 전 분야에 걸쳐 공업이 두루 발전하였으며, 석탄과 석유도 생산되고 있으며, 석탄 매장량도 많다. 최대의 도시는 시카고이다.

미국에서 가장 평탄한 지형을 가지고 있으며, 나즈막한 구릉지역은 있지만 산은 전혀 없는 곳이다. 다른 중서부 주나 동부의 주와 마찬가지로 습윤대륙성 기후를 띠며, 여름에는 고온다습하고 겨울엔 추운 날씨를 보인다.

암살로 비극적 최후를 맞은 에이브러햄 링컨 대통령이 일리노이 주의 주도인 스프링 필드에 묻혀 있어서 이 주의 애칭이 '링컨의 땅Land of Lincoln'이 되었다. 일리노이 자동차 번호판에도 링컨의 초상이 그려져 있다. 참고로 링컨의 고향은 켄터키 주이다.

노예제도 폐지에 최초로 서명한 주로도 유명하며, 맥도널드 햄버거 가게가 Des Plaines에 최초로 오픈을 했다.

대로 터지기 시작했다. 인구가 많고 도시가 많다 보니 기지국이 많이 설치되어 있는 모양이다.

예지를 시켜 모텔 예약을 했다. 미국에 올 땐 영어 한 마디 못하던 애가 4년 반 만에 전화로 모텔 예약을 할 정도로 훌쩍 커 버려 새삼 대견한 생각이 들었다. 예약 덕분에 조금은 여유 있는 마음으로 모텔에 들어와 모텔 안에 있는 수영장에서 아이들을 놀게 하고 하루 일정을 마무리했다.

인디애나 주 Indiana

남한보다 약간 작은 면적을 가졌으며, 전체 인구는 6백만 명 정도이고 주도는 인디애나 폴리스이다. 인디애나의 주명은 인디언 땅Land of the Indians이라는 말에서 유래되었다고 한다. 미국에서 세번째로 옥수수 생산량이 많으며, 강철 생산량이 가장 높은 주로 기계공업이 발달했다. 지형이 평탄하며 구릉은 있으나 산지가 없고, 서부 개척 당시에는 주의 80퍼센트가 산림 지역이었으나 지금은 20퍼센트도 못 되는 지역만 남았다고 한다. 이곳도 주변 지역과 마찬가지로 습윤대륙성 기후로, 여름엔 고온다습하고 겨울은 춥다. 그러나 미시간 호수 주변은 비교적 기후가 온화하여 과수, 채소의 재배가 잘되고 있으며, 별장지대로도 유명하다.

오하이오 주 Ohio

천백만 명의 인구와 북한보다 조금 작은 면적이며, 우리 교민은 약 23,000명 정도라고 한다. 주의 대부분이 북아메리카 중앙평원에 속하여 평야와 산지로 이루어져 있다. 오하이오도 주변 주들과 마찬가지인 습윤대륙성 기후이다. 남북전쟁을 치르면서 급격한 산업화가 이루어졌고, 풍부한 천연자원, 비옥한 토지, 광범위한 수공 시설로 인해 미국 초기 공업이 가장 발달한 주가 되었다. 그러다 1930년대와 1970년대에 불어닥친 불황으로 미국 전체에서 가장 경제 수준이 낮은 주로 전락했지만, 1990년대 들어 강철산업이 옛날의 번영을 되찾아 주고 있다.

Niagara Falls
나이애가라 폭포를 향해

a trip log

오하이오 주 → 펜실베이
니아 → 뉴욕 주 → 버펄
로 근방 → 나이애가라
폭포 → 로체스터

　동부로 올수록 주변 분위기가 산만하다. 고속도로는 펜실베이니아 주를 빼곤 모두 통행료를 받았다. 펜실베이니아를 빠져 나가는 길이는 상당히 짧았다. 고속도로 휴게소 이름이 '뉴욕 주는 서비스 에어리어'라고 한다.

　아침부터 비가 주룩주룩 내린다. 비의 양이 워싱턴 주와는 비교가 안 될 뿐더러 위스콘신에서 만난 비와도 비교가 안 되는 엄청난 양이다. 꼭 서울에서 장마철에 갑자기 내리는 지역성 호우라는 장대비 같았다. 공기는 조금 후텁지근했지만 아직까지는 견딜 만했다. 집사람은 비 내리는 분위기가 한국 같아서 좋다고 했다. 그리고 보니 한국을 갔다온 지도 벌써 몇 년이 지났으니 그럴 만도 하다.

오하이오 주에서 출발하여 펜실베이니아를 거쳐 뉴욕 주에 있는 나이애가라까지 가는 게 오늘의 일차 목표다. 시간은 약 5-6시간 예상된다. 가는 중간중간 비가 오다 말다 한다. 공기는 역시 서부와 달리 후텁지근했다. 그건 그렇고 정말이지 동부 사람들은 규정 속도하고는 상관이 없는 듯했다. 모두 15마일 정도씩 초과하여 달린다. 공사구간이라며 저속 속도 팻말이 나와도 그게 무색할 정도로 달린다. 또한 운전 매너도 엉망이다. 갑자기 앞으로 끼여드는 차량도 많았다.

여름철 서부 지역 촬영을 다니다 보면 비를 만나는 것이 하늘에 별따기처럼 어려운데 동부는 달랐다. 맑은 하늘이 드물었다.

다른 주로 넘어갈 때 톨게이트에서 표를 나눠 준다. 한국 같으면 기계에서 자동으로 티켓을 받지만 이곳은 대부분 사람들이 일일이 한 장씩 나눠 준다. 하루종일 … 아무 말 없이 표만 준다. 그도 그럴 것이 하루에 수많은 차량이 지나가는데 일일이 인사하기도 좀 그럴 것이다. 정말 확실한 단순노동인 것 같다. 우리나라처럼 간단히 자동기계를 설치할 수도 있겠지만 그러다 보면 이 많은 인원이 실직을 하게 되므로 이렇게 운영하는 이유가 아닌가라는 생각을 해본다. 아무튼 가끔 느끼지만 생활의 편리함은 정말 우리나라가 최고인 듯했다. 실직자가 많든 적든 상관없이….

펜실베이니아를 벗어나 뉴욕 주로 들어와 조금 달리니 휴게소가 나왔다. 오랜만에 나온 휴게소라 그런지 많은 사람들로 북적거렸다. 개스를 보충하려고 주유소로 들어서자 엄청난 소나기가 내렸다. 번개도 치고 심한 바람도 불면서 얼마나 심한지 개스를 넣을 수조차 없었다. 주유기를 고정시키는 고리가 고장이 나서 계속 잡고 있어야 했는데 바람이 몰아쳐 지붕이 있는데도 온몸이 다 젖었다.

다시 고속도로로 들어서자 심한 바람으로 차가 많이 흔들리고 시야도 좋지 않았다. 이곳에 와서 새삼 또 느낀 것은 우리나라 고속도로는 비가 오거나 눈이 오면 감속하라고 고속도로 주변마다 경고판이 난리인데 이곳은 그런 경고문은 눈을 씻고 찾아봐도 볼 수가 없었다. 비가 오거나 말거나 항상 일정한 속도로 과속을 한다.

이렇게 계속 비가 오면 목적지인 나이애가라 폭포에 가도 촬영도 못하고 헛탕만 칠 것 같아 걱정이었다. 모텔을 출발하면서 다음 목적지를 로체스터로 잡고 모텔을 예약했기에 기상이 나빠도 지체할 수 없었다.

그러나 다행히 어느 정도 올라가니 비가 멈추고 폭포 근방에 있는 도시인 버펄로 근방에 오자 파란 하늘이 간혹 보이기 시작했다. 쉽게 멈추지 않을 것만 같았던 비가 멈춘 것이다. 천만다행이다.

서부 지역과는 달리 동부 지역은 도로가 거미줄처럼 엉켜 있어 가고자 하는 목적지 진입로를 찾기가 쉽지 않았다. 지도를 봐도 동부로 갈수록 지도 자체가 거미줄이다. 정신이 없다. 나이애가라 가는 길도 마찬가지다. 아니나 다를까 공원으로 가는 길을 잘못 들어 원래의 길이 아닌 다른 길로 접어들었다. 길은 잘못 들었어도 이 길도 폭포로 가는 또다른 길임에는 틀림없다. 가려고 했던 길보다는 거리는 조금 멀지만 말이다. 아무튼 폭포로 가는 도중 주변 거리의 분위기를 보고 많이 실망했다. 그래도 명색이 세계적인 관광지인데 주변 분위기가 너무 산만하고 어수선하다 못해 지저분해 보였다. 주변에 모텔도 많았지만 체인 모텔은 거의 없고 대부분 초라한 개인 모텔과 정크 모텔Junk Motel이었다. 또한 오하이오 주부터 유난히 많이 보이던 나이애가라 폭포의 비지터 센터는 개인이 운영하는 선물 코너나 폭포 투어 또는 기타 다른 목적으로 장사를 하는 장소라는 것을 알게 되었다.

어렵게 길을 돌아 목적지에 들어왔다. 뉴욕 주 주립공원인 이곳은 폭포 앞에 이르자 이젠 좀 관광지 같아 보였다. 큰 호텔들도 보이고 적지 않은

나이애가라 폭포 Niagara Falls

5대호 중에서 이리 호와 온타리오 호로 통하는 나이애가라 강에 있다. 폭포는 하중도 강의 중간에 있는 섬 인 미국령인 고트 섬 때문에 크게 두 줄기로 갈라진다. 고트 섬과 캐나다 온타리오 주 사이에 있는 폭포는 말발굽 폭포 캐나다 폭포 라고 하며, 높이 48미터, 너비 900미터에 이르는 폭포로 폭포의 중앙이 미국과 캐나다의 국경이다. 고트 섬 북동쪽의 미국 폭포는 높이 51미터, 너비 320미터이다. 나이애가라 강물의 94퍼센트는 캐나다 폭포로 흐른다. 1678년 프랑스 선교사 루이 헤네피 신부에 의해 발견되어 서양에 알려졌다. 북아메리카의 제일의 폭포로, 거센 물살로 인해 폭포 끝이 매년 0.7~1.1미터 정도 침식이 되는데, 발전소를 설치해 수량을 조절함으로써 침식이 약화되었고, 이 때문에 폭포의 수명이 연장되었다고 한다. 매년 1,200만 명의 관광객들이 세계에서 찾아온다. 공원 입장료는 없다.

나이애가라 폭포를 내려다보고 있는 관광객들

사람들로 분주해 보였지만 생각보단 조용했다. 반대로 폭포 건너에 있는 캐나다 쪽은 미국과는 달리 상당히 화려하고 분주해 보인다. 규모가 큰 호텔도 많고 시애틀에 있는 스페이스 니들Space Needle 같은 전망대도 있다. 많은 사람들이 바쁘게 움직이는 모습이 멀리서도 잘 보인다. 짧은 다리 하나만 건너면 캐나다다. 캐나다 지역에서 보는 폭포의 모습이 훨씬 좋다고 한다. 그러나 지난번 캐나다 국경과 마주한 글레이셔 국립공원에서처럼 이번에도 우리 가족은 캐나다로 넘어가는 것을 포기했다.

나이애가라 폭포는 두 개의 폭포로 이루어졌다. 말발굽 폭포라는 일명 캐나다 폭포가 있고, 미국 폭포가 있다. 그 중 캐나다 폭포는 폭포 중간쯤이 국경이다. 폭포의 웅장함이 미국 폭포보다 캐나다 폭포가 더 웅장하고, 미국 쪽에선 미국 폭포를 정면에서 볼 수 없고 측면에서만 볼 수 있다. 그러나 강 건너 캐나다에서는 두 폭포 모두를 정면에서 볼 수 있기 때문에 그곳에서 보는 것이 장관이라는 말이 나오는 것이다. 미국에 있는 폭

나이애가라 폭포

포 덕분에 캐나다는 엄청난 덕을 보는 셈이다.

아무튼 사람이 그리 많지 않아 공원은 조용하고 좋았다. 폭포 밑까지 가는 배를 타기 위해 티켓을 구입하고 내려가 배를 타 보았다. 티켓은 일인당 10불이다. 배를 타기 전 개인에게 우비를 지급한다. 이곳에 오면 다른 것은 몰라도 배만은 꼭 타야 할 것 같았다. 캐나다 폭포 바로 밑까지 가는 코스는 정말 환상이다. 고막이 터질 듯한 우렁찬 소리도 소리지만 폭우를 연상시키는 물보라는 정말 장관이다. 한마디로 엄청난 스릴과 폭포수의 시원함 그리고 짜릿함이 혼합된 말로 표현하기 힘든 즐거움이 온몸을 감싸는 듯했다. 비롯 옷은 다 젖었어도 말이다. 입장료 10불이 전혀 아깝지 않은 상쾌한 투어였다.

안타까운 것은 워낙 물보라가 심해 카메라를 꺼낼 수 없었다는 것이다. 특히 캐나다 폭포 앞은 눈도 제대로 뜨지 못했다. 수중 카메라 생각이 간절했다. 배에서 내려 폭포 윗부분까지 걸어가는 코스가 있어서 버렸던 우비를 다시 주워 입고 올라갔다. 뭐라 말할 수 없이 기분이 정말 좋았다. 사

나이애가라 폭포 관광객들

진은 절대 못 찍는다. 수중 카메라 없이는.

엘리베이터를 타고 전망대에 올라와 보니 폭포의 위력 때문인지 엄청
난 바람이 분다. 발걸음을 옮길 수도 없을 정도로 센 바람이었다. 강한 바
람 때문에 심하게 흔들리는 카메라를 잡고 힘들게 촬영했다. 남는 게 사
진이라고 하지 않던가.

캐나다 쪽으로 넘어가지 않는 대신
구석구석 살펴보느라 생각보다 시간을
많이 지체한 뒤에야 다음 목적지인 로
체스터를 향해 출발했다.

고속도로로 진입하기 위해 공원을 빠
져 나오는 길목도 분위기가 심상치 않
았다. 주변은 모두 공장지대로 삭막해
보였으며, 사람과 차의 왕래도 거의 보
이지 않았다. 공원에 올 때 처음에 이 길

로 들어오려고 했던 길이지만 아까 들어온 길보다 이 길이 더 삭막했다. 길을 잘못 들어왔나 생각했을 정도였다. 차라리 들어올 때 길이 더 좋았다는 생각이 들었다.

미국을 여행하다 보면 마을 입구부터 기분이 심상치 않은 동네가 있다. 그런 길들은 가능한 한 빨리 빠져 나가는 것이 좋다. 물론 지금까지 여행을 하면서 사고를 당한 적은 없지만 초행길이거나 익숙치 않은 상황이라면 사고를 당하기 전에 미리 피하는 게 좋다는 말이다.

아무튼 무사히 길을 빠져 나와 주도로인 I-90으로 들어왔다. 로체스터까지는 56마일, 한 시간이면 넉넉할 것 같았다. 우리가 I-90으로 들어와서 바로 나온 엑시트가 49번인데, 우리가 나갈 로체스터 방향 엑시트는 46번이란다. 처음엔 그렇게 빨리 나가면 뭔가 잘못된 건데 하면서 차를 몰았다. 그러나 가도가도 다음 출구가 나오질 않는다. 대략 15마일 정도 가니 48번 출구가 나왔다. 나중에 알았는데, 뉴욕 주는 엑시트 사이의 거리가 대략 13마일 정도 된다고 했다. 다른 주들은 보통 1마일에 하나씩 있어서 잠시 착각을 한 것이었다.

로체스터에는 코닥 본사가 있고 코닥 박물관이 있다. 사진을 하는 입장에서 그냥 지나칠 수 없어 여기까지 온김에 이곳에서 하룻밤 묵고 다음날 찾아가 보기로 했다.

이 길 저 길로 어렵게 헤매다 목적지인 모텔에 들어왔다. 정말 동부는 길이 복잡하다. 이래 가지고 뉴욕까지 갈 수 있을지 걱정이다. 오늘은 어떻게 하다 보니 점심도 못 먹고 폭포공원에서 간단하게 간식을 한 후 모텔에 들어와 라면을 끓여 먹었다. 이틀째 라면이다. 어제도 그랬는데 아이들에게 미안했지만 어쩔 수 없었다. 내일은 무슨 일이 있어도 밥을 먹여야 할 텐데….

펜실베이니아 주 Pennsylvania

면적은 북한보다 조금 작은 크기이다. 인구는 1,200만 명 정도고 우리 교민의 수는 6만여 명 정도라 한다. 최초 미국의 독립주인 13개 주의 정치, 경제, 문화의 중심지였다. 펜실베이니아란 주명은 주를 세운 윌리엄 펜[William Penn]에서 따 왔다. 펜실베이니아는 독립전쟁 당시 싸움터였으며, 독립선언, 합중국, 헌법, 독립을 처음으로 선언한 자유의 종이 있는 유서깊은 고장이다. 과거엔 필라델피아가 미국의 수도였다. 링컨이 유명한 연설을 했던 게티스버그는 사람들에게 영원히 기억되고 있는 역사적인 장소이기도 하다.

> *Government of the people,*
> *by the people, for the people*□
> — 국민의, 국민에 의한, 국민을 위한 정부

문명을 거부하는 아미쉬 피플[Amish People]이 펜실베이니아 주에 살고 있으며, Pennsylvania Dutch라고 불리는 독일계 이민이 많다.

뉴욕 주 New York

면적은 남한의 1.5배 정도, 인구는 약 1,800만 명이며, 미국에서 세번째로 인구가 많은 주다. 우리 교민의 수는 캘리포니아 다음으로 많은 약 50만 명이 거주하고 있다. 이는 유학생 및 시민권자나 영주권자가 아닌 기타 다른 목적으로 체류하고 있는 모든 교민수를 합한 인원이다. 미국 인구센서스국에서 발표한 인원은 약 20만 명 정도 된다고 한다. 뉴욕 주에는 세계에서 가장 바쁜 도시, 세계의 문화, 경제, 예술의 총집결지인 뉴욕 시가 있다. 전해지는 말로는 현재의 뉴욕 시는 불과 25불밖에 안 되는 장신구를 인디언과 교환하여 사들인 땅이라고 한다.

뉴욕 주의 지형은 주로 산지와 구릉지가 많으나 높은 산은 거의 없다. 낙농업이 미 전국 2위이고, 채소 생산량은 3위를 차지할 정도로 농업도 발달했다. 주민의 12퍼센트 정도가 흑인인데 대부분 뉴욕 시에 거주하고 있다.

다른 북동부 지역과 마찬가지로 습윤대륙성 기후로, 여름엔 고온다습하고 겨울엔 상당히 춥다.

NewYork City
뉴욕 시로 가는 길

6월 30일 월요일

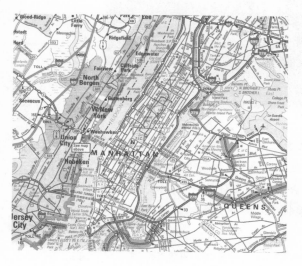

큰마음 먹고 로체스터에서 하룻밤 잔 이유는 이곳에 코닥 본사가 있기 때문이었다. 그런데 가는 날이 장날이라고 코닥 박물관은 매주 월요일에 문을 닫는단다. 몹시 당혹스러웠다.

어떻게 온 길인데 생각할수록 억울하기도 했다. 조금만 자료를 세밀하게 찾아봤어도 충분히 일정을 맞출 수 있었는데라는 생각이 드니 더욱 답답했다. 그래도 그냥 갈 수 없어 안타까운 마음에 코닥 박물관 앞에서 사진 몇 장 찍고 떨어지지 않는 발걸음을 옮겼다.

로체스터를 나오는 길에 차의 엔진 오일을 교환한 후 다시 고속도로로 진입했다. 언제나 다시 올 수 있을런지….

코닥 박물관

로체스터의 분위기는 대체로 묵직해 보였다. 코닥 박물관이 있는 거리는 박물관 거리다. 오래된 가옥과 다양한 박물관들이 로체스터의 분위기를 대변하는 듯했다. 물론 도시 주변은 다른 도시들과 마찬가지로 조금 산만하고 어수선했다. 코닥 박물관을 둘러보지 못하고 가는 발걸음은 무겁기만 했다.

로체스터로 들어올 때도 상당히 고생했지만 역시 나갈 때도 조금 고생했다. 거미줄처럼 얽힌 도로들이 정말 헷갈리게 한다.

다시 I-90 도로로 간신히 들어와서 애초에 계획했던 보스턴은 가지 않기로 하고 뉴욕 시티로 방향을 잡았다. 집사람은 하버드 대학을 아이들에게 보여주고 싶어했지만 일정 때문에 참는 듯했다.

오늘 날씨는 상당히 좋았다. 하늘도 파랗고 구름도 보기 좋게 떠 있는게 운전으로 인한 피곤을 덜어 주고 코닥 박물관을 보지 못하고 온 섭섭함을 잊게 하는 듯했다. 뉴욕 주 고속도로는 평균 30마일 정도에 하나씩 휴게소가 있는 듯했다. 휴게소는 청결하고 사람도 많지 않아 편리했다.

그러나 뉴욕이 가까워 오자 조금씩 걱정되기 시작했다. 뉴욕에 대해 워낙 안 좋은 소리만 들었고, 지리도 잘 몰라 어디에 숙소를 정해야 할지 막

막혔기 때문이다. 혼자도 아니고 가족과 함께 온 터라 더욱 걱정이 되었다. 지난번 LA를 처음 방문했을 때도 그곳 지리를 잘 몰라 상당히 어려움을 겪었던 터라 더욱 걱정이 되었다. 일반 관광지나 조그마한 도시 같으면 별다른 걱정도 안했을 것이다.

그러나 뉴욕이 어디인가? 세계에서 가장 복잡하고 위험한 요소가 많은 대도시 아닌가. 여차해서 길이라도 잘못 들어 위험한 곳으로 간다면 상당히 골치가 아파질 것 같다는 생각이 들었던 것이다. 물론 미국에서 살아 보니 우리가 알고 있던 것처럼 그렇게 위험하진 않았다. 가끔 일어나는 총기 사건은 미국의 전체 인구나 크기에 비한다면 우리나라에서 벌어지는 여러 사고와 사건에 비해 그리 많은 편이 아닌 것이다.

대부분의 사람들은 상냥하고 순수하다. 그리고 뉴욕도 생김새는 다르겠지만 사람 사는 곳이다. 이렇게 생각하면 별 문제는 없지만, 뉴욕만은 조금 예외였다. 지금까지 보아 온 뉴욕 관련 수많은 사진과 좀 안다는 사람들한테 들었던 말들이 워낙 삭막하고 위험한 곳이란 내용이어서 나도 모르게 긴장하게 되었다.

뉴욕에 사는 처남 친구가 도와줄 것이라고 했지만, 그도 바빠서인지 약속이 이루어지지 않아 더욱 난감했다. 이민생활이 다 그렇다. 한 달에 몇 번이라도 전 가족이 만나 같이 식사하기도 힘든 게 이민생활이다. 그런 와중에 아무리 친한 친구의 부탁이라지만 시간을 내주기가 힘들 거라는 생각이 들어 이해가 갔다. 그나마 고마웠던 것은 우리와 통화하기 전에, 그렇지 않아도 연락을 받고 맨해튼 중심가에 한인이 운영하는 호텔을 알아보니 성수기라 빈방이 없다고 했단다. 내일이나 되어야 빈방이 날 거라고 하면서. 우리는 우리가 알아보겠다고 했지만 솔직히 답답했다. 어떻게 해야 할지 고민하다 그래도 그가 알려준 호텔 전화번호로 혹시 하는 마음으로 다시 전화를 해보았다. 지금 당장은 그 방법밖에 없었다. 아는 곳도 없었고, 우리가 여행을 다니면서 자주 가던 체인 모텔들은 뉴욕 시내와는 많이 떨어진 외곽에 있었으며 가격도 상당히 비쌌다. 뉴욕이 워낙 넓은 지역이라 어디에 숙소를 정해야 짧은 일정에 많은 것을 볼 수 있는지도 잘 몰랐고, 카메라 장비를 안전하게 보관하고 나올 수 있는 모텔을 찾아야 했다.

이런저런 생각에 정말 막막했다. 정말 빈방이 없다면 그 넓은 뉴욕에서 어디로 가야 할지 걱정이 되었다. 그런데 전화를 다시 해보니 조금 전까지 없다던 방이 있단다. 비록 스위트 룸만 남았다지만 나는 망설임 없이 바로 예약을 했다. 다행이었다. 단 하룻밤 숙박비가 열흘간 우리가 오면서 사용한 숙박비와 비슷하다는 데 문제가 있었다. 그러나 가족의 안전과 카메라 장비를 위해 조금 무리를 하지 않을 수 없었다. 뉴욕에 오기 전 가장 걱정했던 것은 카메라 장비였다. 장비가 많다 보니 하루 이틀도 아니고 뉴욕에서 며칠을 묵을 예정인데 허술한 모텔은 위험할 것 같았다.

아무튼 뉴욕에 거의 다 와서 가까스로 호텔 예약을 마치고 조금은 편안해진 마음으로 운전을 했다. 고속도로에서 나와 루스벨트 드라이브라는 우리나라의 시외곽 순환도로 같은 도로로 진입했다. 맨해튼으로 들어가는 길은 속된 말로 장난이 아니었다. 웬 차가 그렇게 많은지 마침 퇴근시간과 조금 겹쳐서 그랬는지 서울과는 비교도 되지 않는 듯했다. 도시의 첫 느낌은 무겁고 어두웠다. 질서도 없고 횡단보도 신호가 빨간불인데도 보행자들이 막 건넌다. 도로에서는 양보도 없는 무질서 그 자체였다.

건물 색깔이나 모양도 밝지 않았다. 물론 아직 전체의 모습을 보지 않았지만 첫인상이 그랬다. 상당히 어둡고 침침하다. 뭔가 무거운 것이 시전체를 짓누르고 있는 듯했다.

우여곡절 끝에 숙소인 호텔 앞에 도착했다. 호텔 앞에 와보니 맨해튼 중심가다. 엄청나게 높은 건물들이 하늘을 가리고 있어 도시가 어둡게 느

꺼진다. 들어올 때 느꼈던 뭔가가 짓누르고 있다는 느낌이 이래서였나 하는 생각이 들었다.

호텔 주변은 맨해튼 한인타운이었다. 한인 상점들이 길게 늘어서 있었다. 체크인을 하고 주차를 어떻게 해야 하냐고 물어봤더니 호텔에 주차장이 없단다. 길 건너 주차장에 세우면 조금 할인이 된다고 아주 자랑스럽게 말을 한다. 죽을 맛이다. 이래저래 돈이다. 역시 도시는 살기가 힘들다.

나중에 알고 보니 이 호텔은 한국 사람들이 가장 많이 찾는 호텔이란다. 우리같이 다른 주에서 왔건 한국에서 왔건…. 그런데 호텔에 주차장이 없다니 말이 되질 않았다. 호텔 객실료 이외에 주차비도 손님 부담인 것이 정말 이해가 되질 않았다. 기분이 많이 상했다. 그런데 나중에 알고 보니 우리처럼 차를 가지고 오는 손님은 그렇게

뉴욕의 한인타운

뉴욕에는 한인타운이 두 곳에 있다. 그 중 한 곳은 우리가 묵었던 호텔이 있었던 곳인 맨해튼 32번가다. 이 길에는 50여 개의 한인상점들이 입주해 있으며, 매년 한국의 날 축제가 열리는 곳이기도 하다. 다른 한 곳은 뉴욕의 진정한 한인타운으로, 뉴욕 지하철 7번 노선의 동북쪽 종점에 위치한 플러싱 지역이다. 이 지역엔 수백 개에 이르는 한인상점이 있으며, 한국에 있는 모든 직종의 업종이 거의 빠짐없이 있다고 한다. 한인들만 상대로 장사를 해도 될 만큼의 엄청난 경제인구를 보유한 곳이라고 한다.

맨해튼의 밤거리

많지 않은 듯했다. 한국에서 오는 사람들이 많다 보니 거의가 자기 차를 가지고 오지 않는다. 다른 주에서 오는 사람들도 대부분 비행기를 이용해 뉴욕으로 온다. 그리고 호텔에 도착하기 전까지는 택시를 이용한다. 그러다 보니 당연히 주차장도 필요없다. 우리처럼 미국 서쪽 끝에서 오는 사람이 몇이나 되겠는가? 서쪽 끝이 아니더라도 차로 여행을 하는 한국 사람은 그리 많지 않다고 한다.

　돈 이야기가 나와서 말인데 맨해튼 들어오는 다리를 건너는 데도 돈을 받았다. 4불이다. 그런데 돈을 받는 사람들이 경찰들이다. 좀 이상했다. 모든 게 돈인 것도 그랬지만 돈을 받는 사람이 경찰인 것도 자연스럽지 않았다. 그전에는 어땠는지 몰라도 내 생각에 아마 9·11테러 이후로 다리 경비도 생겼고, 경찰이 근무하지 않나 하는 생각을 해보았다.

객실로 짐을 옮기고 오랜만에 맛있는 한국 음식을 먹으려고 호텔 밖으로 나왔다. 길거리 분위기가 마치 서울에 온 듯하다. 없는 게 없다. LA 한인타운도 잠깐 다녀왔지만 뉴욕의 한인타운은 서울의 강남 같았다. 지나는 사람 대부분이 한국 사람들이다. 또한 들리는 말 대부분도 한국말이다. 건물에 걸린 간판 또한 대부분이 한글이다. 그런데 이상하게도 지나는 사람 거의가 젊은 사람들이다. 유학생이나 이곳 교민 학생들이겠지만 거리가 젊어 보인다. 한국 슈퍼에 가도 음식점에 가도 서빙하는 사람이나 카운터에 있는 사람이 모두 젊은 친구들이다. 예지가 워싱턴에서 일하는 사람들은 다 아줌마, 아저씨들인데 이곳에서 일하는 사람들은 다 젊다며 좀 색다르다고 말을 한다. 정말이지 다들 젊고 생동감이 넘친다. 보기가 좋았다. 열심히 살고 있는 모습들이 너무 좋아 보였다.

열흘 동안 고생을 해서인지 우리 가족들의 행색이 가장 초라했다. 한마디로 서울에 처음 올라온 시골사람 같았다. 아이들은 그래도 도시가 좋은가 보다. 예지는 며칠 전부터 뉴욕에 가면 갈비를 사달라고 했다. 호텔 앞에 있는 한 식당에 들어갔다. 사람들이 꽤 많았다. 정신이 없다. 정말 서울의 음식점 같았다. 아이들도 잘 먹고 모두 잘 먹었다. 다소 비싼 감은 있었지만 오랜만에 포식을 했다.

저녁 늦은 시간인데도 도시에는 많은 사람들이 오간다. 생각했던 것만큼 위험하진 않은 것 같았다. 주변을 잠깐 둘러보고 호텔로 들어왔다. 이곳에 숙소를 정하길 잘했다는 생각이 들었다. 그리고 오기 전 내가 너무 앞서 고민을 했구나 하는 생각도 든다. 과식한 표가 하나씩 나타나기 시작했다. 화장실에 들랑거린다. 오랜만에 기름진 것을 먹어서 그럴까….

내일은 지하철과 도보로 뉴욕을 보기로 했다. 시간도 빠듯하고 오래 지체하다간 여행경비를 이곳에서 전부 쓸 것 같아 3박4일 짧은 일정으로 결정했다. 짧은 시간에 많은 것을 보리라 작정하고 잠자리에 들었다.

미국의 한인들과 이민

얼마 전 발표된 자료를 보니 전세계에서 한인 교포가 가장 많은 지역이 미국이라고 한다. 이 백만 명이 조금 넘는다. 정말 대단한 숫자다. 그러나 이 인원 자체도 미국의 전체 인구에 비하면 극히 미비한 숫자다. 또한 이 중 많은 사람들이 모두 정상적인 체류 자격이 아니라 불법체류자로서 상당한 마음고생을 하면서 지내고 있다. 불법체류자들은 언젠가는 정상적인 체류 자격이 될 것을 기대하며 하루하루 열심히 살아가고 있다. 왜 많은 사람들이 그 고생을 하면서 미국에 들어오려 하고, 또 불법체류자로 늘 불안해 하며 하루하루 어렵게 살아가는지 이해가 안 될 때가 있다. 최근 들어 원정출산이다 홈쇼핑 이민상품이 매진이다 하는 한국의 뉴스를 들으면서 많은 생각을 해보았다.

그러나 분명한 것은 이민을 생각하는 많은 사람이 현지 정보 부재로 막연한 생각만 가지고 들어오는 경우가 많다는 것이다. 또 이민을 생각하는 이유가 좀더 이상적인 생각보다는 우리나라의 교육환경이 문제라는둥 경기가 좋지 않아 있는 놈들만 잘산다는둥 아무리 열심히 살아도 미래가 밝지 않다는둥 우리나라에 대한 안 좋은 감정을 가지고 나오는 경우가 대부분인 듯하다. 그러나 미국이나 다른 나라의 사정도 만만치는 않다는 걸 알아야 한다. 또한 이민생활이 한국 생활의 몇 배를 더 고생하고 가족간의 시간도 생각처럼 많지 않다는 걸 각오하고 들어와야 한다는 것이다.

먼저 우리 교민들이 미국에서 생활하는 직업군을 알아보자.

직업을 결정하는 데 웃지 못할 재미있는 말이 있다. 미국에 도착해서 어떤 직업을 가진 사람이 공항에 마중나왔느냐에 따라 그 사람의 직업이 결정난다는 말이 있다. 다시 말해 미국에 연고가 있어 왔고, 그 아는 사람이 어느 직업을 가지고 있느냐에 따라 그 사람과 비슷한 직업으로 대부분이 나간다는 말이다. 어찌 보면 지어낸 말 같기도 하고 그냥 웃으면서 넘길 말 같지만 현실이 그렇지 않고 아쉽게도 이 말이 거의 정답이니 교민들의 직업은 상상이 간다고 생각한다. 이렇게 해서 결정된 직업 중 많은 사람들이 몇 가지 직업에 집중적으로 종사하고 있다.

한국에서 뭘 했든지 그건 중요하지 않다. 대학 교수를 한 사람도 많고 박사 학위를 가진 사람도 많다. 그러나 그들 또한 여기서는 단순노동에 종사하는 경우가 대부분이다. 그것이 부끄럽다는 것이 아니라 그만큼 미국의 주류 사회에 섞여 산다는 게 힘들고 어렵다는 말이다. 아무튼 교민들이 많이 하는 대표적인 일들은 크게 미국 사람들을 상대로 하는 직업과 교민들을 상대로 하는 직업으로 나눌 수 있다. 먼저 미국인들을 상대로 하는 직업에는 그로서리|Grocery:우리나라로 말하면 슈

<u>퍼마켓</u> <u>주유소</u>^{대부분 그로서리와 주유소를 겸해서 하고 있음} 세탁소,

테리야키 식당^{Teriyaki:국적이 없는 음식이다. 겉으로 보면 중국 음식 같}

^{기도 하고 이름으로 보아서는 일본 음식 같기도 하고 그러나 운영은 대부분 한}

^{국 사람들이 한다. 테리야키 식당은 대부분 워싱턴 주에 많이 있다} 모텔 등

이다. 다음으로 교민들을 상대로 하는 비즈니스로는

비디오 가게^{한국 TV방송 프로를 녹화하여 빌려 주는 곳} 한국 식품

점, 미용실, 부동산 중개업, 화장품 가게, 한복집, 한국

식당, 목수 등 많지 않은 직업을 중심으로 종사하고

있다. 물론 교민들이 많이 사는 LA나 뉴욕 같은 지역

은 교민을 대상으로 하는 직업이 더욱 다양하고 많다.

중요한 건 무슨 일을 하든 모두들 바쁘게 산다는 것

이다. 부부간에는 물론 부모와 자식간에도 얼굴 한 번

볼 시간 없을 정도로 서로 바쁘게 산다. 바쁘게 살다

뉴욕에서 만난 교민 한빛 아빠

보니 경제 수준은 일반적으로 중산층 수준의 생활을 한다. 많은 교민들의 고민은 당연히 자식들의 교육문제다. 속된 말로 아이들 교육 때문에 미국에 왔다고 한다. 아이들을 위해 자신들의 인생을 포기하고 왔다는 말이다. 어찌 보면 황당한 일이지만 우리나라 부모들은 당연한 듯 행동으로 옮긴다. 그러나 미국 생활이라는 게 시간적으로 여유가 없는 게 사실이고 이러다 보니 아이들과 마주칠 시간이 없어 실질적으로 미국으로 온 이유가 잘못되는 경우가 많아지는 게 가장 큰 문제이다.

한국 교민들이 많이 사는 지역에는 부모를 따라 이민온 청소년들이 미국생활에 적응하지 못하고 방황하고 몰려 다니며 사고를 치는 경우도 많다고 한다. 특히 어중간한 나이에 들어오면 방황이 심하다고 한다. 그러나 대부분은 나름대로들 자신의 분야에서 상당히 열심히 살고 있는 것이 사실이고 부족한 점들을 잘 보완해 가며 본국에 있는 사람들보다 더 조국에 대한 사랑과 애정을 간직하며 살고 있다.

이민을 작정하고 미국으로 건너온 많은 교민들의 가장 큰 걱정은 대부분 <u>안정된 체류자격</u>이다. 특히 우리나라의 IMF를 전후에서 미국으로 이민온 많은 사람들은 정상적인 체류 자격을 받으려고 많은 마음고생들을 하고 있으며, 아직도 체류 신분에 문제가 있어 고생을 하는 사람들이 많다. 더욱이 9·11테러 이후 이민국의 통제가 더욱 심해져 갈수록 체류하기가 힘든 게 사실이다. 이민 전부터 정상적인 절차를 받고 이민을 준비하는 사람들도 있지만 많은 사람들은 그렇지 못한 것으로 알고 있다.

그럼 왜 미국으로 들어오려고 난리들인가? 뭐 좋은 게 있어서 죽을 고생을 하면서까지 미국으로 오려고 하는지 처음엔 나도 이해가 되질 않았다. 그 정도 고생할 각오면 한국에서 뭘 못하겠냐고 하면서 미국이나 캐나다 등지로 들어오려고 밀입국이나 불법을 자행하는 뉴스를 들으면서 한심해 했었다. 그러나 이곳에서 지낸 지 4년 정도 되니까 그들의 심정이 어느 정도 이해가 되었다.

첫번째, 미국이란 나라에는 직업의 귀천이 없다. 뭘 하든지 떳떳하고 당당하다. 남의 눈치를 전혀 보질 않는다. 남에게 피해를 주지만 않는다면 편하게 지낼 수 있는 곳이 이곳이다. 한마디로 정신적으로 상당히 편안한 곳이다.

두번째, 노력한 만큼 결과가 솔직하게 돌아온다. 한 시간 일하면 한 시간만큼, 열 시간 일하면 열 시간만큼 자신에게 대가가 돌아오는 것이다. 시간이 돈이라는 말이 정확하게 맞아떨어지는 곳이다. 한 분야에서 최선을 다해 노력을 했다면 거기에 따른 결과를 충분히 받을 수 있는 나라이다.

세번째, 어린이와 노인 복지가 생각 이상으로 잘되어 있어 편안한 만년을 즐길 수 있다. 젊어서 열심히 고생을 했다면 늙어서는 연금을 받으면서 여생을 즐길 수 있는 곳이다. 또한 장애인에 대한 처우가 가장 우선 순위다. 미국인들의 삶의 중심은 부의 축적이 아니다. 인생을 살면서 몸이 움직일 때까지 일을 하고 쉬는 시간엔 자신이 좋아하는 취미생활을 즐기면서 사는 게 이들의 목적이다 보니 돈을 벌려고 아둥바둥하지 않는다. 상당히 여유 있고 안정된 모습으로 생활을 한다. 아주 부러운 모습이다. 교민들 또한 바쁜 일과중에도 다들 자신들의 취미생활을 즐기려고 노력한다.

네번째, 남의 일에 신경을 쓰지 않는다. 다시 말해 남의 말하기 좋아하지 않는다는 말이다. 게다가 남이 잘하면 아낌없는 칭찬을 보내준다. 우리나라처럼 클 만하면 죽이지 않는다. 이런 몇 가지만 보더라도 오고 싶어지는 곳이 미국이다.

그런데 현실은 그리 만만하지 않다. 정상적인 절차를 밟기도 어렵고 비용도 많이 든다. 그러다 보니 관광비자로 일단 미국에 들어와 해결하고자 하는 사람들이 많다. 우리나라는 실질적으로 외교적인 힘이 턱 없이 부족한 힘이 없는 나라다. 멕시코만 보더라도 우리나라보다 경제적인 면이나 모든 면이 좋은 게 하나도 없다. 그러나 멕시코 불법체류자들은 우리보다 더 당당하다. 멕시코 정부에서도 그들의 복지와 정상적인 체류 신분을 찾아주기 위해 백방으로 노력한다. 그러나 우리는 어떠한가. 어느 가정이 이민을 오고자 하면 그건 미국이란 국가를 상대로 힘 없는 개인이 싸움을 하는 꼴이다. 모국은 도움을 주기는커녕 이민 가는 사람을, 외국에서 나가서 사는 사람들을 이상한 눈으로 쳐다보기도 한다. 정말이지 한심한 노릇이다. 한 국가인 대한민국도 미국 정부에 끌려다니는데 하물며 개인인 일반 이민 희망자들은 오죽하겠는가. 이들이 요구하는 모든 것을 맞추어야 하고 까다로운 심사를 거쳐야 겨우 들어올 수가 있다. 엄청난 비용과 수모를 감수하면서 말이다.

국력은 다른 데 있다고 생각하지 않는다. 미국 LA나 뉴욕 등의 한인타운에 가 보면 한글로 되어 있는 큼직한 간판들이 당당하게 들어서 있다. 이게 뭘 말하는가. 이게 힘이다. 이러한 한인타운을 지나다니는 미국 공무원들은 한국말 한두 마디는 할 줄 안다. 플로리다나 텍사스 등 미국 남부로 갈수록 영어가 들리지 않는다. 대부분 그들이 하는 말은 스페인 말이다. 그래서 미국에선 에스파니아어가 제2국어 정도로 대접받는다. 미국 공무원들도 너나할것없이 에스파니아어 공부하느라 난리란다. 내가 있는 워싱턴 주 타코마에도 이곳에서 근무하는 경찰관이나 우체국 직원들은 간단한 한국말은 다들 할 줄 안다. 이처럼 이민 와서 살고 있는 이백만 교민들이 알게 모르게 대한민국의 국위를 선양하고 있다고 하면 과언일까.

일단 들어왔다고 해도 정착하기 위해 상당한 시간 동안 말로는 표현할 수 없는 수많은 고생을 해야 한다. 이 과정에서 내가 왜 이러고 있는지, 이 고생하려고 이민을 왔는지 상당한 마음의 갈등을 이겨 내야 한다. 이처럼 이민의 길은 멀고도 험하다.

최근 들어 많은 사람들이 이민을 생각하고 있다고 한다. 이유는 아이들의 교육문제나 현 정부나 정치에 대한 불신 그리고 경기침체에 따른 경제적인 어려움 등 여러가지가 있을 것이다. 이러한 문제로 요즘 한국 언론에서는 난리가 났다고 들었다. 또 각종 언론사 인터넷 사이트에 올라온 많은 네티즌들의 글을 보면서 마치 이민을 생각하는 사람들을 매국노 취급까지 하는 글들을 많이 접했다. 정말 답답하고 한심한 노릇이다. 과거 조선시대 대원군의 쇄국정책을 다시 보는 듯한 인상마저 들었다.

물론 이민을 생각하는 사람들 중에는 대한민국이라는 나라가 지긋지긋해서 나가고자 하는 사람들도 분명 있으리라 본다. 그러나 이민을 생각하는 다른 많은 사람들은 새로운 환경에서 자신의 이상을 새롭게 펼쳐 보고자 하는 사람들이 더 많을 것이다. 그들 또한 누구 못지않게 나라에 대한 걱정, 조국에 대한 사랑을 가지고 있는 사람들임을 알아 주었으면 한다.

한마디로 조그만 나라에서 아둥바둥 사느니 국가적인 차원에서 이민을 장려하고 국가의 외교적인 노력으로 이민이 좀더 수월해진다면 지금보다 더 많은 한인들이 세계 각지로 나갈 것이다. 그것이 세계화요 국제화며, 대한민국의 국력을 키우는 길이라는 것을 말하고 싶다. 외국에 있는 총영사관 등 재외공관에 볼일이 있어 가끔 들러 보면 거만하고 무표정한 얼굴들이 과거 우리나라

일선 공무원들의 얼굴을 보는 듯해 상당히 불쾌해지는 경우가 많다. 여권 연장이나 기타 필요한 업무를 보기 위해 들린 사람들을 미국 체류 자격에 문제가 있다고 생각되면 미국 이민국 사람들보다 더 몰아붙인다. 죄인 취급하면서 안 그래도 비정상적인 체류 자격으로 미국 사회에서 당하는 말 못할 설움도 많은데, 그들을 도와줘야 할 공관에서 더 난리니 이게 말이 되는가 말이다.

미국을 여행하면서 가끔 이런 질문을 받는다. *일본 사람이냐고 아니면 중국 사람이냐고* 처음부터 한국 사람이냐고 물어 오는 경우는 거의 없다. 앞으론 좀더 많은 우리나라 사람들이 쉽게 나올 수 있는 길이 열려 다른 나라, 특히 미국에 들어가느라 많은 비용과 시간을 낭비하는 일이 없었으면 하는 바람이다.

New York, Manhattan
뉴욕 맨해튼

7월 1일 화요일

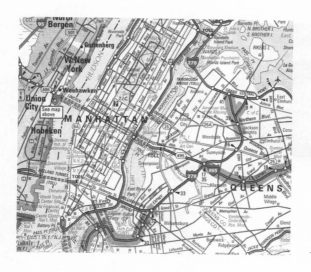

a trip log

맨해튼 → 세계무역센터
→ 리버티 섬 → 월가
→ 브루클린 다리 →
차이나타운 → 엠파이어
스테이트 빌딩 → 다리미
빌딩

    다소 긴장이 풀렸는지 오늘도 조금 늦게 일어났다. 조금만 더 잤으면 하는 마음이 굴뚝 같았다. 그렇지만 오늘도 돌아봐야 할 일정이 있으므로 이를 악물고 일어났다.

    호텔에서 제공하는 아침을 먹고 일단 거리로 나왔다. 거리는 이른 아침이지만 상당히 분주해 보였다. 많은 사람들이 무표정한 모습으로 어디론가 정신없이 간다. 오랜만에 긴장된 거리의 모습을 보는 것 같아 기분이 좋았다. 꼭 고향에 온 것 같은 아주 익숙한 분위기들이다. 그런데 한 가지, 어제도 느꼈지만 정말 교통신호를 안 지킨다. 사람들도 횡단보도를 막무가내로 건너다닌다. 그래도 서울은 신호만큼은 지키는데, 이곳은 정말 장난이 아니다. 그런데도 사고는 좀처럼 나지 않는다. 무질서 속에 질서가 있는 듯하다. 아무튼 나는 우리 아이들에게 빨간불일 땐 절대 못 건너게 했더니 처음엔 다들 건너니까 우리도 그냥 건너자고 난리였다. 뉴욕 맨해튼에서는 차가 오지 않으면 빨간불이어도 그냥 도로를 건넌다. 차가 오더라도 사고만 나지 않으면 무사통과다. 편리성을 중시하는 것 같았다.

지하철역 구내

세계무역센터에 가 보기로 하고 지하철 역으로 들어갔다. 지하로 내려가는 계단도 좁고 어둡고 침침한 게 서울 지하철과는 분위기가 많이 달랐다. 공기도 후덥지근하고 역 구내도 비좁아 정말 정신이 없다.

지하철 이용하는 방법을 몰라 한참 헤맸다. 지하도를 순찰하는 경찰관이 있어 물어 보니 메트로 패스를 끊으면 편리하다고 해 하루치 패스를 구입했다.

하루 이용 패스는 가격이 7불인데, 무제한으로 지하철과 버스를 이용할 수 있는 패스였다. 패스를 구입한 후 어느 방향으로 가서 타야 하는지 몰라 또 헤매다 친절한 흑인 아줌마의 도움으로 탈 수가 있었다. 그 아줌마는 우리가 제대로 가는지 끝까지 확인하고 자기의 길을 갔다.

지하철 객차 안은 서울 지하철과는 비교도 되지 않을 정도 폭이 좁았다. 그러나 생각했던 것보다 실내는 깨끗하고 시원했다. 물론 지하철을 타기 위해 걸어오는 통로 중간중간에 많은 낙서와 음침한 조명으로 분위기가 좋지 않은 곳도 있었다.

DEPTHS OF BETRAYAL
—†—
HEIGHT OF DRAMA

CAESAR SUNDAY, JUNE 29

TNT

33 Street Station
Downtown only

6

뉴욕 지하철역 출입구

뉴욕 지하철 역 구내

　어디서 내려야 할지 고민하는데 집사람 옆에 앉은 젊은 여자가 서툰 한국말로 도와줄까 물어 왔다. 아마도 교포 2세인 듯했는데 상냥하게 알려 주고 내렸다. 정말 고마웠다.

　지하철에서 내려 지도를 보고 목적지를 찾아가는데 길거리에서 조그만 잡화점을 하는 한국 아줌마를 만났다. 미국에 온 지 7년 되셨다며 한국 사람을 만나니 반갑다고 하시면서 아주 친절하게 뉴욕관광 정보를 알려 주셨다. 이곳엔 한국 사람도 많은데 이렇게 반갑게 맞아 주시는 아줌마가 더욱 고마웠다. 오늘은 정말 기분좋은 날이다. 뉴욕에 대한 안 좋던 생각이 싹 가시는 듯했다.

세계무역센터가 있던 자리, 그라운드 제로

거리는 활기차고 사람들은 바쁘고 뭔가 긴장한 듯한 모습들이었다. 마치 약속이나 한 듯 인종을 초월해서 우연히 만나는 모든 사람들이 친절하게 대해 주니 절로 흥이 나는 듯했다.

지금은 타임 제로라고 불리는 세계무역센터 앞으로 갔다. 흔적도 없이 사라진 건물 자리는 한창 공사중이었다. 주변의 다른 건물들도 일부는 보수를 하고 있는 중

자유의 여신상 주변을 경비중인 경찰

이었고, 9·11테러 현장을 보려고 많은 이들이 찾아오고 있었다. 공사장 앞에는 테러로 목숨을 잃은 이들의 이름이 새겨진 명패가 붙어 있었다. 그런데 조금은 신기했던 게 불과 몇 미터 떨어지지 않은 주변 건물들은 대개 멀쩡했다. 물론 보수를 하고 있는 건물도 있기는 했지만 대부분은 멀쩡하게 있는 게 정말 신기했다.

타임 제로지역을 둘러보고 배터리 공원으로 들어가 리버티 섬으로 가는 배를 탔다. 배터리 공원은 19세기 포병부대가 주둔하고 있던 자리였다. 지금은 시민공원으로 사용한다. 입장료는 어른 10불, 어린이 4불이

자유의 여신상

뉴욕 항 리버티 섬에 위치한 여신상의 원래 이름은 Liberty Enlightening the world 자유는 세계를 비친다였다고 한다. 미국 독립 백주년을 맞아 프랑스가 기증한 것으로, 1884년 프랑스에서 완성되어 1886년 10월 28일에 미국에서 헌정식을 가졌다. 여신상 머리에 씌워진 관의 7개의 첨단은 세계 7개의 바다, 7개의 대륙에 자유가 널리 퍼지기를 바라는 상징이다.

맨해튼

다. 배를 타고 자유의 여신상이 있는 섬으로 가는데 배를 타기 전 검문이 심했다. 마치 비행기 탈 때처럼 짐 검사와 소지품 검사를 아주 철저하게 실시한 후 배에 태웠다.

소 잃고 외양간 고친다는 우리말이 있지만 서로의 생명을 지켜 주는 일이라 모두들 당연한 듯 아주 적극적으로 협조했다. 공원에도 완전무장한 경찰들이 여기저기 서 있었다.

전에는 여신상 머리 위까지 올라갔으나 지금은 여신상 주변에서만 보도록 했다. 9·11테러 이후에 바뀐 듯하다.(2004년 여름, 재개방했다는 소식을 들었다) 여신상이 상징하는 의미야 누구나 아는 것이지만 나는 배에서 여신상을 실제로 처음 보는 순간 옛날 영화 「혹성탈출」의 마지막 장면이 생각났다.

여신상 옆에는 엘리스 섬이 있는데, 옛날 이곳은 초창기 미국에 이민 오는 사람들이 이민 심사를 받던 곳이었다고 한다. 마피아의 대부 알 카

브루클린 다리

포네도 아홉 살 때 이곳을 통해 들어왔다고 한다. 한마디로 미 이민사를 볼 수 있는 박물관이다. 자신의 민족의 뿌리를 찾아볼 수 있도록 컴퓨터로 데이터화해 놓아 누구나 열람이 가능했고, 미국 초창기 이민자들의 자료가 잘 보관되어 그들의 모습을 조금이나마 상상해 볼 수가 있었다.

엘리스 섬에서 바라본 뉴욕 맨해튼의 풍경이 뭔가 허전하다. 알고 보니

월 가 Wall Street

월 가라는 이름의 기원은 뉴욕을 뉴 암스테르담이라고 불렀던 1653년, 이곳에 이민 온 네덜란드 사람들이 인디언의 공격을 막으려고 성벽을 쌓은 게 동기가 되었다고 한다. 1792년에 창립된 세계 최대 규모의 뉴욕 증권거래소를 비롯해 증권회사, 은행 등이 집중되어 세계 자본주의의 총본산이라 할 수 있는 곳이다.

브루클린 다리 Brooklyn Bridge

브루클린 다리는 1869년에 착공하여 1883년에 완성된 다리로, 당시엔 세계에서 가장 길었던 다리라고 한다. 공사기간 13년 동안 많은 초기 이민자들이 말할 수 없는 고생을 한 덕분에 완성된 다리라는데, 다리 가운데는 현수교 형태로 되어 있다. 현재 위로는 보행자와 자전거가, 아래로는 자동차가 통행을 하고 있다.

세계무역센터 건물이 없어서 그랬다. 어딘
가 균형이 잡히지 않은 듯한 도시의 스카이
라인이 다시 한 번 마음을 우울하게 한다.
　섬에서 나와 맨해튼 이곳저곳을 걸어서
돌아다녔다. 걸어다니는 데 전혀 부담이 없
을 정도로 안전하고 평화로웠다. 습도가 높
고 여름 기온이 서울과 비슷해 후텁지근하

좀 쉬었다 갈까

다고 들었는데 막상 와 보니 전혀 그렇지가 않다. 아직 초여름이라 그런
지 덥기는 더웠지만 습도가 높지 않아 활동하는 데 불편하지는 않았다.
마침 점심시간이었는데 많은 직장인들이 도심 곳곳에 있는 공원에 나와
점심을 먹거나 담소하는 모습들이 상당히 평화롭게 보였다. 뉴욕의 거리
는 관광객 반에 현지인 반인 듯한 착각이 들 정도 관광객들이 많았다. 어
제 들어올 때 느꼈던 음침하고 무거운 분위기가 아니라 오늘 본 뉴욕은
상당히 밝고 활기차 보였다. 오래된 건물과 현대식 건물과의 적절한 조화
가 도시의 분위기를 한결 높여 주는 듯했다.
　월 스트리트에서 받은 뭔가 말 못할 느낌을 잊을 수 없다. 세계의 경제
를 좌우하는 곳이라 그랬는지 몰라도 상당히 긴장되고 생동감이 넘쳤다.
증권거래소 건물엔 대형 성조기가 게양되어 있고, 경호원들이 건물 주변
을 둘러싸고 있었다. 월 가를 빠져 나와 브루클린Brooklyn 다리로 방향을 잡
았는데 아이들이 몹시 힘들어 했다. 그도 그럴 것이 오전 8시에 나와 잠
깐 지하철을 탄 걸 빼고는 계속 걸었다. 점심도 거른 상태에서. 그래도 걸
으면서 보는 게 좀더 자세히 볼 수 있을 것 같아 아이들을 달래서 걷기로
했다. 정말이지 발이 부르트도록 걸었다. 나도 발이 아팠으니 아이들은
오죽했겠는가.
　다리 중간까지 걸어가서 잠깐 쉬었다가 다시 차이나타운으로 방향을

잡았다. 차이나타운의 규모는 코리아
타운의 규모와는 상대가 되지 않을 정
도로 넓었다. 그러나 거리는 지저분하
고 어수선했다. 좋은 말로 활기차다고
할 수도 있겠다. 들리는 말이 대부분
중국말이라 간혹 보이는 미국인들만
없다면 영락없는 중국이었다. 미국 어
느 도시를 가든 차이나타운은 어디에
나 있다. 몇 곳의 차이나타운을 다녀
보았지만 대부분 분위기가 비슷했다.
복잡하고 지저분하고 규모가 크고….
별다른 볼거리가 없는 듯해서 숙소로
돌아가기로 하고 버스를 기다렸다.

한참을 기다린 뒤에야 버스가 왔다.
버스 기사가 건강한 체구의 흑인 여자
기사였는데 다소 딱딱해 보였다. 생각
외로 길은 별로 막히지 않았지만 운전

맨해튼의 시내버스

은 상당히 난폭했다. 미국의 다운타운 도로는 뉴욕뿐만 아니라 어딜 가나
상당히 좁다. 그래서 그런지 대부분의 도로가 일방통행이다. 그러다 보
니 길을 잘못 들어서면 한참을 돌아야 하는 불편한 점이 있다.

우리가 탄 버스에는 노인들이 많이 탔다. 미국 버스도 앞자리는 노약자
석이다. 처음에 버스를 타고 엉겁결에 앞에 자리가 있어 앉았다가 노약자
석인 걸 보고는 빈자리가 많았지만 앉아 있기가 좀 그랬다. 내가 서 있는
바로 앞에 앉은 어느 할머니는 자리에 앉자마자 게임기로 게임을 한다.
게임에 몰두한 할머니의 모습이 마냥 신기해 보였다. 버스 차비는 아침에

구입한 메트로 카드로 했다.

버스에서 내려 호텔로 가는 도중 예지가 한국 제과점에서 팥빙수가 먹고 싶다고 했다. 도희와 집사람은 싫다고 해서 먼저 호텔로 보내고 예지와 단둘이 한국 빵집인 고려당으로 들어갔다. 빵집의 분위기부터 안에 앉아 있는 사람들까지 정말로 서울 강남의 어느 빵집을 와 있는 듯했다. 빙수의 맛도 좋았다. 그런데 가격이 많이 비쌌다. 뉴욕의 물가가 비싸다고는 들었지만 정말 비쌌다. 미국의 빵들은 엄청나게 달다. 처음 미국의 빵을 먹었을 땐 설탕을 씹어 먹는 것 같은 느낌을 받을 정도로 달았는데 요즘은 많이 적응이 되었는지 처음보단 그렇게 달게 느껴지지 않는다. 평소에 빵을 좋아하다 보니 늘 한국 빵이 먹고 싶었다. 그런데 우리가 사는 워싱턴 주 시애틀 지역은 한국 빵집은 있는데 빵 맛은 영 아니다. 생김새나 모든 게 내가 아주 어렸을 적에 맛보던 그런 맛이다. 전혀 나아질 기미가 보이지 않는다. 궁금해서 몇 사람들한테 물어 보니 이곳에 이민 온 사람들은 자신들이 한국을 떠날 때를 시점으로 한국에 대한 이미지가 고정된단다. 시애틀 타코마 지역은 이민 역사가 길다 보니 아무래도 오래 전에 이민 온 분들이 많다. 그래서 빵도 그때 그 맛을 찾지 요즘 맛으로 만들면 안 팔린다며 이해가 될 듯 말 듯한 이야기를 한다. 그럴 수도 있겠다 싶었지만 아무튼 제대로 된 한국 빵을 먹고 싶었는데, 이참에 간식으로 할 빵을 잔뜩 사들고 나왔다.

호텔로 들어가 잠깐 짐정리를 한 후 다시 나와 엠파이어 스테이트 빌딩으로 갔다. 나중에 알고 보니 우리 숙소 바로 옆이었다. 이런 줄 알았다면 도착한 날 저녁에 왔으면 시간도 절약되고 좋았을 걸 하는 생각을 했다. 건물 입구로 꽤 많은 사람들이 들어가고 있었다.

티켓을 구입한 후 엘리베이터를 타기까지 건물 내에서 한참을 돌았다. 물론 여기도 소지품 검사를 한다. 그러나 자유의 여신상 가는 배를 탈 때

엠파이어 스테이트 빌딩 Empirestate Building

뉴욕 맨해튼 34번가에 있다. 엠파이어 스테이트는 뉴욕 시의 별명이다. 시의 별명 엠파이어 스테이트는 초대 대통령 조지 워싱턴이 뉴욕 시의회에 보낸 답장 문구 "뉴욕은 새로운 엠파이어의 주도가 될 것이다"라는 말에서 비롯된 것이라고 한다. 높이 381미터에 102층인 이 건물은 무너진 세계무역센터 건물이 들어서기 전까진 세계에서 가장 높은 건물이었다. 지금도 많은 관광객들이 찾는 뉴욕의 관광명소이다.

엠파이어 스테이트 빌딩 전망대

처럼 심하진 않았다. 들어가기 전에 물어 보지도 않고 기념사진을 찍는다. 나올 때 사진들을 죽 걸어 놓고 사 가라고 한다. 뻔뻔한 장삿속이다. 자기가 찍혔는데 사지 않을 사람이 몇이나 있겠는가? 사이즈는 5x7정도인데 15불이란다. 세상에! 우리 가족은 그냥 나왔다.

86층까지 가는데, 처음 엘리베이터는 80층까지 가고 다시 내려서 건물 내부를 빙빙 돌아서 탄 엘리베이터가 나머지 6층을 더 올라 총 86층까지 올라간다. 이 빌딩의 전망대는 86층과 102층 두 곳에 있는 것으로 아는데 86층까지만 공개하는 것으로 봐서 이것도 9·11테러의 영향이 아닌가 생각한다. 아무튼 9·11테러 이후에 너무 많은 것들이 변하고 있다. 전망대의 시설은 시애틀에 있는 스페이스 니들보다 못하다. 사방으로 뉴욕을 볼 수 있다는 것 외엔 별다른 게 없다. 생각보단 높아 보이질 않는다. 너무 많은 사람들을 한꺼번에 올려 보내 좁은 통로가 복잡하고 정신이 없다. 사람을 비집고 들어가서 봐야 겨우 볼 수 있었다. 높은 데서 보는 이들 건물에 옥상들은 하나같이 깨끗하다. 법으로 규정해 놓은 듯하지만 정말 부러

플래트론 빌딩

웠다. 우리나라의 옥상은 어떠한가.

엠파이어 스테이트 빌딩을 나와 뉴욕의 또다른 명소인 다리미 빌딩Flatiron Building으로 가서 사진을 찍었다. 이 빌딩의 위치가 어딘지 정확히 몰라 갈까 말까 망설였는데, 엠파이어 빌딩 전망대에서 보니 그곳도 우리가 묵고 있는 호텔 바로 근처에 있었다. 그리 멀지 않은 곳에 있다는 걸 확인한 후 그곳까지 가게 되었다. 다리미 빌딩은 1902년 완공된 21층의 높이 91미터의 빌딩이다. 그 당시만 해도 세계에서 가장 높았던 빌딩이라는데 삼각형 부지에 짓다 보니 건물의 외관이 다리미 형태를 띠어 다리미 빌딩이라는 이름으로 불렸다고 한다.

숙소로 돌아가는 길에 만두집에서 저녁을 먹었다. 적당한 양과 깊이 있는 맛. 정말이지 안 된 말이지만 시애틀 타코마에 있는 식당들과는 비교가 되지 않았다. 아이들도 배가 고팠는지 양껏 다 먹었다. 다들 얼굴들이 벌개져 있다.

　호텔로 돌아가는 길에 얼음을 사려고 한인마켓에 들렸다. 없다고 했다. 우리가 머무는 호텔엔 아이싱 머신이 없어 아이스 박스에 얼음을 넣으려고 가게마다 들렸지만 이곳에선 얼음을 파는 곳이 없다. 다운타운에서는 원래 팔지 않는 건지 모르겠지만 몇 군데를 돌아다니다가 결국 구하지 못하고 호텔로 들어갔다. 호텔 객실에 냉장고가 있었지만 김치를 넣어 두면 냄새가 오랫동안 배서 다른 사람들에게 피해를 줄까봐 넣지 않고 있었다. 남들에게 피해 주는 걸 집사람은 제일 싫어한다. 자기가 손해를 봐도 절대 남에겐 피해를 주지 않으려고 하는 마음이 어떨 땐 답답해 보이기도 한다. 할수없이 그냥 두기로 했다. 호텔방에 에어컨이 하루종일 켜져 있어 로체스터에서 넣은 얼음이 녹지 않고 조금 남아 있는 게 그나마 다행이었다. 뉴욕을 떠나면서 보충하기로 했다.

　엄청나게 더운 날이었는데 오늘따라 선크림을 바르지 않고 나갔더니 집사람의 어깨가 빨갛게 익어 있었다. 예지, 도희 그리고 나도 얼굴이 벌개져 있다. 정말 유익했지만 힘든 하루였다.

Central Park
센트럴 파크

7월 2일 수요일

a trip log

센트럴 파크 → 미국 자
연사박물관 → 메트로폴
리탄박물관 → 구겐하임
미술관

    뉴욕에 들어온 지 삼 일째다. 어제 하루종일 걸어서 오늘 아침을 걱정
했더니 다들 멀쩡하게 일어났다. 오늘의 코스는 센트럴 파크와 자연사박
물관, 구겐하임 미술관, 국제사진센터, 뉴욕현대미술관 등이다.

    오늘도 조금 헤매다 지하철을 타고 센트럴 파크로 먼저 갔다. 공원 근
처에서 내려 지도를 보고 가다 좀더 확실하게 알고 가기 위해 마침 경찰
관이 있어 길어 물어 보니 우리가 가려고 했던 길과 다른 방향을 말해 준
다. 조금 이상했지만 경찰관의 말이 맞을 것 같아서 그가 시키는 대로 갔
다. 그런데 그 길은 정반대의 길이었다. 우리가 말이 서툴러 잘못 물어 봤
을 수도 있지만 지도를 펴 보이며 물어 본 길이다. 그것도 다른 데가 아닌

센트럴 파크

그 유명한 센트럴 파크였다. 생각할수록 화가 났지만 덕분에 뉴욕의 구석 구석을 볼 수는 있었다. 어제와는 반대로 시작부터 안 좋았다. 다시 되돌아와 공원 입구로 들어갔다.

아침이었지만 공원에는 사람들이 제법 많았다. 날씨는 아침부터 후텁지근하고, 오늘 날씨도 꽤 덥 겠다는 생각을 했다. 그러나 초여름이라 그런지 아 직은 푹푹 찌는 한국 더위 같지는 않았다. 습기도 비교적 적고 자동차도 많지만 공기는 상당히 깨끗 한 편이었다.

공원 내에는 산책하는 사람들과 명상을 하는 사 람들, 선텐을 즐기는 사람들, 운동을 하는 사람들 등 다양한 사람들이 있다. 맨해튼 중심에 길게 자리 잡은 이 공원은 그야말로 뉴욕 시민의 휴식 공간인

센트럴 파크의 화가

듯했다. 그런데 모기가 많았다. 잠깐 쉬려고 의자에 앉아 있다 보면 모기가 물어 금방 일어나곤 했다.

공원이 너무 넓어 걷는 데 한참 고생했다. 아이들이 난리다. 어제부터 온종일 걷기만 했으니 그럴 만도 하다. 살살 달래기도 하고 윽박지르기도 하면서 계속 걸었다. 공원을 반 정도 둘러보고 외곽으로 나가 미국 자연사박물관을 찾아갔다.

뉴욕의 박물관들은 대부분 센트럴 파크를 중심으로 좌우에 밀집해 있었다. 자연사박물관은 아이들을 위해 잡은 일정이다. 아무리 일 때문에 하는 여행이라도 뭔가 아이들에게 그리고 흥미를 줄 수 있는 코스가 필요해서 잡았다. 특히 도희를 위해서. 박물관 안으로 들어가니 입장권을 구입하려는 많은 인파가 있었다. 줄도 쉽게 줄지 않아 한참을 기다린 후에야 겨우 안으로 들어갔다. 규모나 시설에 한동안 입을 다물지 못했다. 아이들뿐만 아니라 어른들에게도 실질적인 교육이 될 수 있도록 구성해 놓았다.

한 가지 아쉬운 점은, 아시아관에서 한국관을 예지와 도희가 애타게 찾았는데 한참을 찾아 보니 마네킨으로 만든 글을 읽는 선비와 바느질하는

센트럴 파크 Central Park

뉴욕 맨해튼 다운타운 중심에 직사각형으로 길게 **폭 800미터, 길이 4킬로미터** 자리잡은 세계에서 가장 유명한 도심공원이다. 1876년 개장했다. 공원 안에는 동물원을 비롯하여 호수, 미술관, 극장 등 다양한 시설과 수많은 나무와 푸른 초원이 있고, 뉴욕 시민의 진정한 휴식의 장으로 각광을 받고 있다. 세계적인 사진가 부르스 데이비슨이 이 공원을 소재로 한 『센트럴 파크』라는 사진집을 출간했으며, 게리 위노그랜드는 센트럴 파크에 있는 동물원을 기록한 『뉴욕 동물원』이라는 사진집을 발표했다.

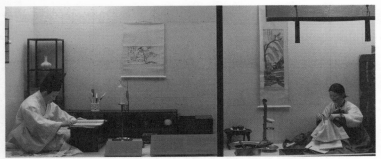

자연사박물관 내의 한국관

아낙네의 모습이 보인다. 그게 전부다.

중국이나 일본은 전시실 하나를 다 차지하고 소개가 되었는데, 우리는 고작 한 가지 테마가 전부다. 우리는 무척 실망했다.

반만년 역사 어쩌구저쩌구 방안에서만 떠들면 뭐할까? 한국 관광의 해라고 우리들끼리 소리지르면 뭐할까? 외국인 누가 김치 말만 꺼내면 호들갑을 떨면서 전세계인이 김치를 좋아하는 것처럼 떠드는 방송처럼 겉치레에만 너무 많은 투자를 하지는 않았는지 한 번 되돌아봐야 하지 않을까.

미국 자연사박물관 American Museum of Natural History

뉴욕 시가 자연과학의 연구, 지식 보급과 진흥에 기여할 목적으로 1869년에 설립한 박물관이다. 입장료나 기부금 및 회비를 지원받아 운영하는 비영리 민간교육기관이다. 총 면적이 9만 제곱미터가 넘는 세계 굴지의 박물관이다.
이 박물관에는 47명의 큐레이터와 200명의 연구 과학자 그리고 70명의 박사와 다수의 대학원생이 소속되어 있으며, 세계 각지에 탐험가를 파견하여 자료를 수집하며, 고생물, 조류, 식물, 지질, 인류, 천문, 어류, 포유류, 곤충 등등 광범위한 분야를 보유하고 있다. 3,200만 점의 표본과 인공물을 소장하고 있다.

30일간의 미국 횡단일주기

박물관이 너무 넓어 예정된 시간을 훨씬 초과했다. 바가지 요금이 극성이다. 뉴욕은 전부 돈이다. 어디 한 번 보려고 해도 돈이 들어간다. 박물관 내에 있는 식당에 들어가서 점심을 먹는데 금액이 일반 시중가에 배가 넘는 듯했다. 음료수도 리필Refill이 안 된다. 아무튼 대단한 도시다.

대충 훑어보고 나오는 데도 세 시간이 넘었다. 다시 길을 걸어 센트럴 파크를 횡단해 메트로폴리탄 박물관을 본 후 구겐하임 미술관으로 갔다.

구겐하임 미술관 외에는 모두 검문을 했다. 소지품 검사 후에 입장을 시킨다. 그러고 보니 사람들이 많이 모이는 모든 장소는 다 검문을 하고 있는 것 같았다. 하루 이틀도 아니고 긴장감 속에서 매일 어떻게 살아갈지 조금은 걱정도 되었다.

뉴욕의 거리에는 거리에서 사진을 파는 친구들이 많았다. 특히 9·11 테러 때의 사진이나 복구하는 모습 등을 담은 사진과 무역센터 건물이 있었을 때의 사진 등이 많이 걸려 있다.

센트럴 파크 주변에 있다고 해서 마지막 코스로 찾아간 국제사진센터는 이사를 가고 없었다. 한참을 걸어왔는데 정말 죽을 맛이었다. 이곳에 오기 전 인터넷으로 주문한 뉴욕 관광안내도를 들고 왔는데 그게 틀린 것이었다. 나중에 알고 보니 우리가 묵고 있는 숙소 바로 근처로 이전해 있었다.

이틀 동안 걸으면서 뉴욕의 여

뉴욕 지하철 역 구내

러 면을 보았다. 뉴욕의 진솔한 모습을 볼 수 있는 아주 소중한 시간이었
다. 아직도 돌아봐야 할 곳이 많았지만 우리 모두 지쳐서 나머지 일정은
포기하고 숙소로 돌아가기로 했다.

호텔까지 스트레이트로 가는 지하철역을 찾아 한참을 걸은 후 티켓을
사기 위해 매표기 앞에 섰는데 모든 기계마다 고장이다. 나중에 알고 보
니 표가 다 떨어져 작동이 정지된 것이었다. 이곳저곳으로 옮기다 다른
매표기 앞으로 가서 표를 구입하려고 하는데 어느 젊은 친구가 다가와서
자기한테 표가 세 장 있으니 자기 것을 사라고 한다. 그 말을 듣자마자 아
이들은 사지 말라고 난리다. 속이는 것이라고. 지하도 안은 후텁지근했
다. 덥기도 하고 짜증도 나고 설마 얼마 안 되는 돈 때문에 속일까라는 생
각에 집사람한테 표 확인해 보고 구입하라고 했다. 그런데 잠시 후 아까
그 친구와 집사람이 실랑이를 벌이고 있었다. 나중에 알고 보니 한 장만
유효한 표고 나머지는 사용할 수 없는 표를 우리에게 팔려고 했던 것이

었다.

기가 막혔다. 표 한 장에 2불인데 4불 때문에 사람을 우습게 만들었다. 결국 그 친구는 사용 가능한 표 한 장 값만 받고 여의치 않은지 도망치듯 그자리를 빠져 나갔다. 아이들이 나보다 세상을 더 잘 아는 것 같아 기분이 많이 씁쓸했다. 처음으로 뉴욕이란 곳이 이런 곳이구나 하는 생각을 그 철없는 친구가 느끼게 해주었다. 아무래도 우리가 표를 사려고 허둥대는 모습을 보고 접근했다는 생각이 들어 쓴웃음이 나왔다. 아침엔 경찰관이 길을 잘못 가르쳐 주어 헤맸는데 저녁에는 피래미 사기꾼이 우리를 슬프게 했다.

퇴근 시간이라 지하철에는 많은 사람들이 타고 내렸다. 서울에서 보듯 이들도 하나같이 웃는 얼굴이 없다. 도시 생활이란 게 다 그런가 보다. 무표정한 얼굴로 타고 내리는 사람들이 마치 공장에서 자동으로 생산되어 나오는 물건처럼 보였다.

짧은 일정이었다. 말이 3박 4일이지 실제로는 이틀을 머문 것이다. 이틀 동안 뉴욕을 다 본다는 건 불가능했다. 중요한 것만 본다고 해도 꽤 시간이 걸리는 것 같았다. 다른 건 못 보더라도 뉴욕현대미술관만은 꼭 보고 가려고 했는데 아쉽게도 그곳마저 보지 못하고 말았다. 그러나 더 많은 소중한 것을 보고 느꼈다. 우리 가족에겐 아주 중요한 경험을 한 유익한 시간이었다.

구겐하임 미술관 Guggenheim Museum

미국 철강업계의 거물이자 자선사업가인 솔로몬 구겐하임Solomon R. Guggenheim이 수집한 현대미술품을 기반으로 설립하였다. 1937년 Museum of Non-objective Painting이란 이름으로 개관하였으나 1959년 구겐하임 미술관으로 개칭하였다. 미술관 설립과 동시에 구겐하임 재단을 운영하였다. 지금의 건물은 1943년 건축가 Frank Lloyd Wright의 설계로 1959년 완성되었다. 달팽이 모양의 외관과 통풍이 잘되는 천장을 중심으로 계단이 없는 나선형 구조의 전시장이라는 독특한 설계로 개관과 함께 인기를 모았으며, 뉴욕의 관광명소로 각광을 받고 있다.

메트로폴리탄 박물관 Metropolitan Museum of Art

센트럴 파크 동쪽 끝에 위치한 이 박물관은 총면적 13만 제곱미터에 330만 점 이상의 방대한 소장품을 보관, 전시하는 세계적인 박물관으로, 세계 4대 영국의 대영박물관/프랑스의 루블/러시아의 에르미타주 박물관 중 하나로 꼽힌다. 19개의 주제별로 나뉘어 전시를 하고 있다. 세계에서 가장 풍부한 고대 이집트와 고대 아메리카 유물을 소장하고 있다.

뉴욕현대미술관 The Museum of Modern Art

MOMA라는 약칭으로 불리는 이 미술관은 후기인상파 이후 미술의 집대성이라고 할 수 있는 미술관이다. 이 미술관은 1929년 John D. Rockfeller 부인 등 다섯 명의 여인들이 주축이 되어 인상파 이후의 유럽 미술을 소개하는 목적으로 창설되었으며, 처음엔 고갱, 고흐, 세잔 등의 작품이 미술관의 핵심이었다. 현재는 회화는 물론 조각, 사진, 영화, 인테리어, 그래픽 디자인에 이르기까지 광범위한 분야에 걸쳐 10만여 점의 작품을 소장하고 있다. 특히 현대미술관은 사진 분야와 밀접한 관계를 가지고 있어 세계 사진의 흐름을 주도하는 많은 기획전을 개최하였다. 2004년 정비해 재개관하였다.

Washington DC
워싱턴 DC

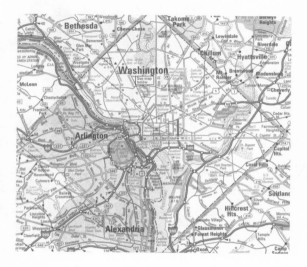

a trip log

맨해튼 → 뉴저지 → 델
라웨어 주 → 매릴랜드
주 → 워싱턴 DC → 코
코란 미술관 → 백악관
→ 버지니아 주

　뉴욕 다운타운을 빠져 나갈 일이 걱정되어 아침부터 서둘렀다. 평소보
다 일찍 일어나서 준비를 하고 출근이 시작되기 전에 주차장에서 차를 빼
려고 6시 30분에 체크 아웃을 하고 주차장으로 가 주차요금을 계산했다.
호텔 쪽을 보니 벌써 짐이 내려왔는데 차는 나오질 않는다. 삼각대를 구
석에 세워 두었다가 잊고 갈까 봐서 예지 쪽으로 옮겨 놓고 호텔쪽 사진
을 한 장 찍었다. 그때 차가 나오고 있어 짐을 들고 운전석 쪽으로 가서 트
렁크 문을 열고 들고 온 짐을 싣고 호텔 앞으로 차를 몰았다.

　호텔 앞 도로는 일방통행이고 주차장은 호텔보다 아래쪽에 있어 차가
몰리기 시작하면 몇 블럭을 돌아야 할 상황이라 차가 없을 때 나오려고

서두른 것이다.

후진을 해서^{불법이다} 호텔 앞에 차를 세우고 짐을 모두 싣고 어제 못 본 유
엔본부 건물을 아이들에게 보여주고 가
는 게 좋을 것 같아 그쪽 방향으로 차를
몰았다.

유엔본부 UN

출근하는 차량으로 맨해튼 거리는 복
잡해지기 시작했다. 뉴욕의 도로는 서울
보다 좁은 듯했다. 차와 사람들은 많은
데 생각보다 차량이 밀리는 정도는 그리
심하지 않았다. 그렇다고 교통신호를 잘
지키는 것도 아닌데 말이다. 도로를 일
방통행으로 운영을 해서 그런지도 모르
지만 아무튼 내 상식으론 이해가 가지
않았다.

아무튼 유엔본부 건물을 차를 타고 가
면서 보고 아이들에게 설명을 해준 후
복잡한 뉴욕 다운타운을 빠져 나오느라
몇 바퀴 헤맨 다음 겨우 뉴저지 방향으
로 길을 잡을 수 있었다. 뉴욕에서 뉴저
지로 넘어가는 길은 다리가 아닌 터널이
었는데 강 아래로 낸 터널 같았다. 터널
은 상당히 길게 느껴졌다.

꾸물꾸물하던 날씨였는데 뉴저지로 넘
어오자 비가 쏟아지기 시작했다. 비가
오니까 우중충하고 끈적끈적해 보이는

원래의 명칭은 국제연합본부다.
영국, 프랑스를 위시한 유럽 국가
들은 유엔본부를 유럽에 둘 것을
희망했다. 그러나 당시 소련과 중
국의 강력한 반대로 무산되고, 이
에 미국이 유치에 적극적으로 나
서 록펠러의 기부금으로 7만 제
곱미터의 토지를 구입해 본부를
설치했다. 본부는 총회 회의장 건
물과 사무국 건물로 구성되며, 사
무국 건물은 1951년에, 회의장 건
물은 1952년에 각각 완공된다. 불
가침이 보장되는 지역이며, 미국
은 각국 대표들과 직원들의 출입
을 통제할 권한이 없으며, 이곳에
근무하는 직원들은 입출국 수속
시 외교관 대우를 받는다.

게 영 기분이 좋지 않았다. 시애틀 쪽은 그렇게 비가 많이 와도 산뜻하고 깨끗한 느낌이 드는데 말이다. 아무래도 주변 환경 탓이 아닐까 생각해 본다.

뉴저지 쪽은 뉴욕과는 분위기가 완전히 달랐다. 높은 빌딩은 없고 낮은 건물에 공장 지역이 많았고, 백인보다는 흑인들이 많이 보였다. 거리도 지저분했다. 뉴욕 맨해튼은 놀랄 정도로 거리가 깨끗했다. 교통질서 하나 안 지키는 것말고는 위험도 적었다. 도로표지판이 잘되어 있지 않아 길을 잘못 들어 뉴저지에서도 한참을 헤매다 길을 찾았다.

기름을 넣으려고 주유소에 들어갔더니 직원이 기름을 넣으려고 나온다. 아마 여기도 오리건 주와 마찬가지로 손님이 기름을 넣을 수 없는 곳인가 했더니 그게 아니었다. 내가 들어간 자리가 주유 서비스를 원하는 자리였던 것이다. 할수없이 기름을 넣고 팁까지 주고 나왔다. 주유소에서 이렇게 셀프로 주유하는 곳과 주유 서비스를 원하는 곳으로 분리 운영하는 주유소는 그리 많지는 않다. 직원이 직접 주유를 해주는 곳은 풀 서비스full serve라고 표시되어 있다.

고속도로로 접어들어 워싱턴 DC 방향으로 달리는데 델라웨어 주쯤에 오자 엄청나게 많은 비가 내리기 시작했다. 앞이 잘 보이지 않을 정도로 많은 비가 내려 운전에 많은 어려움을 겪었다. 오늘 일정은 망쳤구나 하면서 계속 달리는데 워싱턴 DC 근방에 오자 빗줄기가 잦아들기 시작한다. 아무튼 이쪽 동부는 한국과 비슷한 기후 조건을 가진 듯했다. 그나마 뉴욕에 있을 때 비가 안 온 게 다행이었다고 생각했다.

오늘도 변함없이 고속도로마다 주경계를 넘을 때 돈을 받는다. 정말 지겹다. 에어컨 바람을 많이 받아서 그런지 머리가 아파 오기 시작했다. 에어컨을 끄면 차 안이 더워지고 키자니 머리가 아프고, 오늘은 이래저래 컨디션이 엉망이다.

그러다 갑자기 삼각대 생각이 났다. 주차장 벽에 기대 놓은 것 뒤로는 생각이 나질 않았다. 차에 싣지 않은 것 같았다. 가슴이 철렁했다. 아까 주유소에서 아이스 박스에 얼음을 넣을 때도 삼각대를 본 기억이 없다. 고속도로 휴게소로 급히 들어가 트렁크를 열어 보니 역시 없었다. 아이구, 큰일이다.

촬영도 촬영이지만 평소에 아끼던 장비라 속이 많이 상했다. 집사람이 호텔로 전화를 했다. 주차장으로 전화해서 통화한 다음 자기들에게 알려 달란다. 예지가 주차장으로 통화를 했다. 매니저가 없다고 20분 후에 다시 하란다. 초조하게 기다리다 다시 했더니 자기들이 가지고 있단다. 천만다행이었다. 찾아주었으니 뭘 줄 거냐고 했다고 예지가 나쁜 사람들이라고 화를 낸다. 우린 농담한 거라고 했지만 진심인지도 모른다. 아무튼 다행이었다. 다시 호텔 프런트에 전화해서 찾아서 보관 좀 해달라고 하고, 처남 친구분한테 전화를 해서 찾아서 가지고 계셨으면 하는 부탁을 드렸다. 그런데 뉴욕에 다시 올 리도 없는데 걱정이다. 언제나 찾을 수 있을지.

다행히 잊어버리진 않았지만 기분이 영 말이 아니다. 쓸데없이 서두른 게 말썽이었다. 잊어버릴까봐 예지 쪽으로 옮겨 놓기까지 했는데 마지막에 빠뜨리고 말았다.

델라웨어 주를 넘어 매릴랜드 주로 들어섰다. 델라웨어는 작은 주지만 들어가는 입구는 상당히 깨끗했다. 동부에 있는 주들은 서부에 있는 주들과는 달리 주마다 별다른 특색이 없어 보였다. 나즈막한 산들에 가끔 나무들이 보였고, 구불구불한 길 등 크게 내세울 만한 풍경은 아니었다.

매릴랜드도 마찬가지였다. 워싱턴 DC는 북으론 매릴랜드 주와 남으론 버지니아 주 중간에 위치했다. 워싱턴 DC에 가기 전 여러 사람들이 그곳

순찰중인 워싱턴 DC 기마경찰

은 흑인들이 많이 살아 위험하니 조심하라고, 백악관 주변만 안전하고 나머진 아주 위험하니 될 수 있으면 빨리 빠져 나가라는 말을 많이 들어서 그런지 괜히 걱정이 되었다. 날씨도 우중충한 게 혹시나 하는 생각에 다소 불안한 마음으로 워싱턴 DC 가까이 들어갔다. 워싱턴 DC가 가까워질수록 사람들의 피부색이 검어지기 시작하더니 얼마 안 가서 주변이 온통 흑인들만 보였다. 도로 주변의 집들은 오래는 되었지만 그리 낡아 보이진 않았다.

거리도 비교적 깨끗한 편이었다. 단지 흑인들이 많다는 것말고는 별달리 달라진 건 없었다. 그러나 솔직히 약간 불안하긴 했다. 신호등에 걸려서 있을 땐 나도 몰래 차문을 잠궜다.

내가 있는 워싱턴 주에서도 흑인들이 많은 사는 지역을 우리 교민들은 위험지역이라고 한다. 그러나 나는 미국에 와서 처음 2년 동안 교민들이 좋지 않다는 지역에서 살았다. 아이들 또한 그런 지역의 학교에 보냈다. 도희는 지금도 그곳의 학교를 다닌다. 한국 사람들이 싫어하는 지역이다 보니 학교에는 한국 아이가 도희와 같은 반 친구 한 명, 그렇게 해서 두 명밖에 없다.

2년 살고 집을 이사하게 되어서 학교를 옮겨야 했지만 도희가 그냥 다니고 싶다고 해서 아직도 그곳 학교로 보내고 있다. 그러나 지금까지 아무 일이 없었다. 그 동네에 살 때도 그렇고, 같은 아파트 사람들도 다들 상냥하고 친절했다. 어찌 보면 우리들이나 백인들보다도 더 순수하고 착한 사람들이다. 이렇게 말은 하면서 흑인들이 많이 사는 지역에 웬지 가기 싫은 것은 숨길 수 없는 사실이다. 가장 큰 문제는 우리가 가지고 있는 잘못된 선입견 때문이라고 생각했다. 그러나 솔직히 그들 나름대로 사회에

대한 불만과 지난 역사에 대한 감정이 상당히 남아 있지 않나 하는 생각
을 해본다. 여러 복합적인 이유 때문인지는 몰라도 다른 사람 눈에 거슬
리는 행동과 위험한 행동을 하는 흑인들이 많은 것은 사실이다. 그런 지
역을 조금 지나 거리를 걷는 사람들의 피부색이 밝아지기 시작했다. 백악
관 주변이 가까워지는 것 같았다. 내일이 독립기념일이다 보니 많은 관광
객들이 몰려든 듯했다. 걸어다니는 사람, 차를 타고 가는 사람 등등 많은
사람들과 차량들이 거리를 메웠다. 여기저기 내일 행사를 준비하느라 굉
장히 바빠 보였다. 들어오면서 보았던 거리 분위기하고는 확연히 달라
보였다.

먼저 백악관을 보기 위해 길을 나섰다. 그러다 그곳 근처에 있는 코코
란 미술관Corcoran Gallery of Art에서 로버트 프랭크의 사진전이 열리고 있는 것
을 보고 들어갔다. 로버트 프랭크가 영국을 중심으로 촬영한 유럽지역 사
진이었다. 전시장 안에는 로버트 프랭크의 사진말고도 수많은 사진가들
의 사진이 전시되어 있었고, 그림 전시도 하고 있었다. 우리 아이들도 나
의 영향을 받아서인지 사진에 관심을 가지고 둘러 보았다. 코코란 미술관
은 은행가였던 코코란이 소장한 미술품을 기증받아 그 작품을 중심으로

코코란 미술관과 미술관 내 전시장(오른쪽)

백악관

미국, 유럽 미술품들을 전시하고 있었고 조각, 도자기, 직물까지 다채로운 작품을 소장하고 있는 곳이다. 오늘 안으로 워싱턴 DC를 빠져 나가야 했으므로 미술관에서 오래 지체할 수 없었다.

전시장을 나와 백악관으로 갔다. 많은 사람들이 울타리 밖에서 백악관 쪽을 보면서 사진을 찍고 있었다. 한편으론 우스운 생각이 들었다. 나는 아직 한 번도 청와대 앞을 걸어본 적이 없었다. 차를 타고 일 때문에 지나친 적은 있지만. 그런 내가 다른 나라 대통령의 집을 보려고 서두르는 것을 보고 우스운 생각도 들었고, 별것 아닌 것을 이렇게 관광상품화한 이들의 재주에 다시 한 번 감탄하지 않을 수 없었다.

지금까지 13일 정도 여행을 하면서 많은 관광지를 다녔지만 생각보다 한국인 관광객이 적다는 것을 알았다. 그전엔 유명 지역에는 예외없이 보

워싱턴 기념탑

이던 한국인들이 이번엔 거의 보기가 힘들었다. 미국에 들어오기가 예전 같지 않아 한국인 관광객이 적어졌을 것이고, 한국의 경제 사정도 쉽사리 미국 여행을 허락하지 않았을 것이다.

워싱턴 DC는 워싱턴 기념탑을 중심으로 동서남북으로 주요 건물들이 위치해 있다. 기념탑을 중심으로 북쪽으로 백악관이 있고, 동쪽으로 국회의사당, 서쪽으론 링컨기념관, 남쪽엔 토마스 제퍼슨 기념관이 있다. 주요 기념관 주변으론 각종 박물관 및 미술관 등이 즐비하여 이곳을 찾는 많은 관광객들에게 많은 볼거리를 제공한다. 질서정연하게 정비된 주요 건물의 위치와 짧은 자신들의 역사를 체계적으로 정리해 보여주는 그들의 능력이 지금의 세계 최강의 나라로 만들어 놓은 또다른 원동력이 아닌가 하는 생각을 했다. 미국이란 나라는 겉으로 보면 상당히 무질서하고

링컨 기념관

자유스러워 보인다. 그러나 그 속엔 뭔가 모를 강한 힘이 이들을 이끌어 가고 있다는 걸 이곳에 와서 다시 느낄 수가 있었다. 특히 특별한 일이 있을 때는 엄청난 힘으로 뭉치는 이들을 자주 보았다.

부랴부랴 둘러보고 버지니아로 나갔다. 나가는 길은 들어올 때와는 반대로 길도 좋고 주변도 깨끗한 현대식 건물로 되어 있었다. 버지니아로 접어들자 길이 좁아지면서 상당히 정체가 되었다. 퇴근 시간이라 그렇겠구나 생각은 했지만 도로가 너무 좁다는 생각을 했다. 주변 분위기는 나름대로 보기 좋았다. 7마일 정도 상당한 정체를 이루다 간신히 길이 뚫리기 시작했다. 계속 머리도 아프고 기분이 영 개운치 않았다. 졸음도 몰려오고….

나의 여행의 한계는 대략 보름 정도인 것 같았다. 지금까지 미국에 와서 15일 이상 다녀본 적이 없다 보니 지금이 고비인 듯하다. 너무 피곤해서 집사람과 운전을 교대하고 곧바로 잠들었다. 얼마나 잤는지 눈을 떠보니 모텔 근처에 다 온 듯했다. 조금 힘들다고 바로 잠이 든 나를 보고 집사람이 이젠 끝났단다. 그건 그렇다. 재작년만 하더라도 쉬지

워싱턴 기념탑 앞에서 갖
지 포즈로 기념사진을 찍
관광객들

않고 20시간 이상을 혼자 운전도 했었는데 앞으론 그렇게 하지 못할 것 같았다. 툭 하면 졸립다. 아마 담배를 끊은 뒤부터 이러는 것 같았다. 그 전엔 졸리면 담배를 피우며 졸음을 쫓았는데, 지금은 그렇지 못해 졸음을 견디지 못하는 듯했다. 그래도 담배를 끊은 후론 늘 나른하고 피곤하던 몸이 많이 좋아졌다.

뉴저지 주 New Jersey

면적은 경기도의 두 배, 인구는 8백만 명이 조금 넘는다. 우리의 교민 수는 8만 명 정도로, 비즈니스는 뉴욕에서 하고 생활은 뉴저지에서 하는 교민들이 많다고 한다. 주요 산업으로는 항만시설이 발달하였고, 화학공업이 발달하여 미국 내에서 화학제품 생산이 가장 많은 주라고 한다. 미국에서도 공업이 상당히 발달한 주이며, 인구밀도 및 도시 인구 비율이 가장 높은 주이다. 발명왕 토마스 에디슨의 연구소가 있고, 미건국 13개 주 중의 하나이다. 독립전쟁 당시 크고 작은 싸움이 많이 벌어졌던 곳이어서 전쟁 사적지가 많다.

델라웨어 주 Delaware

미국의 첫번째 주이다. 자동차 번호판에 'The First State'라고 적혀 있다. 주 면적은 50개 주 중에서 두번째로 작다. 우리나라의 충청북도 크기와 비슷하다. 주 전체의 인구는 80만 명이 조금 못 되며, 우리 교민은 2,500명 정도이다. 주명은 버지니아 척식회사의 초대 총독이던 De la Warr경의 이름에서 따 왔다고 한다. 영국으로부터 독립할 당시 캐스팅 보드를 쥐고 찬성표를 던짐으로써 미국 독립이 가능해졌다. 산지가 없는 대부분 평지이며, 동부 해안선을 따라 가축 사육 및 과수원 등이 많고, 뉴욕 등 대도시를 소비지로 한 채소 재배도 많이 한다.

매릴랜드 주 Maryland

우리나라 경상도 크기만 하며, 인구는 5백만 명이 조금 넘는다고 한다. 우리 교민은 6만여 명 정도이고, 제철, 전기, 자동차, 인쇄 등 공업이 발달한 주이다. 미국 최대의 체사 피크 만은 3백 년 동안 이곳 생활의 중심지였고, 지금도 많은 주민들이 만 연안에 살면서 생활을 한다. 이곳에서 나는 백합과 게는 세계적으로 유명하다. 프란시스 스코트 케이가 요새에 펄럭이는 성조기를 보고 감동하여 국가 Star Spangled Banner를 작사하여 전설적인 곳이 된 포트 맥 헨리가 매릴랜드에 있다. 주 전체의 50퍼센트는 산림지대이며, 주 전체의 인구는 대부분 볼티모어와 워싱턴 DC 교외에 거주하고 있다.

워싱턴 DC ^{Washington D.C}

메릴랜드 주와 버지니아 주 사이에 위치한 곳으로 정식 명칭은 콜롬비아 특별구 District of Columbia 이다. Washington D.C로 약칭된다. 미국의 짧은 역사에도 불구하고 도시의 상징적인 이미지 및 의미를 만들어낸, 조형적으로 잘 만들어진 도시이다. 도시의 설계는 미 정부의 요청으로 프랑스의 건축가 피에르 랑팡에 의해 시작되었다가 중간에 교체되어 다른 사람에 의해 도시가 완성된다.

1969년 워싱턴 DC에서 가장 번화했던 노스 웨스트 지역 다운타운과 이에 버금갔던 노스 이스트 지역이 마틴 루터 킹 목사의 암살로 분노한 흑인들의 폭동으로 모든 상가와 건축물이 폐허화한다. 백인들이 많이 살았던 노스 웨스트 지역은 정부의 지원을 받아 단시일 내에 복구가 되어 다시 활기를 찾았지만, 흑인이 많이 거주하던 노스 이스트 지역은 그 후로 지금까지 침체의 늪에서 벗어나지 못하고 있다고 한다.

이 때문에 워싱턴 DC 지역은 깨끗하고 발전한 노스 웨스트, 사우스 웨스트 지역과 범죄와 마약이 범람하는 노스 이스트, 사우스 이스트 등 동서로 빈부의 차이가 심한 불균형한 모습을 보이고 있다. 전체 인구의 65퍼센트 이상이 흑인이며, 나머지는 백인과 다른 유색인종으로 구성되어 있다. 워싱턴 DC 시내 어디에서나 볼 수 있는 워싱턴 기념탑의 높이는 169.3미터로, 엘리베이터를 타고 맨위까지 올라가 시내의 전경을 볼 수 있다. 이곳에선 이 탑보다 높은 건물은 지을 수 없다고 한다.

워싱턴 DC의 특이한 점은 시민들은 시 자체의 시의원이나 시장 선거권은 주어지나 국회의원과 대통령 선거권은 없다고 한다.

미국 건국 13개 주

조지아, 메사추세츠, 뉴욕, 뉴저지, 코네티컷, 메릴랜드, 버지니아, 사우스 캐롤라이나, 노스 캐롤라이나, 델라웨어, 로드 아일랜드, 뉴 햄프셔, 펜실베이니아

The 4th of July, Independence Day
미국의 독립기념일

오늘은 미국의 독립기념일이다. 이들에게는 상당히 의미 있는 날이다. 이곳저곳에서 많은 행사가 있을 것이다. 도심에서는 밤새 많은 불꽃놀이가 벌어질 것이다. 국가적인 축제일이라 온 국민이 하나가 되는 날이기도 하고, 미국인들에겐 가장 큰 명절이다. 간혹 흥분하는 사람들 때문에 작은 사고도 나지만 이들에겐 아주 뜻깊고 즐거운 날임이 분명하다.

벌써 여행을 떠난 지도 14일째, 보름이 다 되어간다. 상당한 기대와 부푼 꿈을 가지고 출발했지만 보름이 다 돼 가는 지금까지 별다른 촬영을 하지 못했다. 집사람의 걱정이 이만저만 아니다. 나도 태연한 척은 했지만 속이 많이 상한다.

차창으로 본 도로 풍경

솔직히 동부쪽은 큰 기대는 하지 않았다. 그렇지만 이 정도인 줄은 정말 몰랐다. 미네소타부터 워싱턴 DC까지 주변 풍경이 신통치는 않았지만 초행길이라 더 그랬을지도 모른다는 생각이 들었다. 날씨 또한 따라주질 않았다. 하루 걸러 비가 오는 날씨가 발목을 잡는다. 시닉 하이웨이라는 길을 들어가 보아도 신통치 않기는 마찬가지였고, 조금 괜찮다 싶으면 차를 세울 만한 길이 없어서 아쉬움만 갖고 그냥 지나치는 경우가 많았다.

사진은 걸으면서 해야 제대로 된 대상을 만날 수 있다. 또 그게 정상이다. 그러나 이렇게 차를 타고 이동을 하면서 주변에서 원하는 대상을 찾기란 상당히 어렵다. 멀리서 대상을 볼 수도 없는 것이고 옆을 지나치다 괜찮다 싶으면 이미 때는 늦다. 차가 다니는 도로를 내가 사진을 찍겠다고 후진할 수도 없는 일이니 재수가 좋아 그 지점을 조금 지나쳐 차를 세울 만한 길이 있으면 차를 세우고 조금 걸어와서 찍으면 되지만 상황이 그럴 수도 없으면 상당히 안타깝다. 특히 도로 폭이 좁으면 더욱 어쩔 수 없는 일이다.

서부를 기대하자. 미국엔 수많은 국립공원들이 있다. 그러나 대부분의 공원들은 서부 지역에 밀집되어 있다. 특히 유타 지역과 캘리포니아 애리조나 지역에 미국 전체 국립공원의 80퍼센트 이상이 모여 있고, 나머지는 알래스카 지역에 있다. 그래 처음 와 본 동부는 이렇게 지나가고 내가 원하는 사진은 서부에서 찾아보자. 이렇게 위안을 하면서 오늘의 길을 잡는다.

오늘은 좀 무리하더라도 플로리다까지 논스톱으로 가기로 했다. 버지니아나 노스 캐롤라이나 지역의 시닉 하이웨이 코스를 생략하고 인터스테이트 도로 I-95로 바로 플로리다까지 가기로 했다. 약간의 미련은 남지만 동부에 들어와 시닉 하이웨이라고 들어간 길이 그리 신통치 않았다. 이번에도 속는 셈치고 돌아볼까 했지만 아무래도 시간 낭비일 것 같다는 생각과 시간을 단축해서 서부에서 많은 시간을 할애하는 게 나을 듯싶어 그렇게 결정했다.

동부지역을 돌아보면서 한 가지 느낀 점은 이곳의 미국인들은 대다수가 무뚝뚝하다는 것이다. 대부분의 사람들이 마주쳐도 잘 웃지도 않고, 인사도 건네지 않는 것이 서부와는 너무 달랐다. 특히 내가 사는 워싱턴 지역 사람들과는 많이 달랐다. 워싱턴 주 사람들은 항상 밝게 웃으며 인사를 주고받는다. 그러나 이곳 사람들은 우리가 먼저 인사를 해도 듣는 척 마는 척 그냥 지나간다. 상당히 기분이 좋지 않았다. 아무튼 동부는 이래저래 마음에 들지 않는다.

버지니아에서 출발하여 노스 캐롤라이나를 거쳐 사우스 캐롤라이나 그리고 조지아를 통과해서 플로리다로 들어가기로 했다. 대충 거리는

600마일 966킬로미터 정도고, 시간은 열 시간으로 잡았다. 중간중간 휴게소에 들리는 것까지 감안한다면 최소한 12시간은 잡아야 한다.

이럴 때가 가장 싫다. 중간중간 내려 촬영도 하면서 가다 보면 힘든 줄도 모르게 가지만 촬영도 하지 않고 논스톱으로 운전만 하면 상당히 졸리고 피곤해지기 쉽기 때문이다.

아침에 날씨는 맑았다. 어젯밤에 비가 왔는지 밤에 에어컨을 끄고 잤는데도 덥지가 않았다. 그런데 아침부터 후텁지근하다. 버지니아부터 조지아까지는 도로에 키가 큰 나무들이 서 있어 사방이 보이지 않았다. 상당히 답답했다. 한마디로 보이는 게 없었다. 그저 앞만 보고 갈 뿐이다. 진짜 최악의 드라이브다. 그런데 신기하게도 이곳 지역은 기름값도 서부 지역보다 많이 쌌고 특히 담뱃값은 너무 차이가 날 정도로 쌌다. 워싱턴 지역은 말보로Marlboro 한 갑에 세금까지 하면 약 5불 정도 한다. 뉴욕 시에서 보니까 6불 50센트였다. 그런데 버지니아나 오늘 우리가 지나온 주들의 담뱃값은 세금까지 다해서 2불 70센트 정도였다.

정말 이상한 일이다. 이곳에서 담배를 사서 워싱턴 주에 갖다 팔면 많이 남겠다라는 생각을 해보았지만, 그것도 못하는 것이 담배마다 각 주에서 발행하는 스티커가 붙어 있어 다른 주에서 판매를 못한다고 한다. 팔다가 걸리면 문제가 심각해진단다.

노스 캐롤라이나와 사우스 캐롤라이나는 무척 덥다. 특히 사우스 캐롤라이나 휴게소는 엄청 지저분하다. 청소차가 구석구석 청소를 하고 다녀도 금방 더러워진다. 휴게소에 들리는 사람들은 대부분 동부 지역의 타주 사람들인데 문제가 많아 보인다.

기온이 32도 정도 되었다. 이젠 계속 더워질 것 같아 조금은 걱정이 된다. 조지아를 백 마일 정도 남겨 두고 집사람과 운전을 교대했다. 조지아부터 내가 하기로 하고 조수석에 앉아 자고 있는데 비 오는 소리에 눈을

도로 풍경

떴다. 앞이 안 보일 정도로 비가 내린다. 번개도 치고 천둥도 치면서 심한 바람과 함께 내리는 비는 언제 그칠지 모를 정도로 퍼붓는다. 갑자기 내리는 소나기라 운전자들이 대비를 못해서 여기저기 많은 사고가 났다. 갓길 밖으로 차들이 빠져 있다. 그러다 금방 그친다. 조금 가다 보니 저 멀리에서 비 내리는 것이 보인다. 우리 쪽은 아직 오지 않는데 말이다. 조금은 신기했다. 조금 달리자 우리도 비가 오는 지역으로 들어섰다. 또 퍼붓는다. 우리 차도 심하게 흔들린다. 아무튼 미국이란 나라는 땅이 워낙 넓어서 그런지 날씨를 종잡을 수 없다. 내일도 비가 온다면 정말 큰일인데… .

플로리다로 들어오자 날씨는 잠잠해졌다. 플로리다부터 도로가 넓어지면서 남쪽 지역의 색다른 풍경을 보여준다. 상당히 기대를 하고 온 곳이라 그런지 입구에서부터 흥분이 된다.

플로리다 입구에 있는 레스트 에어리어에 플로리다 인포메이션 센터가 있었다. 너무 늦게 와서인지 문이 닫혀 있다. 창문 너머로 안을 보니 많은 관광자료가 비치되어 있다. 아쉬웠다. 특히 처음 오는 지역에서는 이런 자료가 많은 도움을 주는데, 안타까웠다. 저녁 9시가 다 되어서 규모가 상당히 큰 잭슨빌Jacksonville이라는 도시에 예약을 해둔 모텔에 들어왔다. 모텔들만 몰려 있는 타운 지역이었다. 예약을 하게 되면 그 지역을 잘 몰라 조금 걱정될 때가 있다. 위험지역일 수도 있기 때문이다. 특히 도심 외곽지역은 더욱 그렇다. 대부분 미국의 도심 주변은 위험요소가 많은 곳이 많다. 낮에는 그래도 괜찮지만 직장인들이 다들 퇴근한 저녁엔 노숙자나 마약을 한 사람들이 돌아다니는 경우가 많아 위험하다.

이번에 묵을 모텔도 가다 보니 도심을 거쳐 외곽으로 조금 나가자마자 있었다. 걱정이 되었는데, 모텔이 몰려 있는 모텔 입구를 보고 조금 마음을 놓았다. 안심을 하고 우리가 예약한 모텔을 찾아 들어갔다. 앞에서도 말했지만 다시는 들어가지 않으리라 결심한 모텔 식스였다. 오면서 알아본 다른 모텔들이 다들 빈방이 없다고 해서 어쩔 수 없이 예약한 모텔이다. 모텔 오피스에 들어가니 흑인 할머니가 일을 하고 있다. 얼마나 에어컨을 강하게 틀었는지 사무실 안은 한기가 느껴질 정도였다. 예지가 추운 표정을 지으면서 할머니에게 미안하지만 에어컨을 약으로 줄여 달라고 한다. 체크인을 하고 배정된 방으로 갔다. 그런데 이거 잘못 들어온 것 같다는 생각이 순간적으로 들었다.

여행을 하다 보면 흑인들을 보기가 정말 어렵다. 가뭄에 콩 나듯 간혹 한두 명 보일 뿐 정말 보기 힘들다. 특히 서부 지역은 더욱 그렇다. 그런데 오늘 들어온 모텔엔 숙박객이 대부분 흑인이었다. 정크 모텔도 아니었는데 그랬다. 더욱 이상한 것은 여행객 같지는 않았다. 느껴지는 분위기가 심상치 않았다. 더 웃기는 일은 얼음을 가지러 아이싱 머신이 있는 곳으로 가다 보니 우리 방의 반대쪽 건물엔 모두 백인들이 투숙하고 있었다. 그리고 보니 우리가 묵을 방을 흑인

모텔을 예약하는 예지

들이 많이 투숙한 곳으로 배정한 모양이다. 좀 기분이 상했다. 모텔도 인종차별하나 싶어서 말이다. 내가 웃으면서 흑인들 모두 플로리다에 놀러와 있어서 다른 지역에선 보질 못했나 보다 했더니 집사람이 웃는다. 그러나 솔직히 오늘밤이 걱정은 되었다. 다른 날도 아니고 오늘이 독립기념일이기 때문이다. 독립기념일에는 다른 날에 비해 사고가 많이 난다고 한다. 술 마시고 행패 부리는 사람도 많고, 밤새 폭죽을 터트리며 광란의 밤을 보내는 사람들이 많다 보니 생기는 사고다. 우리가 모텔에 들어간 시간에도 조금씩 여기저기서 폭죽이 터지고 있었다.

나도 모르게 문틈으로 자꾸 시선이 간다. 사람을 외모만 보고 판단하긴 좀 그렇지만 그리고 그렇게 생각을 하지 않으려고 해도 어쩔 수 없는 듯하다. 온통 흑인들만 주변에 있으니 나도 모르게 불안한 마음이 드는 것 같다. 더욱 불안했던 건 우리가 모텔 오피스에 들어가 체크인을 한 후 바로 사무실 문이 잠기고 모텔에서 자체적으로 채용한 듯한 보안요원이 총을 차고 돌아다니기 시작한다. 처음엔 방이 다 차서 사무실을 닫았나 했더니 그게 아니다. 사무실 문을 닫고 저녁 늦게 오는 모텔 손님들을 위해 방탄유리로 된 조그만 창과 아래로 작은 구멍이 있는 창구를 따로 오픈한 것이다. 평상시 얼마나 사고가 나면 이런 안전장치를 만들어 놓았나 하는 생각이 들었다. 서부에선 전혀 보지 못했던 것이라 신기하기도 했지만 섬뜩했다.

사람들 또한 날이 날인지라 그런지 방에 가만히 있지 않고 왔다갔다 한다. 빨리 나가고 싶은 마음뿐이지만 아이들한테 영향을 줄까봐 태연한 척하고 있는 게 더 힘들다.

밤이 깊어지자 폭죽 소리가 요란하다. 이들은 독립기념일만 되면 너나할것없이 폭죽을 사서 터트린다. 자신들의 기념일을 자축하면서 미 전역이 축제의 밤을 지샌다. 우리가 사는 워싱턴 주에 아는 사람이 정크 모텔을 하는데 그곳에선 독립기념일에 투숙한 손님들에게 바비큐 파티나 간단한 식사를 제공한다고 한다. 독립을 축하하는 의미에서. 그런데 이곳은 아무런 소식도 없다. 이래저래 7월 4일 밤은 정말 시끄러운 밤이다.

버지니아 주 Virginia

남한보다 조금 넓은 크기이며, 주 전체 인구는 약 700만 명 정도이다. 우리 교민의 수는 6만여 명이다. 미국에 건설된 최초의 식민지이며, 건국 13개 주에서 가장 부유한 주였다. 초대 대통령인 조지 워싱턴을 비롯 수많은 대통령을 배출. 초대 대통령 이후로 7명의 대통령을 더 배출 'Mother of Presidents'라는 별명과 '기사의 주'라는 별명 등 두 개의 별명을 가지고 있으며, 이 두 별명은 민주주의 기풍과 귀족적인 혈통을 표시한다고 볼 수 있다. 버지니아 주는 노예제도가 최초로 시행된 주이며, 켄터키 주와 웨스트 버지니아 주가 버지니아 주에서 독립된 주이다. 버지니아 주도인 리치먼드Richmond는 남북전쟁 당시 남부연맹의 수도였다.

노스 캐롤라이나 주 North Carolina

남한의 1.5배 정도의 크기로, 인구는 약 800만 명 정도이다. 우리의 교민 수는 2만여 명이며, 여름엔 따뜻하고 겨울에도 그리 춥지 않은 기후를 가지고 있다.
남북전쟁 당시 남부연방에 가장 늦게 합류를 했지만 병사 지원을 가장 많이 한 주로 알려져 있다. 주 전체 수입의 중심은 농업이며, 목화와 담배 생산은 미국에서 1위를 차지하고 있고, 인구도 남쪽에선 텍사스 다음으로 많으나 소농이 차지하는 비율이 높아 주 전체 수입은 상당히 낮은 편이다. 남부의 주 중에서 가장 진보적인 주이며, 흑인에 대한 대우가 비교적 공정한 주로 알려져 있다. 예쁜 집과 거리 그리고 옛 풍경 등 다른 주처럼 세팅이 손쉬워 영화 프로덕션들이 가장 선호하는 주라고 한다.

사우스 캐롤라이나 주 ^{South Carolina}

남한보다 조금 작은 크기로, 주 전체 인구는 400만 명 정도다. 우리 교민의 수는 6천여 명 정도라 한다. 1670년 영국의 식민지배를 받고 찰스 1세의 이름을 따서 캐롤라이나라고 불리기 시작했다. 1710년 사우스와 노스로 분리되고, 그 후로 유럽에서 많은 이주자들이 들어왔다. 농사 재배를 위해 다수의 흑인 노예들이 들어와 1720년에는 주 전체 인구의 3분의 2가 흑인이었다고 한다. 연방정부 정책과 항상 반목을 하던 사우스 캐롤라이나 주는 1860년 남부 주로선 최초로 연방을 탈퇴를 선언했다. 1861년 북부 연방 사우스 캐롤라이나의 Fort Sumter의 공격으로 남북전쟁이 발발한다. 전쟁으로 많은 피해를 본 후 경기는 점점 침체를 거듭한다. 20세기초 경제가 살아나기 시작해 산업이 발달하고 관광 산업도 활기를 띠기 시작한다.

조지아 주 ^{Georgia}

주 면적은 남한의 1.5배 정도이고, 인구는 8백만 명 정도다. 교민 수는 4만여 명이다. 주 이름은 영국의 조지 2세의 이름에서 따왔다. 조지아도 건국 13개 주 중에 하나이며, 정착민들은 풍부한 자원으로 번영하게 된다. 주의 주도 애틀란타는 미국 남동부 지역의 상업중심지로 중요한 위치를 차지한다. 조지아는 인디언들에게 한맺힌 주이다. 버지니아를 비롯한 지금의 남동부 지역은 원래 체로키 인디언의 생활터전이었다. 1838년 여자, 어린이를 포함한 17,000여 명의 인디언들에게 오클라호마로 이주를 명령한다. 이주 도중 4,000여 명이 죽었다고 한다. 이 길은 'Trail of Tears'로 일컬어져 인디언 멸망사의 어두운 역사로 기록된다. 코카콜라의 본사가 애틀란타에 있으며, 흑인 민권운동가 마틴 루터 킹 목사도 조지아 주 출신이다.

조지아는 다른 동부 해안 주들과 마찬가지로 해안, 평야, 고원과 애팔래치아 산맥의 일부가 걸쳐져 있다. 산맥의 높이는 높지 않지만 매우 아름다운 경관을 자랑한다.

Orlando, Universal Studio
올랜도, 유니버설 스튜디오

15

7월 5일 토요일

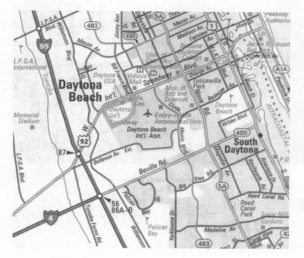

a trip log

데이토나 → 올랜도
→ 유니버설 스튜디오

아침부터 날씨가 푹푹 찐다. 지난밤 정리할 게 있어 평소보다 조금 늦게 잤더니 아침에 일어나는 데 몸이 천근만근이다. 좀 무리하게 움직였더니 몸과 마음이 처지는 것 같다. 뉴욕에 삼각대를 두고 온 후론 짜증만 나니 큰일이다. 오늘은 그렇게 유명하다는 플로리다 해변을 보고 올랜도로 가서 유니버설 스튜디오와 시월드를 둘러보기로 했다. 물론 아이들을 위한 일정이지만, 작년 아이들의 봄방학 때 LA에 있는 유니버설 스튜디오와 디즈니랜드 등을 보고 내가 반해 애들을 위해서란 핑계로 간다고 하는 게 맞을 것이다.

모텔에서 나와 아침을 먹으러 맥도널드로 갔다. 아침을 사 들고 시간을

15일 올랜도, 유니버설 스튜디오 | 177

데이토나 해변

아끼느라 운전을 하면서 먹기로 하고 출발을 했다. 맥도널드 아침은 여행을 다니면서 가끔 먹는데 다른 곳보단 먹을 만했다. 그런데 이번 여행중 두번째로 먹는 맥도널드 아침이 엉망이었다. 빵도 질기고 모든 게 수준 이하였다. 플로리다는 어제부터 인상이 좋지 않았다.

데이토나Daytona란 해변으로 갔다. 오전 9시가 조금 넘은 시간인데 온도는 약 섭씨 39도 정도다. 밖의 기온이 후끈후끈 찐 득찐득하다. 안개가 짙게 낀 해안의 모습이 꽤 아름답게 보였다. 날씨만 덥지 않다면 상당히 좋았을 거란 생각이 들었다. 해안 주차료 5불을 내고 모래사장으로 들어갔다. 엄청나게 뜨거운 햇빛 아래서 많은 사람들이 일광욕을 한다. 얼마나 태웠는지 모두들 구릿빛이다. 우리는 가만히 있어도 땀이 나는데, 아무튼 대단한 사람들이다.

차에서 내려 아이들을 물가에서 놀게 하고 사진을 찍는데

해변의 야자수

30일간의 **미국 횡단일주기**

플로리다 해변가에서

모래가 너무 고왔다. 역시 듣던 대로 플로리다 해안이란 생각이 들었다.

　시간을 너무 지체하면 올랜드로 넘어갈 시간이 늦어질 것 같고 날씨 또한 너무 더워 아이들이 걱정되기도 해서 마이애미 해변에서 제대로 촬영을 하기로 하고 떠날 준비를 했다. 아이들은 수영복도 안 입고 바다 깊이 들어가 놀아서 옷이 다 젖었다. 해안가에 변변한 샤워시설이 안 보여 마시는 물로 대충 씻기고 그곳을 나왔다. 그런데 나오다 보니 입구에 샤워를 할 수 있는 시설이 좀 어설프지만 보였다. 아차 싶었지만 할 수 없었다.

　올랜도에 거의 다 와서 너무 피곤하고 졸음이 쏟아져 집사람과 운전을 교대하고 조수석에 앉자마자 또 바로 잠이 들었다. 약간 소란한 듯해서 눈을 떠 보니 올랜도에 다 들어왔다. 졸린 눈에 비친 올랜도의 모습은 위락을 목적으로 건설된 계획된 도시라는 인상을 강하게 받았다. 시 전체가 놀이기구들로 꽉찬 듯하다. 그런데 이상한 점은 시내에 돌아다니는 사람의 대부분이 남미 계통 사람들이었다. 물론 이곳이 스페인 지배를 받은 지역이라는 건 알고 있었지만 좀 심하다 할 정도였다. 간혹 흑인들도 있었지만 우리 같은 동양 사람과 백인은 그렇게 많이 눈에 띄지 않았다. 들리는 말도 영어는 없고 대부분 에스파니아어였다. 조만간 미국의 국어가 하나 더 늘 것 같다는 생각을 한다. 앞에서도 언급했듯이 에스파니아어는 미국 내에서 지금도 대부분 허용되고 있는 공공연한 제2의 언어다. 공공기관은 물론 많은 곳에서 에스파니아어로 도움을 받을

유니버설 스튜디오 입구

수 있는 건 당연하다.

조금은 어리둥절한 마음으로 모텔에 짐
을 풀어두고 시월드Sea World를 가기로 하고 나
왔다. 그런데 길을 잘못 들었는지 제자리로
다시 돌아왔다. 할수없이 유니버설 스튜디
오 먼저 보고 가기로 하고 그곳을 들렀다.
오늘은 토요일이라 공원을 하루에 다 둘러
보기는 틀렸다고 먼저 아이들을 달래놓고
가장 보고 싶은 것만 골라 보자고 상의를 한
후 공원으로 들어갔다.

유니버설 스튜디오

예상대로 엄청나게 많았다. 한 가지를 보려면 많은 시간을 기다려야 한
다. 그래도 다들 아무 소리 없이 기다린다. 역시 남미 계열 사람들이 대부
분이다. 질서도 안 지키고 도로에서 양보는 물론 과속이 태반인 곳이 플
로리다인 듯했다. 자신이 잘못을 해도 전혀 미안한 기색들이 없다. 정말
실망 투성이다. 한참을 기다리고 있는데 우리와 다른 줄로 우리보다 늦게
온 사람들이 막 들어간다. 웬일인가 하고 봤더니 익스프레스 패스라고 돈
을 더 주면 기다리지 않고 바로 들어갈 수 있는 티켓이 있었다. 정말 화가
나는 일이었다. 이 사람들이 상술도 상술이지만 아이들한테 뭐라 말할 수
가 없었다. 한 시간 반가량을 기다렸다. 한 테마를 보고 안 되겠다 싶어 거
금을 주고 우리도 익스프레스 티켓을 구했다. 언제 다시 올지도 모르고
시간은 없고, 돈이 아깝지만 그렇게라도 하는 게 좋을 듯했다. 아이들도
당연히 좋아했다. 아이들 교육상 상당히 안 좋아 보였지만 어쩔 수가 없
었다. 예상대로 빠른 시간에 많은 것을 볼 수 있었다.

이곳은 날씨가 습하고 워낙 더워서 그런지 기다리는 공간이나 공원 중
간중간에 선풍기에 호스를 달아 물이 분무기에서 나오는 것처럼 해 놓은

장치들이 많았다. 보는 것만으로도 조금은 시원했지만 그것도 잠시일 뿐 정말 덥고 짜증이 나는 날씨다. 밤 10시에 문을 닫는데 우리도 밤 10시까지 돌아다니다 파김치가 되어서 모텔로 돌아왔다. 가족 모두가 많이 지친 하루였다.

유니버설 스튜디오는 유명 영화를 짧게 리메이크해서 영화의 효과를 극대화시켜 놓은 프로그램을 운영하는 테마 파크이다. LA에서 처음 보았을 땐 감탄의 연속이었고, 이 사람들의 스케일에 새삼 놀라기도 했었다. 그러나 이곳에선 두번째라서 그런지 좀 실망스러웠다. 또한 LA의 유니버설 스튜디오는 원래 스튜디오 자리에 만들어 놓은 공간이라 정말 생동감 있는 시설을 견학할 수가 있었지만 이곳은 오락용으로 운영하는 곳이라 스케일이나 모든 시설이 LA보다 많이 못한 것 같았다.

플로리다 주 Florida

동서로 약 200킬로미터, 남북으로 약 760킬로미터로 우리나라 강원도의 10배 정도 크기이다. 인구는 1,500만 명 정도이며, 미국에서 네번째로 인구가 많은 주이다. 우리 교민수는 26,000명 정도라고 한다. 지형은 매우 낮고 평평하며 산이 거의 없다. 전반적으로 해양저지대여서 오키초비Okeechobee호를 비롯해, 크고 작은 호군이나 국립공원으로 지정된 남부의 에비글레이스Everglades 같은 습지대가 산재해 있다. 플로리다 주대부분이 습윤온대기후이나 남쪽 해안지대는 여름엔 시원하고 겨울엔 따뜻한 아열대기후 또는 열대기후에 속한다. 그러나 막상 가 보니 상당히 덥고 습한 기후를 보였다. 교통망의 발달로 마이애미 등 세계적인 관광지가 발달해 있다. 19세기 이후에 오렌지 재배가 시작되어 20세기의 주요 생산물로 자리잡는다. 현재 플로리다 자동차 번호판에는 오렌지그림이 그려져 있다. 플로리다는 에스파니아어로 '꽃이 피는 나라'라는 뜻이며, 1819년 스페인에서 미국으로 양도되어 1845년 미국의 27번째 주로 편입된다.

Orlando, SeaWorld
올랜도, 시월드

> **a trip log**
> 올랜도 시월드 → 마이
> 애미 부근

　오늘 하루도 무덥게 시작한다. 오픈 시간에 맞춰 다른 날보다 조금 늦게 일어나 모텔을 출발하여 시월드로 향했다. 아침인데도 기온은 꽤 높은 편이다. 모텔에서 한 10분 정도 가니 시월드가 나왔다. 시간도 그렇고 해서 그냥 가려다 아이들 때문에 마지못해 들르긴 했지만 기분은 썩 내키지 않았다.

　9시에 개장인데도 벌써 입구엔 많은 사람들이 기다리고 있었다. 공원 입구로 들어가는데 갑자기 미국 사람들이 성조기를 향해 멈춰 선다. 미국의 국가가 나오고 있었고, 미국인들은 그들 국기인 성조기에 경례를 하고 있었다. 과거 우리나라에서 국기 게양식과 하기식에 보던 풍경과 너무 똑

같았다. 이런 모습은 미국에 와서 처음 본다. 업무 시작 전에 공원 국기게 양식 행사를 한다고 한다.

미국인들은 자기 나라에 대한 자부심이 대단한 듯하다는 걸 가끔 느낀다. 이런 놀이공원에서도 은연중에 국가에 대한 충성과 애국심을 고취시키는 장면들이 자주 등장한다.

특별한 날이면 거리마다, 차마다 성조기 물결로 춤을 춘다. 지난 9·11 테러 이후에도 온통 거리가 성조기로 물들었다. 대형 성조기를 일반 승용차는 물론이고 버스나 소방차, 오토바이가 할것없이 달고 다녔다. 이방인인 우리는 다소 섬뜩한 느낌을 받았다. 겉으론 상당히 자유스럽고 때론 자유를 넘어선 방종에 가까운 생활을 하는 듯하지만, 눈에 보이지 않는 질서와 자신들이 세계 최고라는 자신감, 자부심이 좀 과하게 넘치는 사람들이라는 생각을 하곤 한다.

한번은 도희와 야구장에 갔는데, 그곳에서도 마찬가지로 중간중간 애국심을 강조하는 안내 멘트와 화면이 중앙 스크린에 등장했고, 많은 미국인들이 그에 환호와 박수로 답하는 걸 보았다. 이것이 그들의 저력이며 힘이 아닐까 생각해 보았다.

특히 이곳 플로리다는 다른 주에 비해 유난히 성조기가 많다. 조금 과장해서 말하면 성조기로 도배했다고 해도 과언이 아닐 정도로 온 거리가 성조기로 출렁거린다. 자동차 판매를 하는 곳에는 전시되어 있는 차마다 소형 성조기가 달려 있고 짧은 간격으로 매장 전체에 대형 성조기가 달려 있다. 좀 과하다는 생각이 들 정도다. 독립기념일이 며칠 전이라 그럴 수도 있겠지만 정확한 이유는 모르겠다. 이곳이 부시 미 대통령 동생이 주지사로 있는 것이 이유가 아닐까 하는 말도 안 되는 생각도 해본다.

시월드 티켓을 구입하는데 4명에 211불이다. 정말 장난이 아니다. 아이들한테 내색은 안 했지만 정말 죽을 맛이었다. 공원 지도를 받아서 짧

시월드

은 시간 내에 돌아볼 수 있도록 코스를 잡고 서둘러 보기로 했다. 오늘도 도희에겐 다 볼 수 없다는 것을 이해시키고 돌아보기 시작했다. 그런데 대부분의 동물 공연이 11시 이후에 시작한다. 골치가 아파 왔다. 이곳을 얼른 돌아보고 마이애미로 넘어갈 생각이  었는데 말이다. 그렇다고 비싼 돈 내고 들어 왔는데 그냥 갈 수도 없고 할수없이 빨리 보 는 것을 포기하고 시간에 구애받지 말고 볼 수 있는 건 다 보도록 해서 돌아다녔다. 동 부로 들어와서 촬영다운 촬영을 못한지 꽤 지나서 그런지 마음이 조급해진다. 남아 있 는 필름들을 보면서 한숨만 나온다. 더운 날 씨 때문에 차 트렁크에 있는 필름들이 걱정 이 되서 볼거리가 있어도 제대로 눈에 들어

오지 않는다.

예상은 했지만 돌고래쇼가 시월드의 절정 같았다. 커다란 고래가 원형으로 돌면서 꼬리로 물을 관중들 속으로 뿌리면서 다닌다. 집사람과 나는 물을 피해 높은 곳에서 보고 예지와 도희는 맨 아래서 본다고 앉아 있었는데 끝나고 올라오는 모습이 가관이다. 완전히 물에 빠진 생쥐 같은 모습인데 시원하긴 하겠다는 생각이 들었다.

오후 3시 정도에 대부분 둘러보고 공원을 빠져 나와 마이애미 방향으로 차를 몰았다. 마지막에 본 고래쇼말고는 시월드도 기대 이하였다. 샌디에이고에 있는 시월드를 가 보지 않아 잘은 모르겠지만 이곳 시월드도 유니버설 스튜디오처럼 입장료에 비해 모든 게 그저 그랬다. 물개쇼, 돌고래쇼 등 일반적인 내용이 전부다. 놀이기구도 두 개 정도밖에 없고, 여러가지로 플로리다는 우리에게 실망만 안겨 준다.

올랜도에 있는 디즈니월드는 세계에서 가장 많은 관광객이 찾는 곳이라고 들었는데 우리는 그냥 통과하기로 했다. LA에 있는 디즈니랜드를 가보기도 했고, 그곳 또한 뻔할 것 같다는 생각이 앞서기도 했다. 게다가 놀면서 사흘을 보내기는 너무 아깝다는 생각도 들었다. 다행히 예지와 도희가 이해를 해준다.

마이애미로 너무 늦게 출발하여 원래대로의 일정을 소화하기 어려울 듯했다. 플로리다로 들어오면서, 한여름이고 많은 사람이 몰리는 휴가철이라 혹시 방을 못 잡을까봐 며칠 전부터 미리 예약을 하고 다녔는데, 나중에 알고 보니 이 지역 성수기는 봄이라고 한다. 여름은 너무 더워 사람들이 기피하는 모양이다. 7-8월에는 허리케인도 자주 몰려오고. 그것도 모르고 우리는 신이 나서 왔으니 사전정보 부재로 많은 고생을 했다.

아무튼 모텔을 미리 예약한 관계로 마이애미 정반대로 돌아가야 할 지경이 되었다. 원래 플로리다 아래 부분을 다 돌아보고 올라오는 길에 머

도로가 풍경

물 장소로 예약을 했던 곳인데 난감하게 된 것이다. 예약 취소는 안 된다고 모텔측에서 못을 박아둔 상태라 안 가면 돈만 날리게 된다. 그래도 가는 데까진 가보자며 마이애미 방향으로 계속 내려갔다. 버지니아 주에서부터 고속도로 통행료를 받지 않았다. 그런데 플로리다에 오니 또 돈을 받는다. 그것도 중간중간에서 찔끔찔끔.

그러나 고속도로 휴게소에 설치된 간단한 장비가 짜증과 피로를 풀어주기도 한다. 플로리다는 날이 덥고 습하다 보니 날벌레들이 굉장히 많다. 도로를 달리다 보면 수많은 벌레들이 자동차 앞 유리에 부딪혀 죽는다. 밤에는 더욱 심하다. 워셔액으로 닦아도 잘 지워지지 않는다. 그런데 이곳 고속도로 휴게소에는 앞유리만 자동으로 세척을 해주는 장비가 마련되어 있어 죽은 벌레도 제거하고 더위로 인해 가열된 열도 식혀 주는 역할을 해준다. 참 좋은 아이디어라 금방 짜증도 없어지는 듯하다. 그러다 바로 휴게소를 나와 고속도로로 진입만 하면 또 짜증이 난다. 이곳 사람들은 운전중에 끼여들기를 하면서도 대부분 깜박이를 켜지 않는다. 추월은 밥 먹듯이 하고. 난폭운전들을 해서 그런지 플로리다에서는 교통사고를 많이 목격할 수 있었다.

남미 계열 사람들이 많이 살아서 그럴까? 정말 지금까지 알고 있던 일반적인 미국과는 너무 틀린 모습들을 이곳에 와서 보았다.

오다 보니 시간이 너무 늦었고 마이애미까지 가기는 시간이 부족할 것 같아 할수없이 마이애미 바로 근처에서 반대 방향으로 차를 몰았다. 예약한 모텔로 가는 도로 풍경이 인상적이었다. 오랜만에 지평선을 볼 수 있었고, 이곳에 습지가 많다던 말을 실감할 정도로 주변이 온통 습지로 이루어져 색다른 인상을 준다.

약 두 시간 가량을 달려 저녁 9시에 예약한 모텔로 들어왔다. 도로에서 한참 안쪽에 있는 모텔이라 찾는 데 조금 힘들었다. 지금까지 숙박한 모텔들보다 가격도 저렴하고 시설도 좋아 마음에 들었다. 아이들도 좋아한다. 인터넷도 무료로 쓸 수 있어, 특히 예지가 너무 좋아했다.

밥을 먹고 예지가 인터넷을 하러 모텔 오피스로 가자고 해 확인할 것도 있고 해서 같이 갔는데, 불행하게도 그곳 컴퓨터에는 한글 지원이 되질 않아 한글 메일 확인을 하지 못했다. 노트북을 가지고 있다고 모텔 오피스에 말을 하니 랜 코드를 연결해 보라고 선을 하나 주었다. 그러나 그것도 안 되었다. 확인할 게 많은데 조금 걱정은 되었지만 모르는 게 약이라고 나중에 집에 가거나 올라가는 길에 LA에 들러 확인해 보기로 했다.

예지는 신이 나서 자신의 영문 메일을 확인한다. 오래 하고 싶어했지만 내일 일정도 있고 해서 재촉해서 방으로 데리고 들어왔다. 오늘도 변변한 사진 한 장 못 찍고 잠을 자려니 마음이 답답해진다.

Miami
마이애미

7월 7일 월요일

a trip log

마이애미 시, 마이애미
비치 → 7마일 다리 →
마이애미 시

    모텔에서 제공하는 아침이 상당히 근사했다. 가족들 모두가 좋아했다. 식당도 야외에 마련되어 있어 색다른 분위기에서 식사를 할 수 있었다. 다른 모텔보다 식사 시간이 늦어 8시 30분에 모텔을 나와 다시 마이애미 쪽으로 출발했다.

    US 41번 도로를 타고 내려가는 길은 어제 들어왔던 I-75에 비해 길은 좁았지만 그런대로 분위기는 있었다. 양쪽에 보이는 수로 같은 곳에 나무들이 있었다. 이런 습지대는 대부분 평야처럼 넓었다. 물은 맑았고, 군데군데 낚시하는 사람들이 눈에 띄었다. 어제 들어올 때도 보았지만 지평선이 보이는 아주 넓은 곳이 있었다. 오랜만에 보는 지평선은 마음까지 시

도로변 습지대

원하게 해주었다. 마이애미까지 다시 돌아가는 것은 많은 고민을 한 후 결정한 일이었다. 온 길을 다시 돌아간다는 것은 멀리 촬영을 나와 결정하기는 쉬운 일이 아니다. 그러나 이곳까지 와서 볼 것을 보지 않고 간다면 계속 찝찝할 것 같았고, 차라리 조금 돌고 시간을 낭비하는 일이 있더라도 둘러보고 가는 게 나을 듯해서 하루 더 머물기로 했다. 로체스터의 코닥박물관과 뉴욕현대미술관을 보지 못하고 온 게 계속 마음에 걸리는 것도 이런 결정에 도움을 주었다.

그런데 가는 길이 생각처럼 가깝지는 않았다. 군데군데 공사하는 곳이 많아 속도도 느리고 마이애미에 들어와서는 표지판이 제대로 되어 있지 않아 한참을 헤매다 겨우 해변에 도착했다.

처음 마이애미에 왔을 때는 마이애미 시^{Miami City} 옆에 해변이 있을 것이라고 생각을 했는데, 도착해 보니 마이애미 시와 마이애미 비치 시^{Miami Beach City}가 따로 있었다. 마이애미 시는 그냥 일반 도시 같았지만, 마이애미 비치 시는 입구부터 돈냄새가 물씬 풍기는 고급 휴양도시처럼 보였다. 워낙 많이 들어온 터라 상당한 기대를 하고 해변으로 들어가는 길을 찾았지만 쉽지가 않았다. 우리나라 해변처럼 해수욕장 입구가 별도로 있는 게

상상과는 달랐던 마이애미 해변

아니라 해안가 중간중간에 해변으로 들어가는 길이 있었다. 그러나 처음
온 사람들이 찾기는 힘들 것 같았다. 물론 고급 휴양시설이 갖추어진 호
텔 등에 숙박하면 바로 앞이 해변이라 우리처럼 해변을 찾으려고 고생할
필요는 당연히 없겠지만. 길을 돌다 공영주차장이 보여 차를 세우고 주차
비를 지불하고 해변으로 걸어갔다. 막상 도착한 해변은 상상했던 것과는
거리가 멀었다.

　우리말에 소문난 잔치에 먹을 게 없다는 말이 떠올랐다. 긴 해변이 있
기는 했지만 밀려온 해초로 모래사장은 지저분했고, 쓰레기통엔 오물이
넘쳐 불결하기까지 했다. 또 은근히 기대했던, 영화에서 본 것처럼, 글래

마이애미 해변

머나 비키니 차림의 여인들은 찾아 보기 힘들었다. 날씨는 어제보단 덜
더웠지만 그래도 상당히 무더운 날씨였다. 습기도 많고 바닷물도 너무 미
지근해서 시원한 맛이 전혀 없었다. 옥빛의 바닷물과 하얀 백사장이 보기
에는 상당히 아름답게 보였지만 날씨가 그렇게 좋지 않아 색감이 잘 살지
는 않았다. 정말 한여름이 비수기라는 말이 실감이 났다. 기온이 좀 떨어
지는 계절에 보면 꽤 멋있을 것 같아 보였다.

아이들을 바닷물에서 놀게 하고 주변을 돌면서 사진 촬영을 몇 장하고
앉아서 쉬다가 우리가 들어간 해변이 진짜 마이애미 해변인가 싶어 다른
곳을 몇 군데 더 돌아보았지만 역시 마찬가지였다. 기대가 크면 실망도
크다고 했다. 오늘이 딱 그런 날인 것 같다.

미련을 버리고 마이애미를 빠져 나와 플로리다 최남단에 있는 키 웨스
트Key west로 향했다. 그곳은 주변 풍경도 아름답지만 세계에서 가장 길고
아름다운 다리가 있다고 해 은근히 기대를 하고 있었다. 그런데 그곳으로
가는 도로인 US 1번 도로는 여러 마을을 통과하면서 가는 도로라 신호등
도 많고 공사도 많이 해서 빠져 나가는 데만 꽤 많은 시간이 걸렸다. 답답
하기도 하고 시간도 없고, 죽을 맛이었다. 겨우 빠져 나왔나 했더니 이건
생각했던 길이 아니다. 주변에 바다가 있었지만 차를 타고는 제대로 볼

마이애미 해변

7마일 다리

수도 없었고 길도 좁고 주차할 곳도 마땅치 않은 게 정말 형편없었다. 그
곳까지의 거리가 대충 120마일 정도라고 해서 왕복 240마일로 생각하고
넉넉잡아 4시간이면 갔다 오겠구나 했는데 그게 아니었다. 속도는 빨라
야 55마일이고 보통 45마일이다. 그것도 모자라 중간중간 신호등이 길을
막아 선다. 이 정도 속도로 간다면 하루종일 가도 못 갈 것 같았다.

　주변 풍경이라도 좋으면 그나마 괜찮을 텐데 그것도 아니고, 괜히 왔나
보다 생각이 드는 게 속만 상한다. 그냥 돌아갈까 하다가 나중에 더 후회
할 것 같았고, 게다가 이곳을 다녀간 사람들이 너무 좋다고 말들을 했기
때문에 속는 셈 치고 가는 데까지 가보기로 하고 계속 차를 몰았다. 그런
데 이 놈의 길은 가도가도 끝이 없고, 주변 풍경은 여전히 산만하기만 했
다.

　어렵사리 7마일 다리에 도착했는데 이건 영 아니다. 7마일 다리는 바다
위에 섬끼리 연결을 해서 놓은 다리인데, 길이는 7마일, 그러니까 약 13

에버글래이즈 국립공원 Everglades National Park

150만 에이커의 넓은 지역에 조성된 공원이다. 이곳에서는 특이한 자연생태학적 관찰을 할 수 있다. 플로리다 중앙에 있는 거대한 오키초비 호수에서 넘쳐 흐른 물이 50마일 넓이의, 천천히 바다로 흐르는 낮은 강물이 되어 늪지대를 형성했다. 1,000여 종의 식물, 360여 종의 새들 이외에 멸종 위기의 33종의 파충류와 포유동물들이 보호받고 있으며, 물이 없는 높은 지대에는 많은 동물들이 서식하고 있다.

공원 입구의 안내소엔 식물, 동물, 곤충에 관한 자세한 자료가 수집된 전시실이 있으며, 공원 안 여러 곳에 전망대와 걸으면서 가까운 거리에서 자연생태를 관찰할 수 있는 보도가 설치되어 있다. 입장료는 차량 1대당 3불, 도보나 자전거 입장은 5불이다.

비스케인 국립공원 Biscayne National Park

마이애미 남단 700킬로미터에 걸쳐 조성된 해양공원이다. 공원 총면적의 96퍼센트가 산호초 바다이고, 4퍼센트만이 육지로 되어 있다. 이 공원을 제대로 관광하려면 바닥이 유리로 된 보트를 타고 바다를 도는 투어가 가장 좋은 방법이다. 공원 입장료는 무료이며, 마이애미에서 한 시간 가량 걸린다.

키 웨스트 Key west

미국의 최남단 도시로, 그곳을 가기 위해선 42개의 섬을 연결한 도로를 달려야 하며, 마이애미에서 123마일, 왕복 8시간이 소요된다. 가는 도중의 주변의 경치가 아름답고, 여러 다리 중 가장 긴 다리는 길이가 7마일에 이른다. 이곳은 예전에는 작고 한적한 어촌 마을이었으나 제2차 세계대전과 냉전시대를 거치면서 군사기지로 변모, 철도와 육로가 건설되었고, 지금은 세계적인 관광도시로 바뀌었다. 초창기 고전적인 건물들이 잘 보존되어 있고, 열대어 수족관과 해저 보물박물관 등이 유명하다. 예술가들과 낭만적인 휴머니스트들이 많이 살고 있으며, 항상 축제 같은 활기찬 모습을 보여준다. 일출과 일몰이 상당히 일품이며, 최남단인 사우스 모스트 포인트에서 맑은 날에는 90마일 밖의 쿠바도 보인다고 한다. 미국에서 연평균 온도가 가장 높은 지역이기도 하다.

킬로미터 정도 되는 다리이다. 나중에 알았지만 이 다리가 세계에서 가장 긴 다리는 아니라고 한다. 그건 그렇다 쳐도 다리 생김새가 하다못해 샌프란시스코의 금문교 정도는 못 되어도 한강 다리 정도는 되어야지 이건 정말 형편없다. 다리가 너무 평범하다 못해 보잘것없어서 보는 순간 배신감이 들었다. 이런 걸 보러 많은 시간을 투자해서 온 것이 속상하기까지 했다.

다리는 1921년에 세워졌다고 한다. 그 다리 옆에 차가 다닐 수 있는 다리는 새로 지은 듯했다. 그러니까 볼거리는 옆에 있는 오래된 다리였다. 물론 새로 지은 다리를 건너는 것도 하나의 흥미거리임에는 분명하다. 일단 바다 위에 건설된 다리를 건너 볼 기회가 그리 많지 않고 또 길이가 말이 13킬로미터지 길긴 길었다. 보통은 옛 다리를 헐고 그자리에 새로운 다리를 지었을텐데, 이들은 옛 다리를 두고 필요한 새 다리는 옆에 지어 관광거리로 만들어 놓았다. 물론 이 다리만을 보려고 이곳까지 오지는 않지만 키 웨스트 가는 길의 이 다리는 이곳의 자랑거리임에는 틀림없는 듯하다.

여기서 조금만 더 가면 키 웨스트다. 그곳에는 많은 볼거리가 있다고 한다. 그러나 우리는 포기하고 다리를 건너자마자 바로 돌아 나왔다. 이곳까지 오느라 시간도 많이 지체되었지만 또 가봐야 실망투성이일 거라는 생각이 들었다.

아무튼 오늘 하루는 정말 재미없는 날이었다. 플로리다에 들어와서 지금까지 계속 그랬다. 물론 이곳에 너무 큰 기대를 했던 것도 사실이고, 기대했던 것만큼 사전 준비가 제대로 되지 않은 문제도 있었다. 그러나 솔직히 이곳의 환경이 너무 과대평가된 듯하다는 생각이 들었다.

다시 예약해 둔 모텔까지 갈 일이 걱정이다. 최소한 다섯 시간은 가야 한다. 촬영이라도 많이 했다면 힘든 줄도 모르고 가겠지만 그렇지도 못해 쉬지 않고 달렸다. 올라오는 길에 마이애미 근처에 두 곳의 국립공원이 있었다. 규모는 그리 크지 않은 공원이지만 시간적인 여유가 없어 들르지 못하고 그냥 지나쳤다. 있을 수 없는 일이지만 정말 어쩔 수 없었다. 지금 가도 늦은 시간에 모텔에 도착할 것이고, 공원 안으로 들어간다고 해도 곧 날이 어두워져 제대로 돌아보지도 못할 것 같았다. 이곳은 워싱턴 주보다 해가 한 시간 정도 일찍 지는 듯했다. 자연 습지로 이루어진 공원이라고 해서 별로 볼것은 없겠다고 혼자 위안을 하고 모텔로 차를 몰았다.

그러나 다시 한 번 후회할 일을 하고 있다는 생각을 떨쳐 버리진 못했다.

모텔까지 가는 동안 벌레들이 엄청나게 달려든다. 얼마나 많이 달라붙는지 차 앞유리에 부딪히는 소리가 꼭 소나기 내리는 소리 같다. 차 앞유리에 부딪혀 터지면서 나온 액체는 워셔액으로 닦아도 잘 지워지지 않는다. 너무 많아 운전에 상당히 지장을 줄 정도였다. 여러모로 고달픈 하루다. 겨우 모텔에 도착한 시간은 저녁 10시 30분. 칼국수로 저녁을 때우고 밀린 빨래를 하고 카메라를 정리하고 잠자리에 들었더니 시간은 언제나처럼 새벽 2시. 늘 이렇게 잔다.

미국의 모텔은 대부분 세탁기를 갖추어 놓고 있다. 세탁기와 건조기가 있어 동전을 넣고 사용하도록 되어 있다. 모텔마다 가격은 조금 차이가 있지만 대부분은 세탁기 1불, 건조기 1불 정도다. 당연히 세제도 별도로 판매한다. 중간중간 빨래를 하면서 다닐 수 있어 여행할 때 많은 옷을 가지고 다닐 필요가 없다. 이곳에 와서 처음 여행할 때에는 이런 것을 잘 몰라 옷가방이 크고 묵직했다. 여행할 때에는 짐이 간편한 게 최고다. 우리 가족도 늘 짐 때문에 고생한다. 모텔에 도착해 짐을 옮기는 작은 일이 아니다. 줄이고 줄여서 온다고 해도 늘 짐이 많다.

다음날 기상시간은 7시로 하기로 했다. 모텔에서 아침 식사를 7시 30분에 주니 먹고 가기 위해 좀 여유를 부린다.

내일부턴 위로 올라가 계속 서쪽으로 간다. 밀린 촬영을 해야 한다는 부담감도 있지만 오랜만에 볼 서쪽의 풍경이 벌써부터 눈앞에 어른거린다. 생각지도 않게 플로리다에서 나흘이나 지체했다. 최대한 빨리 이곳을 빠져 나갔으면 하는 마음이 굴뚝 같았다. 플로리다는 우리에게 안 좋은 모습만 보여준 것 같다. 나흘 동안, 그것도 한여름에 본 이곳의 모습으로 플로리다를 평가한다면 문제가 많다는 것은 안다. 그러나 다시는 오고 싶지 않았다.

이곳에서 인상적인 것 중 하나는 톨 게이트 들어올 때다. 돈을 받는 흑인 할머니가 우리에게 "굿모닝"이라고 해서 "헬로" 했더니, 그 할머니 말씀이 자기가 이곳에서 일하면서 오는 사람들에게 반갑게 인사를 해도 대부분의 사람들이 대꾸를 하지 않는단다. 피곤해서 그렇겠지만 기분이 안 좋다고 하시면서 인사를 받아 준 우리에게 고맙다고 하신다.

미국에 있으면서 가장 싫어하는 말이 "How are you today" "How are you doing"이다. 그냥 우리말에서 "안녕하세요"라는 말과 같지만 너무 형식적인 말 같아서 대꾸하기 싫은 말이다. 물론 한국식 사고에서 나온 잘못된 생각이란 건 안다. 그러나 미국 사람들, 특히 워싱턴 주에 사는 사람들은 그 말에 누구나 대답을 해준다. 그것도 웃으면서 "Good thanks" "Fine" 등등.

이곳 사람들은 앞에서도 말했듯이 웃지도 않고 당연히 인사도 안한다. 그런데 이곳에서 처음으로 인사하는 할머니를 만났고, 내가 싫어하던 그 인사가 그렇게 반갑게 들리긴 처음이었다.

아무튼 지긋지긋했던 플로리다의 마지막 밤이 깊어 가고 있다.

Panama City
to Alabama
파나마 시티에서 앨라배마까지

7월 8일 화요일

a trip log
플로리다 → 파나마 시
티 → 플로리다 북쪽 →
앨라배마 주

여행할 때 가장 중요한 것은 정보다. 이번 여행은 많은 정보 부족으로 여러번의 시행착오와 실수를 계속 반복한다는 생각이 들었다. 지금까지의 여행을 워낙 순탄하게 해와서 그런 것도 있겠지만 여러가지로 이번 여행은 많은 것을 느끼게 한다. 준비 부족으로 인해 남들은 좋다고 하는 플로리다가 우리에게는 다시는 오고 싶지 않은 곳이 돼 버렸다. 또 한 가지, 시중에 나와 있는 여행책자나 정보지가 누구에게나 다 맞는 것은 아니라는 사실을 새삼 느꼈다.

오늘은 북쪽으로 올라가서 가능하면 서쪽 앨라배마까지 가기로 했다. 하루종일 운전만 하는 날이다. 오늘만이 아니라 뉴욕 시를 떠나고 나선 대부분 별다른 일없이 운전만 했던 것 같다. 아침 8시 반에 출발해서 원래 코스는 해안선을 따라 가는 것이었으나 며칠 동안 보아온 플로리다의 해안선은 그렇고 그럴 것 같아 인터스테이트 도로 ㄴ75를 이용해서 가기로 했다. 아무래도 시간이 많이 절약될 것이다.

쉬지 않고 달렸다. 그러다 그냥 이대로 플로리다를 빠져 나가는 게 아쉬워 마지막 코스로 파나마 시티Panama City 해변을 보고 가기로 하고 다시 해안쪽으로 들어왔다. 시간은 오후 5시, 조금 늦은 감도 있고 들어가 보아야 뻔할 것 같았지만 그래도 『내셔널 지오그래픽』지에 나온 시닉 드라이브 코스라 또 한 번 속는 셈치고 돌아보기로 했다.

이번 여행의 코스는 주로 내셔널 지오그래피에서 발행한 책들을 기준으로 잡았다. 『국립공원National Park』『미국 횡단Crossing America』『시닉 하이웨이와 바이웨이Scenic Highways and Byways』라는 세 권의 책 중, 가장 중심은 세번째 책이었다. 어제 들른 키 웨스트 가는 길도 이 책에 나온 곳이다. 책에 나온 한 컷의 사진은 정말 멋있었다. 사진만 보고는 누구나 와 보

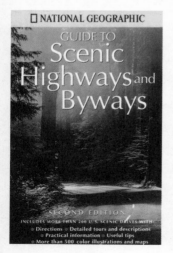

고 싶다라는 생각이 들 정도다. 그러나 그런 사진은 이곳을 많이 와 보고 이곳을 제대로 아는 사람이 만들어낸, 어찌 보면 현실엔 있지만 잠깐 들른 일반인들은 쉽게 보지 못하는 그런 풍경이라고 보면 맞을 것이다. 그런 사진을 중심으로 코스를 잡았던 나도 참 한심하다는 생각이 들었다. 그럴 수밖에 없었던 핑계 아닌 핑계는 지금까지 다녀 본 서부 지역은 홍보책자나 관광책자의 사진에 나온 지역을 쉽게 찾을 수 있었다. 그 때

파나마 시티 해변가에서

문에 이곳에 오면서도 당연히 그러한 사진을 보고 결정을 했다. 다시 말해 사진에 나온 지역말고는 그만큼 특별한 볼거리는 없다는 말과도 같았다. 물론 보는 사람들마다 느끼는 정도가 많이 다를 것이다. 우리가 그저 그렇다고 한 지역도 다른 사람이 보면 좋다고 할 수는 있다. 그러나 우리 가족, 특히 나의 눈에는 정말 별볼일없어 보였다.

파나마 시티는 길게 늘어선 해안을 중심으로 좌우에 산만하게 늘어선 상점과 도로 확장과 새롭게 들어서는 호텔 등의 공사로 상당히 복잡하고 어지러워 보였다. 문득 우리나라 휴가철 바닷가를 보는 듯했다. 마이애미 해안과는 많은 차이가 보인다. 아름답다는 느낌보다는 어수선하고 산만하게 느껴지는 지역이었다.

동부지역에서는 도로를 달리다 뷰 포인트View Point라든가 비스타 포인트Vista Point, 어느 지역에서는 Scenic View라는 말로 표현함 라는 팻말을 본 적이 없다. 이런 팻말들은 주변 경관이 좋은 지역을 표시하는 것으로, 운전중에 이런 곳에 들러 잠시라도 풍경을 보면 운전으로 인한 피로를 조금이나마 줄일 수도 있다. 도로 주변에 이런 곳이 없다는 말은 그만큼 뛰어난 경관이 없다는 말이다. 서부 지역 도로들은 달리는 곳곳에 뷰 포인트 팻말이 많이 세워져 있다. 그곳에서 보면 차이는 있지만 풍경이 정말 장관이다. 이런 것만 봐

도 동부와 서부의 자연환경은 많은 차이가 나는 듯했다. 서부에서는 자전거 여행자나 오토바이 여행자를 쉽게 만날 수 있다. 특히 자전거에 많은 짐을 매달고 가파른 언덕을 오르는 그들을 볼 때마다 그들의 용기와 도전에 박수를 보내곤 했다. 그런데 이번 여행에서는 한참을 그런 모습들을 보지 못했다. 너무 덥거나 볼거리가 없어서 그들도 이 지역은 피하는 게 아닌가 하는 생각이 들었다.

동부와 서부 주가 다른 또 한 가지는 서부 주들은 다른 주로 넘어가면 그 주마다 자연환경의 특징을 가지고 있다. 그래서 운전하면서도 피곤함을 잘 느끼지 못한다. 그만큼 주변 경관의 변화가 뚜렷하다. 그러나 동부는 다른 주로 넘어가도 거의 같은 풍경으로, 각 주의 특징을 구별하기 어려웠다. 각 주의 면적이 서부 주들보다 작아 짧은 시간에 많은 주를 지나가는 경우가 많지만, 입구에 그 주의 환영 팻말이 없다면 그 주가 그 주 같은 그런 분위기이다.

파나마 시티는 서민들이 많이 찾아오는 곳처럼 보였고, 또 백인들보단 유색인종들이 더 많았다. 다른 바닷가에 비해 흑인들도 많이 보였다. 생전 처음으로 바닷가에 나온 것 같은 사람들도 보였다. 그들을 신기하게 쳐다보고 있는 나를 집사람이 툭친다.

미국에서는 유색인종들이 대부분의 궂은 일들을 하고 있다.

파나마 시티 해변가에서

플로리다에 와 보니 흑인들이 대부분 택시를 몰았다. 도로공사, 편의점 점원 등등 모두가 흑인이거나 멕시칸들이다. 지역적으로 남미 쪽과 가깝다 보니 그쪽 지역 사람들이 많다고 한다.

그들 중에는 불법체류자도 많을 것이다. 그러나 그들에 대한 처우가 사회문제가 되는 경우는 드물다. 그들도 미국인들과 마찬가지로 시간당 임금을 받으며 자신이 일한 만큼의 대접을 받고 살고 있다. 물론 간혹 불법체류자라는 이유로 불공평한 대접을 받는 경우가 종종 있기는 하다. 그러나 우리나라에서처럼 비인간적인 학대를 받지는 않는다. 외국에 나와 이민족으로 살다 보니 우리나라에서 학대받는 외국 노동자들의 이야기가 남의 이야기처럼 들리지 않는다.

이 길로 계속 가다간 예약한 모텔까지 오늘 안에 못 들어갈 것 같아 다시 인터스테이트 도로[10]로 나와 앨라배마로 향했다. 플로리다 북쪽으로 들어오자 기온은 높았지만 습도가 남쪽보단 낮게 느껴졌다. 단지 햇빛은 더 뜨겁게 느껴졌고, 북으로 올라와 서쪽으로 들어서자 평지가 아닌 다른 동부지역에서 볼 수 있는 낮은 구릉지역이 잇따라 나타났다.

시간이 대충 될 것 같아 다소 무리가 따르지만 앨라배마 모빌 시Mobile City까지 가기로 했다. 그곳의 모텔을 예약하고 거의 12시간을 운전했다. 전 같으면 가볍게 했을 운전을 오늘은 조금 힘들게 한 듯하다. 게다가 앨라배마에 들어와서 예약한 모텔을 찾으려고 상당한 시간을 길에서 보냈다. 지리를 잘 모른 것도 있지만 도로 사정 때문에 혼란이 생기기도 했다.

앨라배마 중앙도로 옆에는 서비스 도로라는 길이 있다. 가운데에 분리대가 있어 메인 도로로 들어가 사이드 도로인 서비스 도로로 나오면 다시 중앙도로로 넘어가기가 힘들었고, 반대편 차선으로 가기는 더더욱 힘들었다. 우리나라는 물론 미국에서도 이런 도로 시스템은 본 적이 없어 상당히 당황스러웠다. 우리 같은 초행자들은 헤매기 십상인 듯했다. 도시의 첫인상이 예뻐 보여 좋았던 기분이 길을 헤매다 보니 다 없어지고 짜증이 나기 시작했다.

앨라배마 주로 들어와서 조금 오다 보니 바다에 긴 다리가 있었다. 마침 해가 져서 다리에 가로등불이 들어왔고, 멀리 보이는 모빌 시를 배경으로 다리가 아름답게 보였다. 길이도 어제 가본 7마일 다리보다 더 길게 느껴졌다.

예약한 모텔을 못 찾아 한참 헤매다 근처 주유소에 들어가 그곳에서 일하는 흑인 여성에게 물어 보니 직접 모텔에 전화를 해서 자세한 약도를

알려 준다. 여행을 하면서 만나는 이런 친절한 사람들 때문에 여행의 피곤함이 풀리는 듯하다. 정말 고마운 사람들이다.

모텔에 들어와 여장을 풀고 시계를 보니 이곳부턴 시간이 한 시간 늦춰진다. 공돈을 주운 것처럼 기분이 좋다. 동부시간으로 10시경에 모텔에 들어왔는데 시간이 늦춰져서 9시에 들어온 것이다. 큰 나라를 돌다 보니 이런 재미도 있다.

앨라배마 주 Alabama

남한보다 조금 큰 면적이며, 인구는 450만 명이 조금 안 된다고 한다. 주도는 몽고메리Montgomery이다. 소작농이 많았던 주로, 전체 농민 중 1/3가량만 노예를 소유하고 있던 주였으나 링컨이 대통령에 당선되자 연방에서 바로 탈퇴한 주 중 하나이다. 남부연합이 탄생한 몽고메리 시는 남부연합의 첫번째 수도였으며, 남부연합의 항구요새 역할을 한 모빌Mobille 시 그리고 군수물품 생산요지인 셀마Selma 시 등 남부연합에 적극적으로 가담한 주였다. 앨라배마는 인종차별정책이 1950년대까지 존속되었고, 1950년대에는 시민인권운동이 일어나 인종차별정책에 대항하는 시위가 벌어졌다. 1955년 흑인들의 381일간의 시위 사건은 흑인민권운동에 중요한 계기가 되었다.

투스칼로사 시Tuscaloosa에는 KKK단 본부가 있으며, 1950~1960년대 인권운동의 주요 무대가 되었던 곳이다. 앨라배마는 미국에서도 가장 빈곤한 주에 속하며, 그 안에는 극빈층 흑인들이 살고 있고, 사회적 불평등이 여전히 존재하고 있다.

처음으로 달 착륙에 성공한 아폴로 11호가 앨라배마 주에서 만들어졌다고 한다.

Alabama-Mississippi-Louisiana-Texas
앨라배마-미시시피-루이지애나-텍사스

7월 9일 수요일

a trip log

앨라배마 주 → 미시시
피 주 → 루이지애나 주
→ 텍사스 주

　　아침에 식사를 하러 모텔 식당으로 내려갔다. 식당에서 마주친 백인 노인들은 웃지도 않는다. 웬만한 노인들은 먼저 웃으면서 인사를 건네는 데 의외다. 물론 동부에 와서 늘 당하는 일이지만 노인들은 그래도 웃으면서 인사를 건네곤 했는데 이곳은 그렇지 않았다. 좀 기분이 섬뜩하여 방에 와서 자료를 보니 앨라배마는 1950년대까지 인종차별정책이 행해진 곳이란다. 그래서 그럴까. 그러나 어제 모텔 카운터에 있던 백인 남자는 무척 친절했다. 사람 나름이라 생각한다.

　　조금 가다 미시시피 주로 넘어갔다. 미국에 대해 아는 것이 없지만 미시시피 하면 웬지 흑인들의 연가가 떠오른다. 이곳에서 마주치는 흑인들은 서부나 다른 곳에서 마주친 흑인들보다 피부색이 유난히 더 검다. 잘 웃지도 않는다. 웃지 않는 건 흑인뿐만 아니라 백인들도 마찬가지다. 집 사람이 이 사람들이 가는 곳마다 동물 구경하듯이 우리들을 쳐다본다고 한다. 아마 집사람이 예민하기 때문일 것이다. 하기야 이곳으로 들어오 면서 우리 같은 동양인을 거의 보지 못했다.

동부를 돌다 보니 서부와 다른 점이 하나 더 눈에 띄었다. 그로서리에 가니까 카운터를 방탄유리로 막아 놓고, 돈은 유리 아래에 난 구멍으로 주고받는다. 플로리다에서 본 모텔의 야간 카운터와 같았다. 좀 심하다 는 생각을 했다. 낮에 보면 그냥 일반적인 거리인데 아무래도 사람이 많 다 보니 위험한가 보다. 모텔들도 플로리다와 같이 저녁시간에는 오피스 를 잠그고 야간전용 창구를 개방한다. 마찬가지로 방탄유리로 된 수납창 이 따로 있는 것으로. 좀 삭막한 풍경이지만 위험한 것보단 나을 것이다. 이런 것을 보면 서부는 아직도 많은 면에서 동부보단 행복한 곳이란 생각 이 들었다.

미시시피 주에서 우주선을 만들었다는 말은 들은 적이 있는데, 화장실 에 가려고 미시시피의 마지막 레스트 에어리어로 무심코 들어갔더니 그 곳에 스페이스 센터로 가는 셔틀 버스가 무료로 운영되고 있었다. 스페이 스 센터를 방문하는 아이들에게 간접 우주 체험의 기회를 준다고 한다. 예지하고 도희도 둘러보게 하고 가상체험을 시키려고 했는데 알아보았 더니 너무 많은 시간을 기다려야 할 것 같아 포기했다. 미국에서 여행을 다니면서 느낀 점은 이들은 어른은 물론 아이들에게 가능한 현장체험 을 통해 지식을 습득하게 하는 여러 프로그램을 활용하고 있다는 것이다. 무척 부러운 점이었다.

미시시피를 잠깐 지나 루이지애나로 들어왔다. 이곳도 앨라배마 못지 않은 인종차별정책을 오랫동안 유지한 곳이었다. 그래도 잠깐잠깐 마주

휴게소에서

치는 사람들은 다행스럽게도 미소로 대해 준다. 루이지애나 남쪽은 호수
와 습지가 많아 교량이 많이 설치되어 있었다. 특히 세계에서 가장 긴 다
리라는 24마일 다리^{Causeway Bridge}를 건너는 데는 다소 지겨운 감도 있었다.

플로리다에 있는 다리가 가장 긴 줄 알았는데 그게 아니었다. 이 다리
는 호수에 있는 다리지만 말이 호수지 바다보다 넓었다. 지도를 살펴보니
폰차트레인 호수^{Lake Pontchartrain}라고 되어 있는데 엄밀히 따지면 호수보다는
바다라고 볼 수 있었다. 지난번 플로리다에서 건넌 7마일 다리와는 비교
가 되지 않을 정도로 엄청나게 긴 교량이었지만 이 다리 또한 구조가 너
무 단순하여 별다른 멋은 없었다. 특징이라면 단지 길다는 것뿐이었다.

수많은 다리를 건너다니다 시닉 하이웨이라는 길로 들어섰다. 그 길은
루이지애나 시골 마을의 전형을 보여주는 듯했다. 오랜만에 정겨운 길을
달렸다.

깨끗하고 잘 지은 집들과 넓고 잘 정리된 앞마당들이 보는 우리를 압도

했다. 아마 농장주들의 집이 아닌가 하는 생각이 들었다. 그런 집들 사이로 군데군데 일반인들의 집들이 길게 있고 계속 마을이 이어진다. 폐가도 많지만 대체적으로 잘 정리된 집들이 많은 편이다. 사는 사람들은 대부분 흑인인 듯하고 마을은 꽤 오래 전에 형성된 듯하다. 그렇다면 과거 이곳을 관리하던 사람들은 백인들이었을 것이다. 흑인들의 아픈 역사가 느껴지는 듯한 거리였다.

그런데 집을 출발해서 플로리다를 거쳐 이곳 루이지애나까지 오는 동안 도로 위에서 차에 치여 죽은 수많은 동물들을 보아 왔다. 죽어 있는 동물들 대부분은 사슴이었으며, 가끔 너구리 같은 동물도 있었다. 그런데 플로리다에서부터는 사슴이나 동물들보다 좀 이상하게 생긴 것들이 죽어 있다. 그것도 꼭 뒤집혀서 죽어 있는 것이다. 달리는 중간에 살짝살짝 본 것이라 정확하게는 못 보았지만 파충류 같은 것임에 틀림없었다. 꽤 자주 죽은 모습으로 도로가에 있었다. 나중에 알고 보니 아르마딜로 Armadillo라는 동물이었다. 북미의 남부 지역에서 남미의 아르헨티나 지역에 이르는 초원이나 반 사막지역에 분포되어 있고, 식용으로도 먹는다고 한다. 인간의 편의를 위해 건설된 도로로 인해 수많은 야생동물이 죽어 가고 있다는 현실이 가슴을 아프게 했다.

루이지애나를 지나 텍사스 주로 들어간다. 이곳 또한 플로리다 못지않게 기대를 한 곳이다. 과연 어떤 모습으로 우리를 기다릴지 사뭇 기대가 되었다.

오늘은 좀 일찍 모텔로 들어가 정리하고 쉴 생각으로 최대한 빨리 달렸다. 어제부터 오늘까지 거의 차만 타고 다녔기 때문에 아이들도 모텔 수영장에서 수영을 좀 하게 할 생각이었다. 텍사스 초입에 있는 모텔에 도착해 보니 야외수영장이 있었는데, 물이 너무

더러웠다. 물도 따뜻했고. 할수없이 수영은 포기하고 간단한 운동만 시켰다. 플로리다에서부터 수도물이 미지근했다. 시원한 수도물이 정말 그립다. 텍사스 모텔의 물은 미지근한 게 아니라 따뜻하다. 아마 물탱크를 사용해서 그런 듯한데 좀 심했다. 날씨가 덥긴 더운가 보다.

텍사스 초입의 풍경은 기대만 못했다. 지금까지 보아온 일반 동부 지역과 비슷했다. 좀더 서쪽으로 가면 달라지리라 기대해 보았다. 루이지애나에서 텍사스로 넘어와 텍사스 첫번째 엑시트가 880인 걸 보고 텍사스 주가 넓긴 넓다라는 것을 새삼 느낀다. 엑시트 하나가 1마일 정도니 동쪽 끝에서 서쪽 끝이 880 1.417km마일이라는 소리다. 텍사스는 미국에서 알래스카 다음으로 큰 주이다.

지금까지 알고 있었던 미국이 아닌 또다른 면의 미국을 알게 된 점도 있지만 사진적으론 별 소득이 없었던, 지루하던 동부의 일정이 끝났다. 정말이지 한심할 정도로 촬영을 하지 못했다. 필름은 엄청나게 가지고 왔는데 촬영도 못하고 더운 날씨에 관리하느라 고생만 했다. 텍사스에 왔으니 이제부턴 뭔가 있지 않을까 하는 기대감으로 오늘의 일정을 마친다.

미시시피 주 Mississippi

북한보다 조금 넓은 크기로, 주 전체인구는 280만 명이며, 우리 교민수는 2천여 명 정도라고 한다. 주명인 미시시피는 Chippewa 인디언 말로 긴 강이라는 Micizibi에서 유래되었다. 이 지역 날씨의 특징은 봄이 상당히 길고 비가 많다는 것이고, 아주 덥거나 추운 극단적인 기후는 보이지 않는다. 과거 노예들의 활발한 노동력으로 농장경제가 1820년대와 1830년대에 발달했으며, 1861년 연방에서 탈퇴 후 남부연합에 가입했다. 백인들의 북부 큰 도시로의 이주 붐이 일어나 1940년대에는 주 전체 인구의 대부분이 흑인이었고, 현재도 주 전체 인구의 1/3이 흑인이라고 한다. 인종차별 문제는 1960년대까지 마무리되지 않았었다고 한다. 미시시피 강은 미국에서 가장 긴 강이다.

루이지애나 주 Louisiana

우리나라 전라도 크기의 11배 정도로 인구는 430만 명 정도이며, 우리 교민수는 6천여 명이라고 한다. 주명은 프랑스 왕 루이 14세의 이름에서 따 왔다. 지리적으로 남부 해안지대인 루이지애나는 지형이 평평하며, 습지와 늪지대로 이루어졌다. 루이지애나는 1803년 나폴레옹 정부로부터 미국 정부가 1,500만 달러에 매입한 중앙부의 광대한 지역의 일부로서, 현재의 루이지애나, 아칸소, 오클라호마, 미주리, 사우스 다코타, 노스 다코타, 아이오와, 네브래스카, 캔사스, 콜로라도, 와이오밍, 몬태나 등이 이에 속했다. 이때 구입한 땅은 에이커당 5센트 정도로 헐값에 매입했다. 이 땅의 구입으로 미국은 독립한 지 26년 만에 영토가 두 배로 늘어났다. 미국의 파리라고도 하는 루이지애나는 프랑스인들이 풍부한 문화유산을 남기고 떠났다. 프랑스어, 프랑스의 풍속, 나폴레옹 법전을 따른 법률, 요리, 정원, 조경의 독특한 건축 등으로 지금까지 프랑스적 분위기를 간직하고 있다. 주 전체 인구의 2/3가 도시에 거주하고 있으며, 뉴 올리언즈의 인구는 주 전체의 30퍼센트를 차지한다. 1960년대까지 흑인차별법이 계속되었다. 미국의 대부분의 주는 행정구역을 county군 단위로 나누어 관리한다. 그러나 루이지애나는 미국에서 유일하게 카운티가 없는 주이며, 이와 비슷한 패리쉬Parish로 나누어 관리한다. 루이지애나는 64개 패리쉬로 나뉘어 있다.
재즈의 발상지이며, 정통의 뉴 올리온즈 재즈를 연주하는 곳이 아직도 많다. 루이 암스트롱이 루이지애나 출신이다.

Texas
텍사스

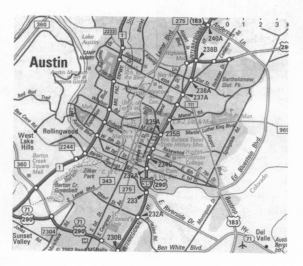

텍사스가 남한의 7배라는 말은 들었지만 이렇게 넓은 줄은 정말 몰랐다. 가도 가도 끝이 없다. 또한 상상했던 텍사스 풍경과는 거리가 멀다. 오늘 달린 지역은 일반적으로 푸르고 넓은 초원지대다. 엘패소로 다가갈수록 사막 지형이 보이긴 했지만 전혀 눈에 띄는 풍경이 아니었다. 지금까지 지나온 동부 지역 주들과 크게 다르지 않았다.

중간에 텍사스의 주도인 오스틴에 잠시 들렀다. 집을 떠난 지 20일이 되다 보니 가지고 온 반찬이나 부식들이 달랑달랑했다. 중간에 뉴욕에서 대충 보충은 했지만 넉넉치가 않다. 오스틴에 한인 상가가 있다는 말을 듣고 들어섰다.

오스틴의 모습도 미국의 일반적인 다른 도시들과 거의 같았다. 고층 건물이 그리 많지 않고, 고층이라고 해도 30층을 넘지 않는 듯했다. 한국 식품점의 위치를 아는 분에게 전화를 걸어 물어 본 후 찾아 나섰다. 뉴욕이나 LA 그리고 타코마처럼 한인 상가가 모여 있는 게 아니라 띄엄띄엄 있는 것 같았다. 한양식품이란 간판이 보여 들어갔다. 여느 한인 식품점과 분위기는 비슷하다.

카운터에 있는 젊은 분에게 교민의 숫자를 물으니 대략 5천 명 정도 되는 듯한데 정확한 인원은 잘 모르겠다고 한다. 대부분이 유학생이라 유동인구가 많아 정확한 교민수 파악은 힘들다고 한다. 오스틴이 한국에서 선호하는 유학 도시 중 하나라는 말도 함께 전해 주었다.

나중에 알아보니 다양한 전공의 대학이 모두 모여 있어 한국에서 유학을 오고자 하는 사람들이 많이 선호하는 곳이라고 한다. 지난번에 거쳐온 위스콘신의 매디슨과 비슷한 경우인 듯했다. 이제는 세계 어느 곳에서든 한인들을 만나는 게 그리 어렵지 않을 듯했다.

뉴욕 이후 오랜만에 한국식당을 찾아 점심을 먹기로 했다. 식품점에서 물어 찾아간 곳은 코리아 가든이란 한국식당이다. 한국인이 많았지만 미국 사람들도 의외로 많았다. 일본 음식이나 중국 음식은 이젠 세계적인 음식이 되었다. 특히 중국집은 미국 시골 구석에도 대부분 하나씩은 다 있을 정도다. 그러나 한국 음식은 조리 과정이 까다롭고 반찬이 많아서 운영하기가 번거로워서 그런지 외국인들 사이에서는 크게 성공을 거두

지 못하고 한인들을 대상으로 운영되는 경우가 많다. 그렇지만 차츰 외국인에게 인지도가 높아지고 있는 것은 사실이다.

식사 후, 촬영을 떠난 후 두번째 오일을 교환하기 위해 오일 교환 센터를 찾았다. 이곳을 나가면 꽤 많은 거리를 달려야 했다. 벌써 오일 교환을 했어야 하는데 시기를 놓쳤었다. 더 늦기 전에 교환을 해주어야 할 것 같아 열심히 찾는데, 우리말에 개똥도 약에 쓰려고 하면 없다고, 그렇게 흔하게 보이던 오일 교환 센터가 보이질 않는다. 한참을 헤매다 찾아서 교환을 했다.

미국에는 자동차 관련 샵들이 상당히 많다. 우리나라처럼 카센터에서 종합적으로 다 다루지 않고 파트별로 세분화해 있다. 타이어는 타이어, 엔진은 엔진, 트랜스미션은 미션 대로 나누어 영업을 한다. 물론 오일만 전문으로 교환하는 곳도 있다. 그러나 엔진 오일 같은 경우는 전문점이 아니더라도 대부분의 자동차 관련 샵에서 교환을 할 수 있다.

오일 교환 후 다시 하이웨이로 나와 엘패소 방향으로 차를 몰았다. 오늘 중으로 엘패소로 가지는 않고 빅 밴드 국립공원을 둘러보고 갈 예정이다. 그 중간기점까지 가기로 하고 운전을 했다. 가도가

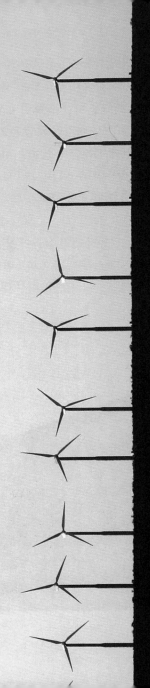

텍사스 주 풍력발전기

도 끝이 없다. 핸들을 돌릴 일도 거의 없는 일직선의 도로를 반나절 정도를 계속 달렸다. 주변 풍경도 그리 대단하진 않았다. 가는 중에 모텔 예약을 하려고 핸드폰을 보니 예상대로 서비스가 되지 않는 지역이다.

할수없이 그냥 가서 알아보기로 했다. 그리 유명하지 않은 곳이라 빈방은 많을 것이라 생각했다. 목적지에 다가오자 주변 환경이 조금씩 바뀌기 시작한다. 초원지역은 사막 지형으로 바뀌고 여기저기 시추봉을 움직이는 기계들이 돌아갔다. 텍사스 초입에는 많은 정유공장들이 보였다. 텍사스 주가 미국에서 석유생산량이 가장 많은 주라는 말이 실감이 날 정도였다. 도로를 달리는 중간중간 개스 냄새가 진동하곤 했다.

멀리 풍력발전기의 모습도 보였다. 전에 캘리포니아에서 풍력발전기를 처음 보았을 땐 상당히 신기하고 놀라웠다. 풍력발전기의 거대한 날개들이 언덕 위에 빼곡하게 있는 게 마치 어느 혹성에 와 있는 듯한 느낌을 주었다. 오늘도 비슷한 느낌이다. 특히 석양 무렵에 보는 풍력발전기의 모습은 참 아름다웠다.

모텔을 찾는 건 어렵지 않았다. 예상대로 빈방이 많아 쉽게 방을 구하고 들어와 오늘 하루 일정을 마무리했다.

텍사스 주 ^{Texas}

남한 면적의 7배의 크기로, 인구는 2천만 명이 조금 넘는다. 우리 교민의 수는 약 6만 5천여 명이며, 주도는 오스틴^{Austin}이다. 오스틴에는 우리나라 유학생들이 많다고 한다. 주의 주요산업으로는 목축업, 광산업, 석유화학, 기계공업과 관광업이 발달하였다.

텍사스 하면 Big Cities, Big Parks 등 모든 이름에 Big자가 들어갈 정도로 무엇이든 크며, 또한 크면 좋은 것이라고 생각하는 이들은 허풍과 과장이 심한 사람들로 알려져 있다.

1836년부터 1845년까지 자체 공화국을 이루었으나, 그 전엔 스페인, 프랑스, 멕시코 등 수차례 정권이 바뀐 지역이기도 하다. 텍사스는 연방에 가입한 주 가운데 몇 개의 주로 분리할 수 있는 권리를 가진 유일한 주였지만, 지역이 워낙 넓어서 의견 일치를 보지 못해 지금까지 권리를 한 번도 행사하지 못했다. 자체 공화국이 세워지기 전에는 멕시코 영토였으나 미국인 개척자들이 그들의 싸움에서 자기들 땅으로 만든 지역이다. 텍사스의 개척자 스티즌 오스틴, 알라모 전투로 유명한 제임스 보위, 텍사스 독립의 아버지 샘 휴스톤 등은 전설적인 인물로 알려져 있다.

텍사스는 멕시코의 문화와 서부의 광활한 분위기가 어우러져 독특한 문화를 형성한다. 텍사스는 미국 남부 끝에 있는 주로서 800마일에 걸쳐 리오그란데 강을 따라 멕시코와 국경을 접하며, 주 안에는 산림지대, 평원지대, 사막 그리고 해안지대 등 네 가지의 문화권을 가지고 있으나 최근 휴스턴에 유인우주센터가 생겨 새로운 문화권을 추가했다.

Big Band
National Park
빅 밴드 국립공원

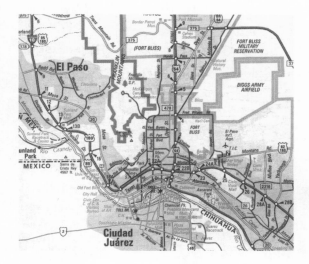

a trip log

텍사스 주 → 빅 밴드
국립공원 → 멕시코 국경
근처 → 엘패소

오늘 아침은 꽤 시원하다. 아침 기온이 21도 정도니 정말 시원해진 느낌이다. 플로리다에 비해 습도도 낮고, 아주 기분좋은 아침이다.

식당에 갔더니 이건 엄청난 진수성찬이었다. 아침 식사치곤 웬만한 레스토랑 이상의 수준으로 나왔다. 우리 예지가 한 접시 가득 가지고 온다. 식탐이 강한 예지는 못 말린다. 안내문에 풀 블랙퍼스트라고 써 있더니 이렇게 주는 모양이다.

우리말에 집 떠나면 세 가지를 확실하게 해야 한다고 한다. 잘 먹고, 잘 자고, 잘 싸고. 이렇게 볼 때 풍성한 아침은 세 가지 요인 중 하나이며, 우리를 즐겁게 하는 요소임에 분명하다.

기분좋게 출발했다. 빅 밴드 국립공원 쪽으로 방향을 잡고 달리기 시작했다. 한적한 길에 차도 별로 다니지 않는다. 어제까지 지나온 텍사스는 특징없는 일반 동부의 다른 주들과 크게 다를 바가 없었는데, 이곳부터는 조금씩 변하기 시작한다. 좁은 길이지만 워낙 차도 없고 한가한 길이라 70마일의 속도를 유지해 달렸다.

약 두 시간 가량 달리니 빅 밴드 국립공원 입구가 나왔다. 주변은 모두 사막이고 선인장들이 널려 있다. 특이하게 생긴 이름 모를 나무들도 많다. 나중에 알고 보니 빅 밴드 국립공원은 7월이 가장 덥다고 한다. 그래

대머리 독수리

서 그런지 방문하는 사람도 극히 드물고, 중앙에 있는 비지터 센터만 오픈한 채 나머지는 모두 닫은 상태였다. 공원 입구 매표소에 있는 아저씨가 우리를 상냥하게 맞아 주었다. 생각보단 볼거리가 많은 공원이었다.

특이한 야생동물도 많았고, 야생화나 선인장의 모습 또한 볼 만했다. 공원으로 들어가는 입구엔 유난히 독수리가 많았다. 머리는 대머리고 빨간 것이 보기는 좀 흉했지만, 그래도 명색이 독수리였다. 이 독수리에 얽힌 이야기가 있다.

옛날에 동물들이 사는 어느 마을에 태양이 없어 항상 어두웠다고 한다. 그래서 마을에 사는 동물들이 모여 회의를 열고 다른 마을에 있는 태양을 가지고 올 동물을 찾았다. 다람쥐가 처음으로 지원을 했다. 다람쥐는 해를 꼬리에 감고 오기로 하고 갔는데 해를 감고 오다 꼬리가 다 타서 결국

빅 밴드 국립공원 서안에서

실패했다. 두번째로 지원한 독수리가 이번엔 해를 머리에 이고 오기로 했는데 머리에 이고 오다 그만 머리가 다 타서 옮겨 오지 못했다. 마지막으로 거미가 가기로 했다. 거미는 거미줄을 만들어 거기에 해를 넣어 가지고 오는 데 성공했다. 그래서 마을이 환해졌다고 하는데, 이때 독수리가 화상을 입어 머리가 빨개졌다고 하는 전설이다.

공원 정상으로 올라가는 길은 아기자기한 산지형이 화창한 날씨와 때맞추어 아름다운 풍경을 보여주었다. 기온이 점점 올라가더니 12시 정도에는 섭씨 35도 정도에 이르렀다. 그렇지만 습기가 없어 뜨겁기만 하지 푹푹 찌지는 않는다.

공원을 둘러보는 데 시간이 꽤 걸려 예정된 시간보다 늦게 공원을 나왔다. 들어갈 때와 반대 방향으로 한참을 나오다 보니 검문소가 보인다. 공원에 들어가기 전에도 옆 차선에 있는 것을 보고 들어갔지만 웬지 찜찜하다. 이곳은 멕시코와 맞닿은 국경지역이라 밀입국자를 가려내기 위한 검

코끼리 바위

빅 밴드 국립공원 Big band National Park

1944년 대자연 공원으로 지정, 1976년 국립생물특별보호지역으로 지정된다. 연중 오픈하며, 가을에서 겨울이 방문하기 가장 좋은 시기이다.
공원은 텍사스 주와 멕시코 사이의 경계를 이루는 리오그란데 강이 크게 만곡하는 굴곡부에 조성되어 있다. 강을 따라 맞은편이 멕시코이고, 엘패소에서 남동쪽으로 400킬로미터 떨어져 있다.
선사시대 인디언 유적이 있으며, 사막, 산지, 협곡 등 변화가 많은 지형을 이루고 있고, 날씨의 변화도 심한 편이다. 1천여 종의 식물과 코요테, 여우, 퓨마 등 야생동물들이 서식한다.
공원 입장료는 차량당 15불이며, 다른 공원과 같이 유효기간은 일주일이다.

문이라 생각한다. 운전을 집사람이 했는데 더 긴장을 하는 듯했다.

경찰관이 오더니 먼저 인사를 하고 미국 시민권자냐고 묻는다. 아니라고 했더니 여권을 보여 달란다. 짐 가방 깊숙이 집어 넣은 여권을 찾아 보여주었다. 얼굴과 대조하더니 고맙다고 하면서 잘 가라고 한다.

시민권자나 영주권자가 아닌 경우, 미국을 여행할 때는 항상 여권을 준비해야 한다. 요즘처럼 검문이 심한 경우에는 더욱 그렇다. 만약 여권을 소지하지 않고 있다간 어떤 제재를 당할지 모르는 일이다. 우리는 정당한 체류 비자로 있지만 비자 만기가 다 되어 가 캐나다는 물론 바로 밑에 있는 멕시코도 넘어가지 않기로 하고 여행을 떠났었다. 9·11 이후에 까다로워진 입국심사 때문에 불필요한 행동은 삼가기로 했던 것이다.

그런데 이렇게 예상밖의 검문을 당하고 보니 조심하길 잘했다는 생각이 들었다. 조금은 성가시고 기분 나쁘기는 했지만 자신들의 안전을 위해 취하는 조치라 뭐라 말할 수는 없었다.

국경 근처에서 검문이 심한 또 한 가지 이유는 멕시코에서 넘어오는 수많은 밀입국자들 때문이다. 아무리 엄격하게 통제를 해도 무수히 많은 숫자가 매년 넘어오고 그러다가 많은 사람이 죽기도 한단다. 좀더 나은 삶을 찾기 위해 그들은 그 엄청난 고통을 감수하는 것이다. 이러니 미국의 콧대가 점점 높아지는지도 모른다.

한국인들은 미국에 들어와 일단 미국에 있기로 마음을 먹으면 수단과 방법을 가리지 않고 영주권을 받으려고 애쓴다. 그러나 멕시칸들은 우리와는 달리 영주권이나 정당한 체류 자격을 받는 것조차도 무관심하다. 십 년이고 몇 년이고 불법으로 있다가 자기 나라에 가고 싶으면 살짝 넘어갔다가 다시 다양한 방법으로 미국으로 들어온다고 한다. 국경을 넘도록 도와주는 브로커들이 있는데 걸어서 오는 경우도 있고 차를 타고 넘는 경우도 있고, 방법은 다양하단다. 물론 방법에 따라 금액은 차이가 난다. 넘어오다 걸리면 바로 추방을 당하든가 국경을 넘다가 잘못하면 총격을 받아 죽을지도 모르는데, 이들은 태연하게 왕래를 한다. 아무튼 이들은 우리와 달리 낙천적이다.

불법체류자가 많아서 그런지 멕시칸들은 주로 막노동이나, 특히 한국 사람들이 운영하는 가게에서 많이들 일한다. 이들을 채용하는 이유는 임금이 싸기 때문이다. 그리고 그들은 참 열심히 일한다. 그러나 요즘은 불법체류자를 잘못 채용하면 문제가 발생하기 쉬워 채용을 꺼리는데, 그래서 불법체류자들의 삶은 더욱 어려워지고 있다.

검문소를 통과해서 산길을 한참을 달려 나와 겨우 I-10으로 다시 들어왔다. 엘패소로 가는 방향으로 차를 몰았는데, 시간이 지날수록 기온은 더 올라간다. 6시 정도가 되니까 이곳 기온으로 100도 정도가 되었다. 섭씨 38도 정도가 되는 것이다.

원래 일정은 뉴 멕시코로 가서 자기로 했는데 시간이 지체되고 늦어 엘패소에서 자기로 하고 미리 예약한 숙소를 향해 달렸다.

모텔에 들어와 체크인을 하는데 아이디를 보여달란다. 처음 있는 일이다. 아마 이것도 국경지역이라 숙박자들의 신상을 확인하기 위한 작업이라 생각한다.

오랜만에, 정말 오랜만에 사진 촬영을 많이 했다. 역시 서부로 접어드니 촬영할 꺼리가 생긴다. 기분좋은 일이다. 높은 기온에 땀은 많이 났지만 모처럼 보람있는 하루였다.

White Sands
National Monument
화이트 샌드

22

7월 12일 토요일

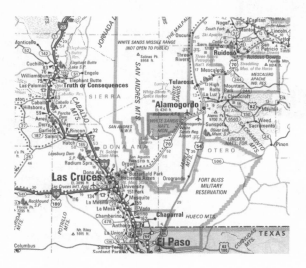

a trip log

엘패소 → 뉴 멕시코 →
화이트 샌드 → 산타페
→ 타오스

아침 기온은 시원했다. 습기가 없어서 그런 듯하다. 하늘에 구름 한 점 없는 게 오늘 날씨도 꽤나 뜨거울 것 같다. 온몸에 선탠 크림을 바르고 화이트 샌드로 출발했다.

엘패소는 겉으로 봐서는 별다른 특징이 보이지 않았다. 일반 도시 모습과 비슷했고, 사막지역이라 좀 삭막하다는 것 이외에는 별다른 특징이 없는 듯했다. 단지 멕시코와 인접해 있는 국경도시라는 것과 전체 주민의 80퍼센트가 멕시코 계통이며, 사용하는 언어도 대부분 스페인어라는 것이 특징이다. 리오그란데 강을 넘으면 바로 멕시코다. 가 보진 않았지만 다녀온 많은 사람들이 천국(미국)과 지옥(멕시코) 같은 느낌이 든다고 한

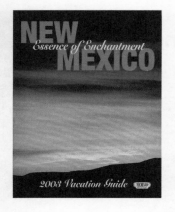

다. 바로 이웃한 지역인데 국가가 틀리다고 다리 하나 건너면 생활이나 모든 분위기가 바뀐다는 것이다. 차를 몰아 조금 지나니 뉴 멕시코 주로 들어왔다. 첫 느낌이 소득 수준이 매우 낮은 아주 가난한 주 같았다. 같은 도로 주변이라도 정리가 되지 않았고, 집들도 상당히 낡고 어수선해 보인다. 어느 주나 처음 나오는 휴게소rest area에 관광정보센터가 있다. 그곳에는 해당 주의 관광명소를 알리는 다양한 팜플렛과 지도 등을 배치하고, 관광객이 무료로 가져가 참고하도록 해놓았다. 또한 상담을 해주는 사람을 배치하여 관광객의 궁금증을 바로바로 풀어 준다. 안내를 맡은 사람들은 대부분 자원봉사자들이다. 뉴 멕시코도 여타 주와 마찬가지로 처음 나온 휴게소에 정보센터가 있어 그곳에 들려 참고할 만한 자료를 가지고 나왔다.

뉴 멕시코로 들어가는 도로 주변에는 커다란 목장들이 매우 많았다. 젖소를 키우는 목장들 같은데 다른 지역과는 달리 초원에 풀어 놓지 않고 우리나라처럼 우리에 가두고 있었다. 규모는 상당히 넓었고, 도로 주변 약 2마일 구간 동안 특유의 냄새가 진동을 했다.

마을을 조금 벗어나자 불모지가 나타났다. 사막이었다. 사막이라고 해서 우리가 생각하듯이 나무 하나 없고 모래만 있는 그런 지역은 아니었다. 이곳은 선인장과 이름을 알 수 없는 나무들이 군데군데 자라고 있었다.

집도 없고 황량한 지형들이지만 울타리가 계속 쳐 있는 것이 주인이 있는 땅인 듯했다. 뉴 멕시코 지역은 미사일 훈련지역이란 말을 들었다. 매우 중요한 군사기지인듯 하지만 겉으론 별다른 모습이 보이지 않는다. 그러나 도로를 달리다 보니 미사일 박물관이란 팻말도 보이고, 오랜만에 나타난 뷰 포인트에 미사일을 세워 둔 곳도 있었다. 뉴 멕시코 운전자들은 도로 주행시 플로리다나 동부의 다른 주들에 비해 운전이 매우 얌전하다는 것을 느꼈다. 규정 속도 이상으로 달리는 차들이 거의 없었다. 그러다 보니 우리 차가 유난히 빨리 달리는 것 같았다.

두 시간 정도를 달려 화이트 샌드 입구에 도착했다. 그런데 이곳에도 검문소가 있었다. 원래부터 있었던 건지 9·11테러 이후에 새로 만든 건지는 모르지만 기분이 나빠졌다. 어제에 이어 오늘도 여권을 보여주며 간단한 신상에 대한 질문에 답을 하고서야 통과할 수가 있었다. 이들에게 여권을 보여주면 여권 내용과 비자 종류를 훑어본다. 나 같은 경우는 비자에 사진에 관련된 내용이 기록되어 있다. 그들은 매번 직업이 사진가냐고 묻는다. 그렇다고 하면 아주 기분좋게 돌려준다. 별다른 질문도 안 한다. 이들에게 사진을 비롯한 예술분야는 상당히 인정받는 직업이란 생각을 해본다. 아무튼 우리가 만약에 불법체류자였다면 영락없이 걸려들고 말 것이다. 정말로 미국이라는 나라는 들어오기도 어렵고 돌아다니기도 쉽지 않은 아주 고약한 나라인 듯하다.

화이트 샌드 비지터 센터

검문소 바로 앞에 화이트 샌드 입구가 있다. 비지터 센터는 1940년대에 지어진 이 지역 특유의 건축양식으로 되어 있다.

간단한 정보를 입수하고 공원으로 들어갔다. 미국을 여행하면서 간혹 만나게 되는 정말 신기한 곳이었다. 주변 지역과 확연하게 틀리게 이곳에만 하얀 모래가 그것도 상당히 고운 모래가 널려 있다. 너무 하얘 선

그라스를 썼는데도 눈을 뜨기가 어려웠다. 모래는 약간 습한 듯했으며, 응집력이 있는지 발로 밟으면 푹푹 커지지 않고 조금 딱딱한 느낌이다. 손으로 만지니 일반 모래 느낌과 같다.

공원 내의 도로는 포장을 하지 않고 모래를 걷어낸 자연의 바닥인데, 하얀색으로 딱딱하게 생겨 언듯 보기엔 포장도로로 착각할 정도로 아주 평평했다. 군데군데 잡풀을 빼곤 주변이 온통 하얀 모래로 덮여 있다.

일사광이 엄청나 온몸이 뜨근뜨근하다. 기온은 아침 10시 현재 32도 정도지만 그렇게 덥지는 않았다. 공원의 규모는 크지 않았으며, 가끔 이곳에서 미사일 발사 실험을 한다고 한다. 그럴 땐 공원을 임시로 폐쇄한다.

공원 끝부분에 피크닉 에리어가 있는데 아주 넓은 곳에 깨끗하게 잘 만들어 놓았다. 더운 날씨임에도 그늘 속에 들어가면 덥지 않았다. 우리는 이곳에서 점심으로 사발면을 끓여 먹었다. 사막에서 먹는 사발면 맛은 정

말 일품이었다.

태양이 뜨거워서 그런지 반사광이 심해 촬영하는 데 많은 어려움이 있었다. 원경이 선명하게 보이질 않고 또 모래 반사가 워낙 심해 노출 맞추기도 상당히 어려웠다. 그래도 오랜만에 보는 색다른 풍경에 수없이 셔터를 눌렀다.

식사 후 모래 위로 올라간 우리 가족은 마치 자신들이 모델이 된 것처럼 시키지도 않았는데 알아서 여러 포즈로 카메라 앞에 선다. 하얀 모래와 파란 하늘의 조화가 너무 완벽해 멋진 기념사진을 여러 컷 찍었다. 많은 사람들이 모래 언덕을 걷기도 하고 플래스틱 썰매를 가지고 와서 모래 썰매를 타기도 하면서 즐거운 시간을 보내고 있었다. 우리 가족도 흥겹게 놀다가 산타페 방향으로 차를 몰았다.

산타페는 이번이 두번째 들르는 길이다. 지난번에는 고속도로로 들어갔다. 같은 길로 가느니 가 보지 않았던 길로 가는 게 좋겠다 생각돼서 시닉 하이웨이를 통해 산타페로 가기로 결정했다. 지난번 동부에서 느낀 시

에띠께 가족 기념촬영

닉 하이웨이의 불명예를 씻어 주었으면 하는 은근한 기대를 하면서 말이다. 그러나 그런 나의 생각을 무참히 밟아 버리듯 별볼일없는 길이 지루하게 이어졌다. 길이 좁고 규정 속도도 느려 같은 거리라도 도착하는 시간이 상당히 걸렸다. 그러다 보니 오늘도 예상보다 늦은 시간에 산타페에 도착했다.

아이들이 읽을 책이 또 다 떨어져 보더스 책방에 들러 책을 사고 타오스 방향으로 길을 몰았다. 이번 여행에서 아이들이 많은 책을 읽을 수 있어서 그나마 다행이었다. 애들이 책을 많이 읽을 만큼 이동시간이 길었고, 그만큼 촬영을 많이 못했다는 말도 되지만 그래도 한 가지라도 얻은 게 있으니 얼마나 다행인가.

산타페의 분위기는 미국의 다른 도시들과는 확연히 틀렸다. 높은 현대식 건물은 당연히 없고 관공서 등 모든 건물들이 이 지역 특색에 맞는 고유한 모양이다. 내 생각으론 법으로 건축 양식을 규제해 놓은 듯했다. 쇼핑몰이든 책방이든 모든 건물들이 이 지역 고유의 건축 양식_{푸에블로: 인디언들의 건축 양식}대로 만들어져 있었다. 그러다 보니 도시 전체의 인상이 상당히 독특해 보였으며, 이들만의 역사와 전통을 느낄 수가 있었다. 미국의 다른 지역과는 달리 뉴 멕시코 지역만의 전통과 자부심이 돋보였다.

식수와 간단한 부식거리를 준비하고 산타페를 출발한 시간은 저녁 7시, 오늘도 타오스에 모텔을 예약해 두어 그곳까지 가야 한다. 높은 기온 차로 오후에 접어들면서 컨디션이 또 안 좋아지고 있다. 오랫동안 운전하면서 에어컨 바람을 많이 쐬면 늘 머리가 아프고 속도 미식거리는 게 정말 힘들었다.

타오스로 들어가는 길은 지금까지 지나친 뉴 멕시코 지역과는 틀린 지형이다. 계곡도 많고 지형도 높았으며, 넓은 평야가 갈라져 생긴 작은 협곡도 있었다. 지난번에도 이곳을 통과하면서 상당히 감탄을 했지만 그때도 시간이 늦어 그냥 지나쳤던 곳이다. 오늘은 지난번보다 더 늦은 시간에 통과하게 되어 또 그냥 지나치고 말았다. 다시 한 번 다음 기회를 다짐하면서 아름다운 모습을 마음에 담았다. 현재 온도 섭씨 32도인데 차창을 여니 상당히 시원하게 느껴진다. 체감온도가 그런지는 몰라도 정말 시원했다. 타오스에 접어들자 기온이 뚝 떨어진다. 타오스 다운타운을 통과하여 다운타운 외곽에 위치한 모텔로 갔다.

도로변의 우편함

저녁 9시경에 모텔에 들어왔는데 기온이 24도로 내려가 정말 시원하고 좋았다. 이곳으로 들어오는 도로 휴게소 지점에서는 섭씨 38도가 조금 넘었었다. 덥다는 생각보다는 뜨겁다라는 생각이 들 정도였다. 바람은 온풍기에서 불어오는 바람처럼 뜨겁다. 이렇게 일교차가 심해서 그런지 자꾸 냉방병 증세가 나타나는 것 같았다. 22일째에 접어드니 정말 몸과 마음이 힘들었다. 아이들은 언제 집에 도착하는지 계속 물어 본다. 그도 그럴 것이 잠도 부족하고 차를 타고 가는 시간도 길고 날씨는 덥고 여러 가지가 답답하기도 할 것 같았다. 그래도 나머지 일정은 마쳐야 한다.

이곳까지 오는 동안 처음으로 오늘은 대형사고가 날 뻔했다. 지금까지 고속도로를 달리면서 낮게 날아다니는 새나 도로를 건너는 동물들 때문에 몇 번 놀란 적은 있지만 별다른 사고 없이 잘 지내 왔다. 그런데 오늘은 75마일^{120km}로 달리는 고속도로에서 어느 차에선가 떨어진 아이스 박스가 우리 차로 달려들었다. 앞에 차들이 지그재그로 운전하는 것을 막 발견하는 순간 커다란 아이스 박스가 눈앞에 나타난 것이다. 순간적으로 브레이크를 잡자니 뒤차들과의 거리상 우리 차의 달리는 속도 때문에 더 큰일이 날 것 같고, 그렇다고 핸들을 돌리자니 우리 차가 위험할 것 같은 생각이 순간적으로 스쳤다. 할수없이 브레이크를 밟아 속도를 조금씩 줄이면서 아이스박스를 들이받았는데, 다행히 우리 차가 4륜이고 차체가 높아 아이스 박스가 튕겨 나가지 않고 차 밑으로 들어가 버렸다. 한참 끌리는 소리가 나더니 차 뒤로 빠지면서 산산조각이 난다. 우리 차를 따라오던 뒷차들도 놀라서 갈팡질팡이다. 정말이지 큰일날 뻔한 순간이었다.

지금까지 20년 가까이 운전을 하면서도 오늘처럼 놀란 적은 한 번도 없었다. 미국의 고속도로를 달리면서 가끔 날아든 조그만 돌 때문에 차 유리에 문제가 발생한 경우는 종종 있었지만 이렇게 커다란 아이스 박스 때문에 놀라 보긴 처음이었다. 정말 아찔한 순간이었다.

항상 방어운전을 한다고 자부하던 나도 다시 한 번 조심운전을 하자고 다짐을 해본다. 15년 무사고에 먹칠을 할 순 없기 때문에라도….

뉴 멕시코 주 New Mexico

남한의 4배 정도의 크기로 인구는 180만 명 정도다. 뉴 멕시코란 주명은 멕시코 탐험가가 새로운 멕시코라 명명한 데서 온 이름으로 사막, 숲, 도시, 호수, 산 등으로 이루어진 지역이다. 강수량이 적어 물이 귀한 지역이기도 하다. 뉴 멕시코는 1598년 스페인 식민지가 되어서 1821년 멕시코 영토가 되지만, 1848년 미국과 멕시코의 전쟁으로 미국 영토가 된다. 멕시코란 말은 아즈텍Aztec말로 '신의 땅'이란 뜻이다.

우리 교민수는 3천여 명 정도로 극히 적은 편이다. 주도인 산타페에는 1610년에 세워진 총독 관저가 있는데, 이는 미국에서 현존하는 가장 오래된 공공건물이다. 뉴 멕시코에는 스페인과 이곳의 원주민인 푸에블로 족의 문화가 아직도 많이 남아 있다. 스페인어 이름이나 습관, 풍속이 있으며, 토기, 그림, 은세공 등 푸에블로 족의 문화를 쉽게 볼 수 있다. 주 내에는 18군데 집단 부락Pueblo과 4개의 보호지역에 상당수의 인디언이 살고 있다. 매년 8월이면 북미 전체의 부족이 모여 여러가지 장기를 겨룬다. 뉴 멕시코는 옛 역사가 고스란히 남아 있는 땅이다. 산타페는 미국의 주도 중 고도가 가장 높은 지역에 있으며7,000피트 세계 최초의 원폭실험이 Alamogordo 근처에서 1945년에 있었다. 또한 주민의 30퍼센트가 집에서는 스페인어를 사용한다.

Taos Pueblo
타오스 푸에블로

23

7월 13일 일요일

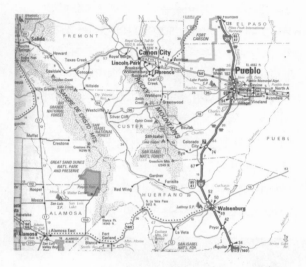

a trip log

타오스 다운타운 → 콜로
라도 주 그레이트 샌드 듄
→ 메사버드 → 메사버드
국립공원 → 코르테즈

　이곳 모텔에서도 식사를 풀 서비스로 제공했다. 상당히 근사한 아침이
었다. 예전과 다르게 요즘은 대부분의 모텔에서 식사를 제공하는 듯했
다. 질도 많이 좋아졌다.

　어제 밤에 들어오느라 제대로 보지 못한 타오스 다운타운을 잠깐 걷다
가 타오스 푸에블로^{Taos Pueblo}로 가기로 하고 모텔을 나왔다. 푸에블로란 푸
에블로 인디언의 집단거주 부락을 뜻하는 말이다. 이른 아침이라 그런지
상가들은 대부분 문을 열지 않았고, 행인들도 많지 않았다. 거리의 상가
들은 대부분 갤러리와 선물 코너 그리고 카페 등으로 이루어졌는데 유독
갤러리가 많았다. 대부분이 푸에블로 문화를 알리는 작품들이 전시되고

있었다. 어제 들어올 때 2차선 좁은 차로를 가득 메웠던 차들도 거의 없어 한가로운 상태였다. 아침 일찍부터 소방차 몇 대가 지나갈 뿐 한산한 풍경이었다.

우리는 다시 모텔로 돌아와서 체크 아웃을 하고 푸에블로로 향했다. 모텔 바로 옆이 푸에블로로 가는 입구였다. 모텔을 나와 푸에블로로 들어가려 하는데 경찰차가 우리 차를 세우더니 경찰이 다가왔다. 또 검문인가 보다 하고 기분상해 있는데 푸에블로에 오늘 아침에 불이 나서 출입을 통제한다고 했다. 그때서야 아까 보았던 소방차가 그래서 지나갔구나 하는 생각이 들었다. 아직도 하늘에는 소방 헬기가 날고 있었다. 큰불이 난 듯했다. 나는 2년 전에 한 번 와 본적이 있어 아쉬움이 덜했지만 아이들이나 집사람에겐 조금 아쉬움이 남았다.

이곳은 우리나라의 민속촌과 같은 곳이다. 점토를 굳혀 만든 아파트식 취락지역으로 전통적인 모습으로 살아가는 그들의 실제 마을을 보는 것

타오스 푸에블로

타오스 푸에블로

이다. 실제로 그곳에는 사람들이 살고 생활하고 있다는 게 우리나라 민속촌과는 다른 점이다. 입장료는 한 사람당 10불씩인데 카메라도 한 사람당 한 대만 가지고 들어가고 촬영비 10불을 별도로 받는다. 그러니까 입장료가 20불인 셈이다.

푸에블로 인디언 후손들은 지금까지도 미국 문화에 동화되지 않고 자신들의 문화를 지키기 위해 상당히 노력한다고 한다. 그러한 그들의 정신이 오랜 세월 자신들의 문화를 유지할 수 있는 힘이 되었을 것이다.

할수없이 우린 콜로라도에 있는 그레이트 샌드 듄Great Sand dunes으로 방향을 돌렸다. 이곳에서 한 시간 반이면 가는 곳이다. 어제부터 컨디션이 안 좋더니 오늘도 계속 이어진다. 자고 일어나도 편두통이 가시지 않는다. 졸음도 오고 체력이 예전같지 않다는 생각이 든다. 쓴웃음이 나온다. 집사람과 운전을 교대하고 바로 잠들었다. 한참을 잔 듯 눈을 떠 보니 주변 풍경이 많이 바뀌어 있었다. 광활한 평야에 우뚝 선 산이 보였다. 콜로

그레이트 샌드 듄

그레이트 샌드 듄

도였다.

　지난번엔 그레이트 샌드 듄으로 가지 않고, 타오스에서 64번 도로를 타고 메사 버드 국립공원으로 바로 갔었다. 타오스에서 조금 가다 보면 어제 들어오다 먼 발치에서 본 협곡이 나오고 그 협곡을 넘어가는 다리를 통과하게 되는데 협곡의 풍경도 볼 만했고, 다리 주변에 짚시들이 자신들이 만든 수공예품을 늘어 놓고 팔던 모습도 인상적이었다. 64번 도로는 상당히 고지대로 평균 고도가 2천 미터가 넘는다고 한다. 때문에 겨울엔 눈이 많이 내려 이 길은 통제한다. 고도가 높고 파란 하늘과 구름이 참으로 인상적이었던 그 길이 생각이 났다.

30일간의 미국 횡단일주기

오늘 달린 522번 도로는 64번 도로 같지는 않
았지만 그런대로 볼 만했다. 끝없이 펼쳐지는
평야지대를 달려 그레이트 샌드 듄에 도착했
다. 공원 입구에 표를 받는 공원관리 아저씨가
상냥하게 맞아 주었다. 인상이 좋아 사진 한 장
을 찍어도 되겠느냐고 물었더니 같이 근무하는
사람이 자기 아버지라며 카메라 앞에 기분좋게

그레이트 샌드 듄 Great Sand Dunes National Monument

산그레데 크리스토 산맥을 등지고 형성된 북
미 지역에서 가장 높은 사구로, 높이는 700피
트가 넘는다.
공원 입장료는 일인당 3불이고, 연중 개방하
며, 비지터 센터는 겨울 시즌 휴일에는 문을 닫
는다. 1932년 국립기념물로 지정되었다.

메사버드 국립공원 Mesa Verde National Park

1906년 국립공원으로 지정되었으며, 스페인말
로 메사벨데 녹색의 메사로 불리는 이곳은 최고 높
이가 2,668미터, 길이는 25킬로미터에 너비는
10킬로미터이다. 메사란 침식에 의해서 생긴
탁자 모양의 높은 지형의 넓고 평평한 대지를
말한다. 이곳에 형성된 주거지는 9-13세기에
푸에블로 인디언의 조상들이 건설하였다. 규모
가 가장 큰 것은 Cliff Place 절벽의 궁전라 불리는 곳
으로, 200개 이상의 방과 23개의 Kiva 키바: 종교 의
식이 거행된 원형의 지하실가 밀집해 있다. 1888년 이곳을 지나던 카우보이가 발견했다고 한다. 이 주거지들은
1,200간 사용된 것으로 추정되며, 이곳 거주자들이 이곳을 두고 떠난 것은 1276년부터 약 24간 계
속된 가뭄 때문이었을 것으로 추정한다.
공원 입장료는 10불이다. 연중 개방하지만 겨울에는 폭설로 일부 지역이 통제된다.

웃으며 나란히 선다. 그분들은 농담으로 모델료를 달란다. 운전 조심하라면서 돌아서는 모습이 상당히 정겨웠다.

미국에는 자원봉사로 일을 하는 노인들이 많다. 특히 비지터 센터 같은 곳은 대부분 현역에서 은퇴한 분들이 자원하여 나와 방문객들의 친절한 안내자 노릇을 해준다.

샌드 듄 입구에는 많은 사람들이 와 있었다. 보이스카웃들도 보이고 대학에서 단체로 온 것 같은 사람들도 보였다. 물론 가족 단위로 온 사람들도 많았다.

이곳뿐만 아니라 미국의 국립공원이나 일반적인 지역은 자연학습장 역할을 한다. 단순히 먹고 노는 관광이 아닌 현장을 보고 느끼면서 자연의 생태를 파악하는, 그러니까 한마디로 공부하면서 휴식을 취하는 그런 여행이 일반화해 있다.

들꽃이 만개한 들판 멀리 커다란 산이 배경으로 있었고, 그 중간에 광대한 모래 언덕이 형성되어 있었다. 많은 사람들이 그 모래 언덕을 걸어서 올라가고 있었고, 몇몇 사람들은 스노우 보드를 들고 올라가 타고 내려오면서 즐기기도 했다. 아이들은 모래를 파서 그 밑에서 나오는 물을 찾고 있다. 모래를 판 곳의 물을 만져 보니 상당히 차가웠다. 일반적으로 모래 언덕은 바람에 의해서 운반되어 만들어진다고 한다. 아무리 자연현상이라고는 하지만, 일반적인 평야가 있는 이곳에 이렇게 거대한 모래 언덕이 만들어진 게 정말 신기했다.

오전이라 그런지 대기 상태가 뿌옇고 광선상태가 좋지 않아 모래의 결도 살지 않았다. 중간 정도 올라가다 되돌아왔다. 이런 곳에서의 촬영은 늦은 오후가 가장 적당한데 빠듯한 일정에 돌아다니다 보면 어쩔 수 없이 원하는 사진 촬영을 못하는 경우가 허다하다.

시간이 지날수록 온도가 계속 올라갔다. 머리는 계속 아파 왔다. 차로 돌아와 다시 메사버드 국립공원으로 방향을 잡았다. 소요시간은 약 4시간 정도. 한 시간 정도 운전을 하다 보니 견디지 못할 정도로 머리가 아파오고 거기에 졸음까지 밀려왔다. 집사람이 다시 운전을 하기로 하고 나는

조수석에 앉자마자 곧바로 또 잠들었다. 이번에도 한참 만에 눈을 떠 보니 산세가 뛰어난 곳에 와 있었다. 계곡도 좋고 주변에 나무와 풍경이 상당히 좋은 지역을 통과중이었다.

중간에 있는 뷰 포인트에서 바라본 산 아래 모습은 오랜만에 마주친 절경이었다. 이곳을 지나는 많은 사람들이 차를 세워 구경을 하고 간다. 이 지역은 고도가 높고 바람도 심하게 불었다. 마을을 통과하는 도로라 예

정시간보다 시간이 많이 지체되는 듯했다.

집사람에겐 미안했지만 오늘은 운전을 하지 않고 쉬기로 했다. 오후 5시 30분경 메사버드에 도착했다. 개인적으론 세번째 방문인데, 3년 전 첫번째 방문은 산불로 인해 못 들어갔고, 그리고 2년 전에 들른 적이 있다. 그때도 오늘과 비슷한 시간에 들어왔다. 6월말에 들어온 공원은 조금 높은 지역엔 잔설이 남아 있었다. 그리 덥지 않은 기온이었으나 오늘은 잔설도 없고 기온도 조금 높은 편이었다. 폐장 시간도 6시 30분이었는데 무슨 이유인지 오늘은 공원 폐장 시간이 오후 5시란다. 내일 아침에 다시 보기로 하고 공원 근처에 있는 마을로 나와 모텔을 잡았다.

이곳에 두 곳의 베스트 웨스턴 모텔이 있었는데 두 곳 중 조금 싼 곳으로 간다고 찾아간 모텔은 말이 베스트 웨스턴이지 지금까지 다녀본 모텔들과는 많이 차이가 날 정도로 모든 게 엉망이었다. 조금 싼 맛에 들어오긴 했지만….

콜로라도 Colorado

주 면적은 남한의 1/3정도이며, 인구는 400만 명이 조금 넘는다. 우리 교민은 2만 5천여 명으로 주로 도시에 몰려 살고 있다. 주도는 덴버 Denver로 많은 박물관과 공원 및 정원을 가지고 있으며, 로키산맥 지대의 문화와 상업의 중심지로 각광받고 있다.
로키산맥의 최고봉이 남북으로 뻗어 있어 주의 절반은 산악지대이며, 미국에서 고도가 가장 높은 주이기도 하다. 14,000피트 이상이 되는 봉우리가 52개나 된다고 한다. 서부 개척 과정에서 인디언들과의 피비린내 나는 역사를 간직한 주이기도 하다.

Antelope Canyon,
Monument Valley, Grand Canyon
애리조나 앤텔로프, 모뉴멘트 밸리,
그랜드 캐니언

24

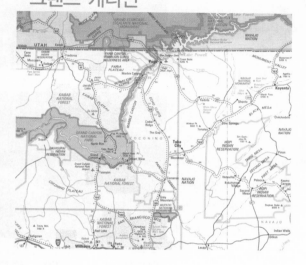

아침에 일어나 메사 버드를 한 번 더 둘러보지 못하고 모뉴멘트 밸리쪽
으로 차를 몰았다. 아침 기온이 20도 정도로 매우 선선했다. 일교차가 매
우 심한 듯하다.

모텔에서 제공하는 아침 식사는 모텔 분위기처럼 형편없었고, 세탁기
상태가 엉망이라 밀린 빨래도 하지 못했다. 우리가 도착하기 전 세탁기를
수리했다고 했는데 마무리를 제대로 안 했는지 세탁기 내부가 엉망이고
불결했다.

애리조나로 가는 콜로라도 주도 사막 지형이고, 주변 풍경이 애리조나
의 모뉴멘트 밸리와 거의 흡사한 분위기였다. 한참을 달려가는데 갑자기

웰컴 뉴 멕시코라는 사인판이 보여 깜짝 놀랐다. 우리가 뉴 멕시코를 떠난 지가 언제인데 다시 뉴 멕시코 주 환영 안내판이 나오니 놀랄 수밖에 없었다. 차를 멈추고 한참을 보다가 궁금해 그 방향으로 들어갔더니 그곳은 포 코너four corner라고, 콜로라도, 뉴 멕시코, 애리조나, 유타 네 개의 주가 정확하게 만나는 지점이었다. 입장료가 일인당 3불, 좀 심하다는 생각이 들었다. 들어오다 차를 돌려 나가는 사람도 있다. 인디언들이 운영하는 곳은 언제나 이렇게 돈을 많이 받는다. 그냥 네 개의 주가 만나는 지점을 표시해 놓은 것뿐인데 입장료를 받는 건 좀 심하다는 생각이 들었다. 아무튼 신기하기는 했다. 우리가 온 길은 콜로라도 주인데 입구는 뉴 멕시코이고 나와서 얼마 가다 보니 애리조나 사인판이 보인다. 참 별게 다 관광객을 끈다.

메사 버드

지도를 펴놓고 확인해 보니 네 개 주가 정확하게 만나고 있다. 훗날 관광객 유치를 위해 일부러 주 경계를 이렇게 했나 할 정도로 정확하게 만났다.

포 코너

전통 공예품을 만들고 있는 인디언 여성

포 코너를 나온 지 얼마 되지 않아 애리조나로 들어섰다. 애리조나는 자주 들렸던 곳이라 그렇게 낯설지는 않았다. 특히 이곳에 있는 모뉴멘트

모뉴멘트 밸리 Monument Valley

백인들은 이곳을 가치 없는 곳이라 여겨 관심을 갖지 않았다. 그러나 이곳은 심오한 아름다움이 살아 있고, 현재 나바호 인디언들의 삶의 원천이 되는 장소이다. 근래에는 수많은 관광객이 찾아와 오염되지 않은 이곳의 경치에 놀라며 즐거움을 만끽한다.

이곳은 모래 암석 위에 오랜 시간 동안 풍화 후에 형성된 수직 구성물들이 즐비하다. 겨울엔 길이 막힐 정도로 눈이 많이 내릴 때도 있고, 여름엔 비가 오지 않아 상당히 건조한 경우가 많다. 이곳에 있는 아치 모양의 바위와 다리 모양의 바위들은 수백만 년 전에 형성되기 시작해 지금까지도 형성 과정에 있다.

1938년 할리우드의 영화 제작자들은 실제 인디언들이 살고 있는 완벽한 서부마을이 있다는 소식을 듣고 놀라움을 감추지 못했다. 그 후 그들은 가설 스튜디오가 아닌 실제 서부에서 실감나는 서부영화를 만들 수 있었고, 영화배우 존 웨인이 사람들에게 알려지기 시작한 「역마차」라는 영화도 이곳에서 촬영이 되었다. 서부 영화의 대가 존 포드 감독은 이곳을 상당히 좋아하였으며, 모뉴멘트 밸리에는 **존 포드 뷰 포인트**라는 곳도 있다. 그곳은 존 포드 감독이 가장 좋아했던 지역을 볼 수 있는 장소다. 행정구역상으로 애리조나와 유타 주의 경계가 공원의 중간을 지난다.

공원은 인디언들이 운영하고 있으며, 입장료는 일인당 3불, 코스는 자기 차량으로 돌아볼 수 있는 일반적인 코스와 투어 차량을 타고 가야만 볼 수 있도록 한 투어 코스가 있다. 투어 차량을 타지 않고 그냥 들어갔다간 그들에게 망신을 당한다. 투어 차량의 가이드들은 모두 인디언으로 상당히 친절하게 안내를 해주는 편이다. 처음 갔을 때는 가이드들의 호객 행위로 눈살을 찌푸린 경우가 많았는데 요즘은 가이드들이 운영하는 막사를 철수시켜 호객 행위를 하는 모습은 볼수가 없다. 한국 사람들이 자주 오는지 한국 담배 '디스'도 알고 '빨리빨리'라는 말도 알아 한바탕 웃은 기억도 있다. 도로는 모두 비포장이어서 코스를 돌고 나오면 차량이 붉은 먼지를 온통 뒤집어쓴다. 모뉴멘트 밸리에서 극적인 촬영을 원한다면 일출이나 일몰을 이용하면 좋다. 그들의 홍보책자에 "사진가의 꿈을 이룰 수 있는 곳"이라는 문구가 있듯이 많은 사진가들이 즐겨 찾는 장소다. 공원 안에는 아직도 자신들의 고유한 삶의 방식으로 생활하는 인디언들이 생활하고 있다.

모뉴멘트 밸리

나바호 인디언 Navajo

북미에서 가장 큰 인디언 부족이며, 약 18만 명의 인디언들이 보호구역에서 살고 있다. 보호구역의 크기는 웨스트 버지니아만하고 모뉴멘트 밸리 남쪽에 위치한 카엔타Kayenta는 보호구역 내에서도 전형적인 인디언 마을이다.

그들은 보호구역을 나바호 국가라 부르며, 매우 큰 나라에 둘러싸인 조그만 독립국가처럼 운영하고 있다. 나바호들은 유목민이며, 환경에 순응해 살아가는 사람들이다. 그들은 땅에 의존하며 살고 있다. 그들은 백인들과 확연히 구분이 되는 그들의 규율에 의해 그들만의 생활방식대로 살아간다. 그들의 농경문화는 아파치Apachee와 푸에블로Pueblo 인디언과 관계가 있다. 그들은 돌로 된 집을 짓지는 않는다. 그들의 거처인 호간Hogan은 겨울에는 따뜻하고 여름엔 시원한 사막에 잘 맞게 설계된 집이다.

나바호 인디언의 전통적인 집인 호간(위)과 전통 악기를 연주하는 나바호 인디언

밸리는 우리 부부가 상당히 좋아해 기회만 있으면 들르곤 했던 곳이다.

처음 보았던 공원의 분위기는 한마디로 단정지어 말할 수 없을 정도로 신기하고 아름다웠다. 마치 신이 만든 조각공원 같았다. 공원에 있는 모래나 흙이 모두 붉은 색이다. 아니 풀이나 나무를 제외하곤 모두 붉은색이라고 보면 맞을 것이다.

이곳은 나바호 인디언들의 보호지역이다. 거의 독립된 주와 같은 인상

모뉴멘트 밸리

을 준다. 그들만의 언어로 방송을 하는 라디오 방송국도 있고, 모든 공원을 이들이 관리하고 운영한다. 미국의 국립공원이나 주립공원의 입장료보다 훨씬 비싸게 받는 게 이곳의 특징이다.

걸어다니는 사람도 차를 몰고 가는 사람도 맥도널드 햄버거 집에서 일하는 사람도 하다못해 거리 곳곳을 순찰하는 경찰도 모두 이곳 나바호 인디언들이다. 가끔 보이는 백인들은 모두 관광객이다.

페이지Page 방향으로 계속 달렸다. 남쪽으로 와선 줄곧 기온이 너무 높아서 그런지 대기가 맑지가 않다. 뿌옇게 안개가 낀 듯 먼 거리의 물체가 희미하게 보인다. 현재 기온이 섭씨로 43도 정도다. 이곳도 덥다라는 말보다는 뜨겁다라는 말이 맞는 곳이다. 불어오는 바람도 역시 온풍기에서 나오는 바람 같다. 정말 뜨겁다. 그러나 이곳에서 생활하는 사람들은 별

불편한 점을 못 느끼는 듯하다. 이곳도 마찬가지로 습기가 없어 그늘에 들어가면 금방 시원하다는 느낌을 받는다.

페이지 못 미쳐 앤텔로프 캐니언이라는 곳이 있다. 땅이 갈라져서 생긴 계곡 동굴로, 갈라진 틈으로 빛이 들어와 동굴에 비치면 동굴 안의 바위 색이 신비하게 변하는 곳이다. 당연히 자연의 조화다. 이곳 또한 인디언들이 운영한다. 입장료가 비싸다. 우리 가족 모두가 들어가는 데 24불을 받는다. 또 개인 차로는 들어가질 못해 어쩔 수 없이 투어 차량을 이용해야 한다. 투어 비용은 어른 15불, 어린이 12불이다. 그러니까 입장료와 투어 비용을 합하면 만만치 않은 돈이 들어간다. 섭씨 40도가 넘는 곳인데 앉아서 기다릴 곳도 없어 땡볕에서 투어 차만 오기를 기다린다. 돈만 많이 받을 생각만 하지 서비스는 정말 빵점이다.

오늘은 유난히 프랑스 사람들이 많다. 45분을 기다려 폐차 일보 직전의 트럭에 올라타서 한 15분 정도 비포장도로를 달렸다. 차가 엄청나게 흔들렸고 불어오는 바람은 헤어 드라이기에서 나오는 뜨거운 바람 같다. 그래도 다들 재미있어 한다.

앤텔로프 캐니언 투어 차량

동굴 앞에 내려 한 시간 동안 둘러본다. 동굴 안은 시원했다. 많은 사람들로 붐벼 흙먼지가 많았지만 그런 대로 볼 만하다. 나는 이곳이 세번째이다. 전에 두 번은 포토 투어로 5불을 더 주고

앤텔로프 캐니언 투어 차를 기다리는 대기실

앤텔로프 캐니언 동굴

앤텔로프 캐니언 Antelope Canyon

페이지라는 시내에서 조금 나와 98번 도로 Kaibito 방향으로 가다 보면 오른쪽에 있다. 간판이 조금 작아 처음 오는 사람들은 모르고 지나칠 수 있으니 신경을 써야 한다. 이곳은 광선이 동굴 속 분위기를 좌우하므로 시간대를 잘 맞추어야 한다. 여름엔 5월에서 10월까지 오전 10시 30분부터 12시 정도가 가장 좋은 광선이라 들었다. 겨울엔 공식적으론 닫는다. 그러나 투어를 원한다면 날씨가 좋은 경우 오전중에 한 번만 들어갈 수 있고, 사전에 전화로 예약을 해야 한다.

두 곳의 캐니언이 있다. 일반적으로 알려진 곳은 Upper Antelope Canyon이다. 이곳은 동굴인데 동굴의 위쪽이 갈라져 그 틈으로 들어오는 빛에 의해 동굴 속의 변화를 볼 수 있는 곳이다. 길도 넓어 돌아보기도 좋다. 또다른 곳은 Low Antelope Canyon으로 언뜻 보면 땅에 갈라진 곳으로 들어가게 되어 있고, 통로가 상당히 좁아 이동하기도 불편하며, 군데군데 물이 고인 웅덩이가 있어 만반의 준비가 필요한 곳이다. 촬영하기엔 Upper 캐니언이 훨씬 좋다. 빛에 의한 동굴색도 좋았고 입장료는 따로따로 받는다. Low 캐니언은 입구에 바로 있어 투어차량을 타지 않아 투어 비용이 별도로 들지는 않는다. 1931년 양치는 소녀가 양을 몰고 가다 발견했다고 한다.

Upper & Low Antelope Canyon 입구

2시간 동안 머물며 촬영을 했었다. 오늘은 좀 늦게 들어와 전보단 광선이 좋지 않았다. 그래서 그런지 오늘은 전문 사진가는 보이질 않았다. 다들 사진 찍기에 정신이 없다. 아름다움을 느끼는 건 동서양을 막론하고 같아 보인다. 이곳은 삼각대 없으면 촬영이 거의 불가능한 곳이다.

두고 온 삼각대가 다시 생각이 났다. 처음 온 곳이 아니고, 또 디지털 카메라의 감도가 상당히 높게까지 조정이 되어 촬영이 가능해 그나마 다행이었다.

시간이 다 되어 다시 같은 트럭을 타고 주차장으로 왔다. 차가 엄청나게 달아올라 있었다. 차 안에 있는 필름이 걱정이다. 필름 전용 아이스박스를 가지고 왔는데 하필이면 이곳에서 고장이 나 작동이 되지 않았다.

페이지 다운타운으로 가서 늦은 점심을 먹었는데 시간이 워싱턴 시간과 같다. 한 시간을 벌었다는 생각에 조금 여유를 부리고 그랜드 캐니언 노스림으로 향했다. 페이지란 도시에는 파월 호수를 끼고 있는 글렌 캐니언 내셔널 레크레이션 에어리어Glen Canyon National Recreation Area가 있다. 미국인들이 많이 찾는 유명한 레크레이션 장소이다. 주변 풍경이 꽤 신비스러운

페이지에서 그랜드 캐니언 북벽으로 가는 길목의 풍경

곳이었다. 공원 안을 둘러보기 위해서는 배를 타든가 걷는 방법이 더 어울리는 곳이다. 차량으로 이동할 수 있는 길은 제대로 되어 있지 않다.

모뉴멘트 밸리에서 그랜드 캐니언 북벽까지 가는 길은 상당히 볼거리가 많은 도로이다. 모뉴멘트 길목인 카엔타^{Kayenta}부터 160번 도로를 타고 가다 페이지방향으로 넘어가는 98번 도로 그리고 페이지에서 그랜드 캐니언 북벽 방향으로 가는 89와 89A도로는 지금까지 보아 왔던 풍경들과는 다른 멋을 보여준다. 중간중간 주립공원 형태의 캐니언들이 산재하고 넓은 평원에 메사 형태의 지형들이 많으며, 산에서 굴러온 듯한 거대한 바위들은 지구가 아닌 다른 혹성에 와 있는 듯한 착각을 불러일으킨다.

이 길은 항상 그랜드 캐니언 방향에서 페이지 쪽으로 와 보았지만 반대로 올라가기는 이번이 처음이었다. 사진에 시점$^{View\ Point}$이라는 말이 있다. 같은 대상도 보는 방향이나 위치에 따라 달라지는 것을 말하는데 반대 길로 올라가다 보니 그 말이 새삼 강하게 느껴졌다. 자주 들른 길이라 수없

콜로라도 강

이 보와 온 길이지만 오늘은 유난히 달라 보인다.

도로는 뜨거운 열기로 가득하다. 중간중간 촬영을 했지만 대기 상태가 좋지 않아 많이 하지는 못했다. 미국에 와서 계절별로 여행을 다녀 보았지만 3월에 한 여행이 가장 좋았다. 봄엔 대기 상태도 맑고 깨끗하다. 물론 봄에도 남북으로 돌다 보면 사계절을 다 느낄 수 있다. 단 한여름보단 덜 덥고 좀더 추운 차이는 있다.

예상보다 늦게 그랜드 캐니언에 도착하여 모텔을 예약해 놓고 여유 있게 촬영을 했다. 기온이 산 아래보다 많이 떨어져 덥다는 생각 없이 걸어 다닐 수 있었다.

미국은 지역에 따라 기온차가 상당히 심하다. 북벽은 남벽과는 달리 규모는 크지 않지만 훨씬 아기자기하고 사람도 적어 좋았다. 또한 남벽은 도로를 두고 길게 늘어져 많이 걷는 코스도 없다. 그러나 북벽은 주차장에 차를 세우고 한참을 걸어야 하는 코스가 대부분이라 더 많은 볼거리를 제공해 준다. 북벽은 겨울엔 눈이 많이 와 폐쇄한다. 마침 석양이 예쁘게 져서 오랜만에 마음에 드는 촬영을 할 수가 있었다.

해가 진 후 늦게 공원을 출발하여 모텔을 예약해 둔 곳으로 내려갔다. 해가 지고 어두워지니 벌레들이 비 내리듯 차에 부딪친다. 갑자기 달려든 새도 있었고, 중간중간 길가에 나와 있는 사슴이나 소들 때문에 조심스럽게 운전을 할 수밖에 없었다.

겨우 산 아래로 내려와 카납에 있는 모텔로 들어갔다. 카납은 작은 할리우드라는 별명을 가지고 있을 정도로 영화 촬영이 많은 곳이라고 했다. 우리가 도착한 지역은 유타로 바뀌었고, 다시 시간이 마운틴 타임으로 바뀌어 한 시간이 당겨졌다. 9시에 들어갔는데 모텔에 들어가니 10시란다.

부지런히 여장을 풀고 잠을 청했다.

캐니언 드 첼리 Canyon De Chelly National Monument

애리조나의 카엔타에서 70마일 정도 떨어진 남동쪽에 위치하고 있다. 1931년 국립기념물로 지정되었다. 이곳은 인디언 조상들이 거주하던 주거지들이 남아 있는 곳이며, 또한 인디언 멸망사를 볼 수 있는 곳이기도 하다. 내가 이곳을 처음이자 마지막으로 들른 게 지난 2000년 8월이었다. 상당히 건조하고 계곡에는 물이 말라 있었다. 대부분 계곡을 사이에 두고 전망대에서 건너편에 있는 인디언 거주지를 볼 수 있도록 되어 있다. 물론 걸어 내려가는 길도 있

고, 협곡 아래로 내려가 그곳 가이드와 함께 투어 차량으로 둘러보는 코스도 있다.

메사 버드와 비슷하게 높은 계곡 위쪽에 집을 짓고 생활한 주거지이지만 메사 버드에 비해 주변 환경이 거칠고 삭막해 보였다. 계곡 위쪽에 있는 집까지 올라가려면 인디언들이 만든 특수한 도구를 사용해야 한다. 인디언 조상들이 거주할 당시, 스페인 사람들이 들어와 힘없는 아녀자와 노약자를 학살한 뒤 사냥에서 돌아오는 남자들도 모두 죽였다고 한다. 도구 없이는 쉽게 오르지 못한다는데 어떻게 그들이 이 높은 계곡을 올라왔는지 지금까지도 불가사의한 일이라고 한다. 이들이 이같이 올라다니기도 어려운 높은 곳에 집을 짓고 생활한 이유는 우기에 많이 내리는 비를 피하고 야생동물들의 공격을 피하기 위해서였다. 전망대 입구에는 인디언 후손들이 나와 자판을 벌려 놓고 그들이 직접 만든 수공예품을 팔고 있다. 모두 순수하고 악의라고는 전혀 없는 얼굴들이다. 여행지를 돌아다니다 보면 관광 중인 스페인 사람들을 많이 본다. 자신의 조상들이 한 행동을 알게 되면 그들의 마음은 어떨지 상당히 궁금했다.

그랜드 캐니언 Grand Canyon

애리조나 주의 북쪽에 위치한 그랜드 캐니언은 1919년 국립공원으로 지정되었다. 이곳은 지구상에 남아 있는 가장 아름답고 역사적인 지질구조를 보여준다.

미국의 국립공원 지역은 대체로 과학적, 역사적이며 수려한 경관으로 휴양지적인 가치가 있다. 국가적으로 중요한 자연환경을 보호하고 보존하기 위하여 의회법으로 설정된 특수경관지이다.

날씨가 맑은 날에는 캐니언의 끝이 더욱 선명하게 보인다. 캐니언의 길이는 445.6킬로미터, 캐니언 중심부에서 평균 넓이는 16킬로미터, 깊이는 1.6킬로미터이며, 과거 5백만 년 동안 흐르는 물에 의해 쉴새 없이 깎인 암석으로 구성되어 있다.

1869년 이 지역을 처음 답사한 사람들 중의 한 사람인 존 웨슬러 포웰은 이곳을 보고 "암석으로 된 놀라운 책의 자취이며, 이는 지구 역사에 있어서 가장 위대한 한 페이지로 누구에게나 읽을거리가 된다"고 말하였다고 한다.

그랜드 캐니언은 물이 캐니언 벽면의 2/3의 암석층을 형성하는 데 주된 역할을 하였고, 과거 6억 년에서 2억5천만 년에 걸쳐 퇴적된 사암, 석회암 및 세일의 호 층으로 구성되어 있다고 한다. 그랜드 캐니언은 폭풍이 지나갈 때마다 모양이 새로워진다. 캐니언의 깊이는 콜로라도 강에 의하여 깎여 왔고, 그

넓이는 얼음이 얼고 녹는 주기, 나무 뿌리에 의한 쐐기작용, 중력, 빗물과 토양의 결부에서 기인하는 화학적 변화 등을 포함하는 기계적, 화학적 풍화작용의 결과에 의해 이루어졌다. 캐니언은 100년 동안 길이는 1인치, 넓이는 10인치 넓어진다고 한다.

촬영하기에 가장 적합한 시기는 3~4월이며, 한여름에는 대기중의 자외선의 증가로 원경이 뿌옇게 보여 산뜻한 사진을 만들기 어려우며, 또한 수많은 관광객들로 인해 여유로운 촬영이 어렵다. 그랜드 캐니언은 노스 림North Rim과 사우스 림South Rim으로 나뉘는데, 겨울철에는 노스 림은 10월말부터 폐쇄하고 사우스 림만 오픈한다. 관광객 대부분은 라스베이거스에서 쉽게 갈 수 있는 사우스 림을 많이 방문한다. 또한 사우스 림에서 노스 림으로 바로 넘어갈 수 있는 길은 없으며, 사우스 림에서 노스 림을 가기 위해선 약 250마일420km을 차로 이동해야 한다. 대부분의 관광객은 협곡 위에서만 잠깐 보고 지나가는데 협곡 아래로 내려갈 수 있는 길이 있으며, 걸어서 관광하는 코스로 짧게는 왕복 3~4시간 코스부터 몇박 코스까지 다양한 길이 있다. 이외에도 조랑말을 타고 관광하거나 산악 자전거를 타고 여행하는 경우도 있다. 협곡 아래 강 근처의 암반 위에서 사전 허가를 받아 캠핑할 수 있으며, 캠핑 후에는 캠프파이어 재를 포함한 사용했던 모든 것을 다 가지고 가야 하는 규정이 있다. 공원 입장료는 20불이다.

글렌 캐니언 레크레이션 국립공원 Glen Canyon National Recreation Area

유타의 남쪽 지역에서 애리조나의 북쪽 지역인 오렌지 절벽Orange Cliffs까지 수 마일 동안 이어진다. 이곳엔 물을 기본으로 하는 뱃놀이, 낚시, 수영 등 물과 관련한 레크레이션이 없는 것이 없으며, 그 외 하이킹, 사륜구동 차량으로 오프로드 운전을 할 수 있는 등 모험과 스릴을 느낄 수 있는 자연의 공간이다. 입장료는 10불이며, 상업용 차량은 종류에 따라 다양한 요금이 적용된다.

그랜드 캐니언

애리조나 주 ^{Arizona}

남한의 3배 정도 크기로, 전체 인구는 480만 명 정도이다. 연중 대체로 맑고 겨울 평균기온이 18도, 여름엔 41도의 고온이지만 아침 저녁으론 26도 정도로 일교차가 심한 지역이다. 우리 교민 수는 12,000여 명 정도다. 주도는 피닉스 ^{Phoenix}로 노년을 보내기에 가장 좋은 도시로 각광을 받고 있다고 한다. 일조량이 85퍼센트 이상으로 전국에서 제일 높고, 고온이지만 습도가 낮아 노인들이 지내기 좋다고 한다.

애리조나 북부의 고원에는 깊이 1마일 ^{1.6km} 길이 200마일 ^{322km}에 걸친 콜로라도 강의 그랜드 캐니언이 형성되어 있다. 미국적 젊음과 인디언 스페인 문화와의 조화가 애리조나 주의 특징이다.

아파치 스테이트 ^{Apache state}라고 부르는 것처럼 아파치를 위시한 인디언의 땅이었던 이곳은 지금도 가장 많은 인디언들이 살고 있는 주이다. 그 중 유명한 부족은 나바호, 호피, 아파치, 피마 족 들이 있다.

볼라 타이 ^{Bola tie: 끈 양쪽에 쇠장식이 달리고 가운데 장식이 있는 것으로 카우보이들이 넥타이 대신 목에 매는 것}는 애리조나 주의 공식 넥타이이다.

Utah, the Paradise of National Park
국립공원의 천국 유타 주

25

7월 15일 화요일

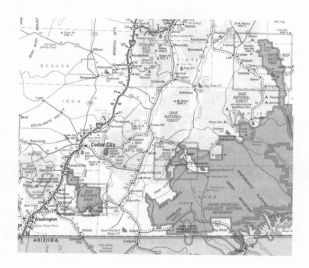

카납 → 브라이스 캐니언 국립공원 → 자이언 국립공원 → 유타 주 세인트 조지 시 → 애리조나 주 → 네바다 주

아침 공기는 시원했다. 식사를 하려고 식당으로 갔는데 다른 모텔들과 비슷하게 오늘도 대부분이 노인 부부들이다. 미국 내에서 여행을 하는 사람들 중에는 은퇴한 노인들이 많다. 거동도 불편한데 운전을 하면서 여행을 하는 것을 보면 정말 대단하다는 생각이 든다. 미국인들의 가장 큰 소망은 젊었을 땐 열심히 일하고 나이 들어 은퇴하면 자신의 조국을 돌아보는 여행을 하는 것이란다. 젊었을 땐 일하느라 가 보지 못한 곳을 돌면서 인생의 여유로움

을 즐긴다는 것이다. 이들 대부분은 커다란 RV용 버스를 타고 여행을 한다. 침대는 물론 주방, 화장실, 욕실까지 모두 갖춘 이동식 주택이다. 버스 뒤에 조그만 승용차를 달고 천천히 이동을 하면서 여행을 하는 것이다. 미국은 곳곳에 RV 파킹장이 있어 편리하다. 그곳엔 상하수도, 전기등을 연결하도록 장치가 다 되어 있으며, 가격은 일반 캠핑장보단 조금 비싸지만 대체적으로 저렴하다. 이런 RV 캠핑장은 대체로 경치가 좋은 곳에 위치하고 있으며, 도시에도 RV 여행객을 위한 파킹장이 많이 있다. 물론 일반 승용차로 여행을 하는 노인들도 많다. 우리같이 젊은 부부나 젊은 사람들은 미국 사람보다는 외국에서 온 사람들이 많다. 특히 유럽에서 온 사람들이 많이 눈에 띈다.

어제 늦게 들어오고 늦게 잔 이유로 출발이 많이 늦어졌다. 적당한 구름과 밝은 광선이 사진 촬영하기엔 아주 좋았는데 이런 시간엔 꼭 운전을 하게 되어 안타까웠다.

시간을 아끼려고 적당하게 눈치를 보면서 속도를 냈다. 이곳 경찰들도 많이 숨어 있어서, 특히 과속시에는 주변을 잘 살펴가면서 해야 한다. 우리나라 도로처럼 맞은편에서 오는 차량들이 신호를 해주면 좋겠구나 하는 우스운 생각도 해보았다. 그랜드 캐니언 노스 림쪽이 좋은 점은 주변 가까운 거리에 몇 개의 국립공원이 더 있다는 것이다. 브라이스 캐니언, 자이언 국립공원 등 모두 한두 시간 거리에 있다.

우리가 머문 곳에서 브라이스 공원까지는 대략 두 시간 정도 소요되었다. 공원 입구에 많은 모텔과 식당들이 있다. 다른 공원과는 조금 틀린 분위기이다. 공원 안은 도로공사로 다소 어수선하다. 이른 시간인데도 많은 사람들로 붐볐다. 이곳은 미국 내 대부분의 공원처럼 차로 이동하면서 보는 것보다는 걸어서 볼 수 있는 트레일 코스가 잘되어 있었다. 캐니언 위쪽의 뷰 포인트 지점을 계속 연결해 걸어다니며 볼 수 있도록 해놓았

브라이스 캐니언 국립공원

브라이스 캐니언 국립공원

다. 또 캐니언 아래로 걸어내려가 돌아보고 오는 코스도 있는데 이러한 코스는 상당한 체력과 인내심이 요구된다. 대부분의 사람들은 적당한 거리를 걷다가 다시 돌아오지만 풀코스를 돌아서 걸어오는 사람들도 꽤 많았다. 다행히 이곳은 지대가 다소 높은 편이라 온도가 그리 높지 않아 크게 힘들지는 않았다. 10시 현재 기온이 섭씨 29도 정도인데 가장 적당한 온도 같다. 너무 더운 곳에 오래 있어서 그런지 30도 가까운 기온이지만 덥다라는 생각보단 시원하단 생각이 든다. 역시 사람은 환경의 동물인가 보다.

공원 내에는 다른 공원에 비해 유난히 경고문이 많았다. 자세히 보니 주변에 보이는 야생동물들에게 먹을 것을 주지 말라는 것이다. 주다가 걸리면 벌금 100불을 부과한다고 한다. 트레일 코스를 가다 보니 다람쥐들이 모여든다. 사람들이 가까이 가도 전혀 도망갈 생각을 않는다. 요놈들도 사람들이 자신들에게 해를 입히지 않을 거란 걸 아는 듯했다. 두 발로 서서 손을 비비며 먹이를 간절하게 구걸하는 듯했다. 당돌해 보이기도 하고 귀엽게 보이기도 했다.

미국이 가장 부러운 점은 이러한 자연의 생태계를 그나마 많이 보존하고 지키고 있다는 것이다. 우리가 살고 있는 워싱턴 주만 하더라도 다람쥐가 많이 보인다. 하다못해 집앞에 사슴이 가끔 나타나기도 하니 다른 말이 필요없을 것이다. 다른 주는 잘 모르지만 워싱턴 주는 주유소에서 땅에 묻어둔 기름 탱크가 새면 그 지역이 자연복원될 때까지 그 자리에선 주유소를 운영하지 못한다. 그래서 주인들은 지하에 묻어둔 탱크 관리에 많은 신경들을 쓴다. 여차 잘못하면 그냥 망하기 때문이다.

그런데 한 가지 이상한 건, 주마다 차이는 있겠지만, 분리 수거가 제대로 되지 않고 있는 것이다. 그냥 한데 모아 버린다. 최근 들어 병이나 플라스틱, 신문 등을 따로 분리하여 걷어가지만 아직도 형식적이다. 이번 여행에서 어느 주에서는 분리수거를 확실하게 하는 곳도 있었다. 심지어 모텔 객실에도 분리수거통이 들어와 있었다.

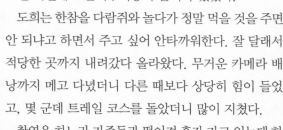

도희는 한참을 다람쥐와 놀다가 정말 먹을 것을 주면 안 되냐고 하면서 주고 싶어 안타까워한다. 잘 달래서 적당한 곳까지 내려갔다 올라왔다. 무거운 카메라 배낭까지 메고 다녔더니 다른 때보다 상당히 힘이 들었고, 몇 군데 트레일 코스를 돌았더니 많이 지쳤다.

촬영을 하느라 가족들과 떨어져 혼자 가고 있는데 한국인 부부가 사진을 찍어달라고 했다. 나는 그분들이 한국말로 이야기를 나누는 것을 듣고 한국인이란 걸 알았는데, 그분들은 내가 한국사람인지 몰랐는지 영어로 부탁을 했다. "한국분이시죠" 하니 반가워한다. 사진을 찍어 주고 같이 걸으면서 몇 마디 나누었다. 콜로라도에서 왔다고 한다. 내가 워싱턴 주 타코마에서 왔다고 하니까 대뜸 "그곳은 비만 온다면서요" 한다. 우기인 겨울에는 비가 좀 많이 오는 편이지만 다른 계절 특히 여름엔 아주 좋은 날씨라고 했더니, 타코마에서 살다가 온 사람이 자기 동네로 왔는데 타코마, 시애틀은 비만 와서 싫다고 했단다. 이처럼 자신들이 아는 부분적인 사실을 전부인양 말하는 사람들 때문에 편견과 오해가 생긴다. 미국에 살면서도 워싱턴 주와 워싱턴 DC하고 헷갈려 하는 사람도 많다. 심지어 우리나라 정부 인터넷 사이트에서도 워싱턴 DC는 워싱턴 주에 있다는 기사를 본 적도 있다.

중요한 곳 몇 군데를 더 돌아보고 공원 밖으로 나왔다. 브라이스 캐니언은 오래 전 이곳에 처음으로 들어와 살았던 브라이스라는 사람의 이름을 따서 붙여졌다고 한다. 이 공원도 침식작용에 의해 생긴 형상들이지만 다른 공원들과는 많이 다른 모습을 보여주었다. 공원의 규모는 그리 크지 않았지만 볼거리가 많은 공원이다.

공원을 나오기 전에 공원 관리요원들이 구급약통을 들고 계곡 아래로 서둘러 내려가고 있었다. 무슨 일이 생겼나 해서 잠깐 지켜보았더니 노인 한 분이 트레일 코스를 걷다가 문제가 생긴 듯했다. 불행 중 다행이라고 큰 사고는 아닌 듯했다.

공원을 나와 입구에 있는 레스토랑에서 점심으로 햄버거를 먹었다. 세계 어디나 관광지는 바가지 요금이 극성인 듯하다. 성의도 없고 가격도 일반 가격보다 비싸게 받는다.

다음 목적지인 자이언 국립공원으로 갔다. 브라이스 캐니언 국립공원에서 한 시간 반 정도 걸리는 곳에 위치한 공원인데, 규모는 상당히 작은 편이다. 대부분의 국립공원은 차로 이동 하면서 뷰 포인트가 나오면 잠깐 내려서 둘러보고 또 차로 이동하지만 자이언 공원은 워낙 공원도 작고 들어가는 길 자체가 좁아 차를 정차시킬 만한 곳이 없었다. 스스로 요령껏 차를 세운 후 겨우 사진 몇 장 찍고 바로 가야 하는 그런 곳이다. 이곳도

브라이스 캐니언 국립공원 Bryce Canyon National Park

1928년 국립공원으로 지정된 이곳은 이곳에 최초로 정착한 에비니저 브라이스의 이름을 따서 붙였다고 한다. 계단식 원형 분지로, 브라이스 캐니언 골짜기에는 특히 일출과 일몰 때 선명한 오렌지색, 백색, 황색 등의 빛깔을 띠는 암석과 흙으로 된 대규모의 돌기둥 수만 개를 볼 수 있다. 언뜻 보면 넓은 고원 위 가장자리에 위치한 여러 개의 원형 경기장같이 보인다.

Sunrise point에서 Sunset point, Inspiration point, Bryce point를 거치는 17마일은 차를 이용해 전망대에 쉽게 접근할 수 있도록 되어 있다. 선라이스 포인트에서부터 끝부분인 브라이스 포인트까지 도보로 이동하면서 볼 수 있는 트레일도 만들어져 있다. 캐니언 아래로 내려가는 트레일 코스도 있으며 가장 짧은 거리가 3.5마일 코스다.

평균 8,000~9,000피트의 높이에 위치해서 여름에도 아침저녁으로 선선하다. 공원은 연중 오픈하며, 일 년 중 3월이 가장 눈이 많이 내리는 달로 평균 강설량은 95인치라고 한다.

공원 입장료는 차량 1대당 비사업용 차량, 다른 공원도 동일함 20불이며, 도보나 오토바이, 자전거로 들어오는 경우는 일인당 10불이다.

자이언 국립공원 Zion National Park

1919년 국립공원으로 지정되었다. 해발 고도는 약 2천 미터로, 길이 24킬로미터의 자이언 캐년을 중심으로 절벽, 계곡, 산림 등이 계속 이어진다. Zion은 히브리어 '성역'을 의미하는 말이다. 또

한 자이언 국립공원은 총천연색의 **요세미티**^{Yosemite}라고 불린다. 실제로 엄청난 바위나 산들은 보는 사람들로 하여금 오렌지 색깔로 물든 요세미티의 하프 돔을 연상시킨다. 이러한 각양각색의 자이언이 가지고 있는 풍경은 이곳이 강에 의해 침식된 다층 다색의 해저지대이기 때문이다.

다른 공원들은 대부분 차량이동을 통해 둘러봐도 별다른 어려움이 없지만, 자이언 국립공원은 트레일 코스를 이용하여 돌아 본다면 보다 효과적인 여행이 될 수 있는 지역이다.

공원으로 들어가는 입구는 US 89번 도로에서 들어오는 동쪽 입구와 I-15에서 들어오는 남쪽 입구가 있다. 그랜드 캐니언 노스 림과 브라이스 캐니언 등을 통해서 들어오는 길은 동쪽 입구이다. 공원 입장료는 20불이다.

자이언 국립공원

유타에서 네바다로 넘어가는 사막지역

트레일 코스가 더 발달되어 있다. 날씨가 브라이스 공원과는 딴판으로 더웠다. 기온이 무려 40도 가까이 올라가 숨쉬기도 힘들었다.

어제도 그런 생각이 들었지만 애리조나, 유타, 네바다 주 등은 여름보다는 봄 가을이 여행하기 좋은 주 같았다. 모텔들도 한여름이 비수기라고 한다. 그 정도로 엄청나게 날씨가 뜨겁고 덥다. 지난번에 와서도 느꼈지만 공원 색이 상당이 예뻤다. 산의 색도 나무의 색도 돌의 색도 모두 예쁘다. 가을에 오면 단풍이 들어 더욱 예쁠 것 같다는 생각이 든다.

이밖에도 유타 주에는 아치스 국립공원과 캐니언 랜드 국립공원 그리고 캐피탈 리프 국립공원이 있다.

공원을 나와 유타 주 세인트 조지 시까지 와서 I-15도로를 타고 네바다 주에 있는 라스베이거스까지 가기로 했다. 저녁시간이 다 되어 오는데 기온은 계속 올라갔다. 잠깐 사이에 섭씨 44도까지 올라갔다. 이 정도면 사람이 살기엔 부적합한 기온 같았다. 아스팔트는 뜨겁고 불어오는 바람도 뜨겁고 온 세상이 온통 불가마속 같다. 잠깐 지나가는 우리들은 그렇다고 쳐도 이곳에서 생활하는 사람들 그리고 과거 에어컨이 나오지 않았던 시기에 살았던 사람들은 어떻게 지냈을까 그게 정말 궁금했다.

어제 들렀던 애리조나 앤텔로프보다 더 더운 것 같다. 정말 심하다. 모든 의욕이 사라진다. 그냥 집으로 돌아가고 싶다는 생각이 앞선다. 아이들도 난리다.

세인트 조지에서 라스베이거스 방향으로 길을 들었다. 우리가 있던 곳은 유타 주였고, 라스베이거스는 네바다 주이다. 그런데 유타에서 라스베이거스로 가기 위해 들어선 고속도로는 잠깐씩 애리조나를 다시 지나간다. 아무튼 재미있는 나라다. 27마일 정도 애리조나를 거쳐 가는데 그 길이 장관이다. 돌산으로 온통 뒤덮힌 길을 달리는데 나무 하나 풀 한 포기 없는 정말 돌산이다. 흙도 잘 보이질 않는다. 그 생김새도 엄청나다. 길이 워낙 좁아 차를 세우지 못해 촬영은 하지 못했다. 만약에 이 산에 나무와 풀이 무성하다면 정말 기막힌 산세가 되었을 것이라는 생각을 해본다.

돌산 계곡을 빠져 나오자 삭막한 사막지대가 이어진다. 평야지대다. 차 뒤로 아까 지나쳐 온 우람한 돌산이 보인다. 해질 무렵의 네바다 평야지역은 경치가 볼 만했다. 차 규정 속도가 75마일, 그러니까 우리나라 속도로 120킬로미터 정도 된다. 그런데 모두 엄청나게 달리는 것 같았다. 갓길에 차를 세우기가 어려울 정도로 속도를 내는 차들 사이에서 주변 풍경을 살피느라 정신이 없었다. 결국은 기회만 보다 사진 촬영은 하나도 못하고 라스베이거스 입구에 있는 모텔로 들어와 오늘의 일정을 정리했다.

유타 지역의 국립공원

아치스 국립공원 Archs National Park

모아브에서 북쪽으로 5마일 정도 떨어져 있는 아치스 국립공원은 넓은 지역에 세계에서 가장 크고 많은 아치형 자연석을 간직한 곳으로 자연의 경이로움을 완벽하게 표현한 기형 암석들이 2천여 개가 넘는다. 수만 년 동안 계속된 급속한 온도 변화와 지각 변동으로 지금의 모양을 형성하게 되었다. 지금도 계속적인 변화와 활동을 보여주는 이곳 기암들의 색상과 기이한 모양은 보는 각도에 따라 새로운 형태로 다가와 보는 사람에게 신비감을 불러일으킨다. 공원 내 도로를 따라 특징적인 아치가 있는 곳곳에 뷰 포인트가 있으며, 그 중에서도 가장 압권은 델리커트 아치[Delicate Arch]라고 할 수 있다.

모든 아치가 있는 뷰 포인트는 주차장에 차를 세우고 걸어서 둘러보게 되어 있다. 특히 델리게이트 아치는 주차장에서 4.8킬로미터 정도로 어른 걸음으로 30분 정도 소요되는 위치에 있으며, 가는 길이 완만한 산등성을 타고 오르는 길이라 생각보단 체력의 소모가 심하니 여름에는 충분한 물을 준비하고 가는 게 좋다. 막상 아치가 있는 정상에 오르면 눈앞에 펼쳐지는 아치의 황홀한 모습에 올라오다 지친 몸과 마음이 저절로 풀린다. 자연의 조화가 얼마나 아름다운가를 새삼 느끼게 하는 아치이다. 아치의 절정을 보려면 해질 무렵이 가장 좋다. 석양에 물든 붉은색의 아치의 모습은 뭐라 형언할 수 없는 아름다움을 보여준다. 많은 사진가가 즐겨 찾는 곳이기도 해서 좋은 촬영을 위해서는 해지기 전에 조금 일찍 올라가 자리를 잡는 것도 중요하다. 간혹

캐니언 랜드 국립공원 Canyonlands National Park

심한 바람으로 걷는 것조차도 어려울 때가 있으므로 주의해야 한다. 또한 보는 방향에 따라 다양한 모습을 보여주므로 사전에 여러 각도에서 바라보는 것도 중요하다.

다음으로 가장 아름다운 아치라고 생각되는 것은 Landscape Arch이다. 주차장에서 2.6킬로미터 걸으면 나오는 이 아치는 지금도 계속 돌이 떨어지고 있어 아치 근처에는 접근이 통제되고 있다. 이외에도 많은 자연의 걸작품들인 아치와 기이한 모양의 바위들이 주변에 산재해 있어 이 지역을 들른다면 꼭 한 번 방문해 볼 만한 장소라 생각된다. 공원은 다른 공원과 마찬가지로 연중 딱 한 번 크리스마스인 12월 25일에만 문을 닫는다. 미국 내 모든 국립공원이 마찬가지다.

공원 입장료는 10불이며, 일주일 동안 사용이 가능하다. 이 공원 바로 앞에는 캐니언 랜드 국립공원 북쪽 입구가 있어 방문하기가 편리하다.

미국 유타 주 남동부에 있는 공원으로, 1964년 국립공원으로 지정되었다. 이 공원은 콜로라도 강과 그린 강이 흐르는 사막지대에 있으며, 오랜 세월 흐르는 물과 바람에 의한 침식 작용이 만들어낸 깊은 협곡 군을 비롯하여 붉은 사암이 깎여서 형성된 아치, 첨탑, 길게 이어진 기둥 모양이 산재한다. 그 중에서 두 강 사이에 발달한 메사주위가 급경사이고 정상 부분은 평평한 지형가 눈길을 끌며, 공원의 날씨 변화가 상당히 심하다.

공원으로 들어가는 길은 남쪽 입구와 북쪽 입구 두 가지로 남쪽에서 US 191번 도로를 타고 올라오다 211번 도로로 들어가는 길과 아치스 국립공원에서 북쪽으로 조금 올라가다 313번 도로로 들어가는 입구 등이 있다. 이 두 곳은 각기 다른 풍경을 보여준다. 공원 관람은 뷰 포인트를 따라 공원 위에서 둘러보는 방법과 협곡 아래로 내려가 계곡의 신비함을 가까이에서 보는 방법이 있다. 그러나 협곡 아래는 위쪽보다 한여름에는 상당히 무덥고 가물어 많은 양의 물을 준비해야 하며, 또한 협곡으로 내려가는 길이 좁고 험해 운전에 신경을 써야 한다. 협곡 아래 길은 바위로 이루어져 상당히 거칠고 험해 사륜구동이 아니면 들어가지 않는 게 좋다. 캐니언 랜드에서 가장 가까운 동네인 **모아브**에 가면 사륜구동 지프를 빌려 주는 곳도 있다.

이 공원은 개인적으로 자주 들러 본 곳이다. 올 때마다 심한 날씨 변화로 고생을 많이 했다. 겨울엔 상당히 춥고 한여름에도 강한 돌풍이 불어 당황하게 하는 경우가 많다.

그랜드 캐니언처럼 크고 웅장하진 않지만 공원에 이름처럼 작은 캐니언들이 아기자기 모여 있는 게 아주 볼 만한 풍경을 만들어 준다. 공원은 연중 개방하며 입장료는 10불이다. 공원을 나오다 보면 오른쪽으로 Dead Horsepoint State Park가 있다. 주립공원으로 캐니언 랜드와 연결되는 공원이지만 별도로 관리 운영하며, 입장료는 3불이다.

모아브 시티 Moab City

캐니언 랜드나 아치스 국립공원을 가기 위해서는 모아브라는 동네를 거치게 되어 있다. 두 국립공원이 모아브에서 얼마 걸리지 않는 위치에 있기 때문이다. 모아브에 숙박을 하면서 두 공원을 방문한다면 좀더 수월한 여행이 되리라 생각한다. 공원 이외에도 모아브 주변은 볼거리가 많다. 특히 뉴 멕시코나 애리조나에서 넘어오는 US 191번 도로는 Church Rock 등 도로 주변에 볼거리가 많다.

캐피탈 리프 국립공원 Capital Reef National Park

1971년 국립공원으로 지정됐다. 침식작용을 받은 첨탑형, 아치형 등 여러가지 형태의 색채가 풍부한 기암, 기석, 우뚝 솟은 절벽 등과 이러한 것을 중간중간 여러 부분으로 끊은 협곡 등이 모여서 장관을 이룬다. 공원의 이름은 공원 내를 흐르는 프리몬트 강에서 치솟은 높이 30미터, 길이 32킬로미터의 융기 사암 낭떠러지가 국회의사당 돔과 비슷하다고 하여 붙여진 이름이다.

미국에서 가장 큰 공원 중에 하나인 이 공원은 사람들의 발길이 적은 국립공원에 속한다. 공원은 지질학상의 벽으로 수백 마일에 걸쳐 펼쳐져 있고, 키시드럴 계곡 Cathedral Valley 이라고 알려진 장관의 고원 사막을 가로지르는 Waterpocket Fold를 따라 이루어져 있다.

연중무휴이며 공원 입장료는 무료이다. 개인적으로 이 공원은 2년 전 촬영할 때 한 번 지나 온 기억이 있다. 안내서에서 나온 것처럼 그렇게 대단해 보이지도 그리고 별다른 특징을 느끼지도 못했고, 그때도 날씨가 워낙 더워 차로 이동하면서 대충 보고 지나간 기억이 난다. 캠핑이나 등반 등 레크레이션 목적으로 찾는 사람들이 많아 보였다. 시간을 내서 자세히 본다면 다른 이미지를 찾을 수도 있을 것이다.

캐니언 랜드 국립공원

유타 주 Utah

면적은 한반도의 크기와 비슷하고, 인구는 210만 명 정도이며, 우리 교민의 수는 6천여 명 정도라 한다. 유타 주 하면 몰몬Mormon교도가 생각이 나는 주로, 이 주는 그들이 만든 주이다. 동부 쪽에서의 박해를 피해 몰몬 트레일이라 명명된 길 없는 길을 걸어 1847년 솔트레이크 계곡에 도착한다. 이때부터 이들은 척박한 땅을 개간하여 풍부한 생산물이 나오는 농장으로 만든다. 이 솔트레이크가 지금의 주도다. 준주였을 무렵 몰몬교의 일부다처제를 둘러싸고 연방정부와 갈등을 빚어 유타 전쟁으로 발전. 결국 교회측이 양보하여 일부다처제를 폐지한다. 주 내에서 몰몬교의 신자가 한때는 60퍼센트를 넘었으나 외부 인구의 유입 등으로 현재는 40퍼센트 정도라고 한다. 그러나 아직도 각 분야의 주요 요직은 몰몬교가 장악하고 있다. 솔트레이크의 염분은 바다보다 4-7배나 높고, 주의 대부분이 사막이나 준사막지대지만 유타 주 남부는 다섯 개의 국립공원을 가지고 있을 정도로 미국에서 국립공원을 가장 많이 보유한 주이기도 하다. 땅은 거칠고 자연 그대로의 모습을 지니고 있으며, 이 때문에 간혹 다른 세계에 온 듯한 느낌을 받기도 한다. 솔트레이크 시를 중심으로 북쪽 산간 지역은 연평균 5백 인치 정도의 많은 눈이 내려 스키나 동계 스포츠가 발달한 곳이다.

Joshua Tree National Park
조슈아 트리 국립공원

7월 16일 수요일

a trip log

네바다 주 라스베이거스
다운타운 → 캘리포니아
주 → 조슈아 트리 국립공
원 → 로스엔젤레스

아침에 일어나니 다른 지역에 비해 해가 일찍 뜨는 것 같았다. 지역에
따라 일출과 일몰 시간이 한 시간 정도 차이를 보인다.

아침 8시 현재, 기온이 33도이다. 어제 샤워를 하는데 냉수가 꽤 시원
했다. 플로리다나 다른 더운 지역을 다닐 때는 찬물이 미지근하다 못해
따뜻했는데 이곳은 시원했다. 나중에 알고 보니 물탱크를 석고 보드 같은
것으로 덮어 두고 수도 파이프에 프레온 가스 같은 냉각을 할 수 있는 기
구를 연결해 두었다고 한다. 날씨가 너무 더워 나온 고육지책이라 생각한
다. 플로리다를 비롯한 다른 더운 지역도 이런 서비스 정신이 필요하지
않을까 생각해 보았다.

조금 늦은 시간에 라스베이거스 다운타운을 둘러보고 나가기로 하고 길을 나섰다. 이곳은 오늘까지 다섯번째 들르는 곳이지만 늘 촬영을 하다 저녁 늦게 들어와 라스베이거스의 밤 분위기만 보다 간 곳이라 온 횟수에 비해 제대로 본 적은 별로 없었다.

밤은 그야말로 불야성이다. 캘리포니아 끝부분에 있는 데스 밸리 국립공원을 거쳐 160번 도로를 타고 라스베이거스로 들어오는 저녁길은 정말 환상 그 자체이다. 라스베이거스를 향해 비탈길로 달리다 보면 라스베이거스의 전경이 다 보인다. 멀리 보이는 라스베이거스의 야경은 불야성이고, 사막에 펼쳐진 화려한 불빛은 그야말로 인간 승리를 느끼게 한다. 또한 도심은 더운 날씨에도 불구하고 늦은 시간까지 보도는 물론 차도에도 인산인해를 이룬다.

일반적으로 라스베이거스는 도박과 환락의 도시로 알려져 있다. 그러나 반드시 그렇지만은 않은 것 같다. 가족들의 여행지로도 손색이 없는 그야말로 테마 파크의 절정을 이룬 휴양도시이다. 카지노도 도박이라는 개념보단 오락이란 개념이 맞을 정도로 다들 잠깐식 즐기는 그런 오락이다. 물론 몇몇 목숨을 걸고 하는 사람들도 없지는 않겠지만 말이다. 밤새 흥분의 도가니였던 도시는 아침이면 고요하고 차분한 도시로 변한다. 그러나 오늘은 조금 늦게 출발하여 다운타운 중심을 통해 나가 보니 늘 그런 것만도 아닌 것 같았다. 많은 관광객이 아침부터 산책을 하거나 기념사진을 찍느라 여념이 없다. 미국인들이 좋아하는 조깅을 하는 사람들도 많고···. 한마디로 완벽한 관광도시이다. 미국 및 세계 주요도시의 대표적인 건축물이나 조형물을 그대로 옮겨 놓은 거리 모습도 충분한 볼거리를 제공한다.

많은 사람들이 라스베이거스를 중심으로 한 네바다 주를 카지노의 대명사라고 생각한다. 그러나 미국 전체에 카지노가 점점 늘어나고 있는 추세다. 정확하게는 모르지만 네바다 주를 제외한 나머지 주들은 쉽게 카지노 허가를 내주지는 않는다고 들었다. 다만 인디언들에게만 허가를 내준다고 한다. 그러나 늘어나는 카지노를 보면 그렇지만도 않은 것 같다. 많은 교민들도 카지노로 인해 어려운 이민 생활에서 더 많은 고통을 받는 것을 자주 보았다.

라스베이거스를 뒤로 하고 다시 사막으로 들어섰다. 어제 라스베이거스로 들어올 때 석양빛에 멀리 보이는 도시의 모습은 노란 황색띠가 둘러싸고 있는 듯이 흐릿하게 보였다. 날씨가 더워 그런 현상이 보였나 보다 생각을 하고 들어갔지만 오늘 아침에도 그런 현상이 보인다. 도시 전체를 노란띠에 둘러싸여 있는 듯하다. 그 중심으로 들어가면 전혀 느끼지 못하는데 이런 현상이 일어나는 이유는 아무래도 빛의 산란 때문인 듯하다.

일교차는 그리 크지 않았다. 10시 정도가 되니 섭씨 44도로 어젯밤 온

도와 비슷해진다. 그리고는 더 이상의 상승은 없었다. 운전하다 무심코 손댄 차 유리창이 엄청나게 뜨거운 걸 알았다. 거짓말 조금 보태어 계란 후라이도 될 만한 열기였다. 에어컨도 이 더위엔 별로 신통치 않은 듯하다.

US 95번 도로로 두 시간 가량을 아무것도 없는 허허벌판을 달리다 중간에 유

소가 있는 62번 도로와 만나는 사거리에 이르렀다. 어느덧 우리는 캘리포니아에 들어와 있었다. 캘리포니아는 다른 주와 달리 캘리포니아로 들어오는 주 경계에 검문소를 설치해 두고 들어오는 차량들을 일일이 검문한다. 대부분 다른 지역에서 가지고 오는 과일이나 채소의 유무를 물어보고 좀 심할 때는 차 트렁크도 열어 본다. 그런데 이곳엔 검문소가 없다. 날씨가 너무 더운 지역이라 그런지 이유는 잘 모르겠지만 있어야 할 곳에 없으니 그것도 좀 이상했다.

두 곳의 주유소만 있는 삭막한 사거리는 오랜만에 나온 주유소라 많은 사람들이 몰렸다. 기름값은 다른 곳에 비해 두 배의 값이고 화장실도 노골적으로 돈을 받지는 않았지만 도네이션Donation을 받는다. 정말이지 나쁜 주인이다. 사람도 사람이지만 두 시간여를 달리는 동안 도로 중간에 휴게소를 만들어 놓지 않은 것도 문제다. 주유소는 건물 밖의 색깔이나 분위기부터 범상치 않았다. 다른 지역은 일반 레귤러가 1불 40센트정도 했으나 이곳은 레귤러 기름이 2불 80센트이다. 두 배 장사를 한 것이다. 비싸지만 주유소가 없으니 울며 겨자 먹기로 다들 주유를 한다. 그렇지 않아도 캘리포니아는 다른 주들보다 기름값이 많이 비싼데 이곳은 더했다. 엄청나게 비싼 기름을 넣고 62번 도로 서쪽 방향으로 다시 출발했다.

캘리포니아를 자주 다녀 봤지만 이렇게 더운 지역이 있는 줄은 몰랐다. 같은 캘리포니아에 있는 데스 밸리 국립공원은 그렇다 치더라도 정말 장난이 아니다. 여전히 엄청난 더위가 버티고 있다.

철로변 풍경

데스 밸리 국립공원

바람도 상당히 거센 편이었는데 완전히 헤어 드라이기에서 나오는 뜨거운 바람이다.

중간중간 차가 심하게 흔들린다. 철로를 옆에 두고 나란히 달렸는데, 철로 주변에 조그만 돌을 모아 써 놓은 글씨들이 보였다. 내 생각으론 한 사람이 기념으로 해 놓은 것을 보고 계속 사람들이 만들어 놓은 듯했다. 거의 10마일 정도는 그런 글들이 이어진다.

중간중간 폐허가 된 마을들이 방치되어 있다. 삭막한 사막의 모습이 더욱 삭막해 보인다. 계속 가다 보니 온도가 섭씨 45도로 올랐다. 여행중에 만난 제일 높은 기온이다. 집사람은 말은 안했지만 상당히 불안한 모습이다. 가도가도 보이는 건 돌산과 거친 풀이 나 있는 사막뿐이고 온도는 계속 올라가니 그럴 만도 하다.

그러나 생각보단 차량 통행량은 많은 편이었다. 드문드문 잊을 만하면 한 대씩 지나간다. 한참을 가는데 도로 옆에 이상한 나무가 하나 보였다. 차를 세우고 보니 죽은 나무에 신발들이 무수히 걸려 있다. 인형도 있고 티셔츠도 몇 개 걸려 있다. 이것 또한 이곳을 지나가던 사람들이 기념으로 시작한 일일 것이다. 삭막한 사막 길가에서 이런 것들이라도 있어 답답함을 덜어

사막지역 도로의 나무와 이정표

준다. 또 좀더 가니 표지판이 수없이 붙어 있는 이정표가 나왔다. 여러 면에서 재미있는 도로라는 생각이 들었다.

끝없이 뻗어 있는 도로와 주변의 삭막한 풍경을 찍을 요량으로 갓길에 차를 세우려다 큰 낭패를 봤다. 도로 표시에 소프트 숄더Soft Shoulder라는 표시가 있었는데 무시하고 들어간 게 화근이었다. 갓길이 순전히 모래라 차가 빠진 것이다. 순간적으로 당황을 했지만 바로 빠져 나올 수 있었다. 우리 차가 사륜이었기 때문에 가능했다. 날씨도 덥고 오가는 차량도 별로 없는 곳에서 정말 큰일날 뻔했다. 나보다 집사람이 더 놀란 듯했다.

다시 출발해 길을 계속 간다. 같은 풍경이 따분할 정도로 계속 된다. 전에는 꽤 많은 사람이 살았을 것 같은 마을들이 군데군데 보이지만 지금은

조슈아 트리 국립공원 Joshua Tree National Park

1936년 국가기념물로 지정되었다가 1994년 국립공원으로 지정되었다. 여러 종류의 화강암, 석영 등으로 이루어져 아름다운 경관을 자랑한다. 공원은 저지대인 동부의 콜로라도 사막과 고지대인 모하비 사막 사이에 위치한다. 공원의 이름인 조슈아 트리는 사막의 생태계에서 동물들에게 먹이와 안식처를 제공하는 중요한 역할을 하는 식물이다. 공원의 서쪽에서 많이 자라고 있으며, 이외에도 공원 안에는 다양한 사막 식물들이 자라고 있다.

또한 19세기에 융성했던 폐광들이 공원 안에 많이 남아 있다.

데스 밸리 국립공원 Death Valley National Park

이름부터 살벌한 국립공원이다. 이곳은 여름엔 한 번도 들어가 보지 못했다. 워낙 더워 사고의 위험이 많을 듯해서다. 7~8월 평균기온이 섭씨 50도가 넘는다. 지금까지 가장 높았던 기온이 58도라고 하니 가히 상상이 가지 않는다. 이번 여행에서 45도까지 느껴 보았지만, 58도라면 숨쉬는 것조차 힘들 듯하다. 이번에도 더운 날씨 탓에 일정에서 제외했다. 이곳은 모두 세 번 방문했다. 3월과 4월에 한 번씩, 12월에 한 번 왔는데, 4월에도 낮 기온은 25~6도를 오르내렸다. 12월에도 20도가 넘었다. 1870년대에 금광이 발견되기 전에는 인적이 거의 없던 곳이다. 금광 개발을 위해 많은 사람이 들어왔다. 최후까지 남은 사람들이 49명이었는데, 그들도 감쪽같이 사라졌다고 한다. 그들이 살던 집이나 마차들이 아직도 남아 있는 지역이다.

인간의 물질에 대한 욕망은 살인적인 더위도 아랑곳하지 않는다는 게 조금은 마음을 씁쓸하게 한다. 이 공원은 동물의 화석이 발견되면서 1933년에 국립공원으로 지정되었다. 공원은 연중 개방한다. 330만 에이커에 달하는 공원 안에는 훌륭한 사막 풍경, 흥미 있고 보기 드문 사막 야생생물, 복잡한 지질구조 등 황야에 묻혀 있는 역사와 문화를 간직한 곳이다.

공원의 총길이는 220킬로미터, 너비는 6~25킬로미터이다. 공원 대부분은 캘리포니아 주에 속해 있지만 북쪽으로 일부분은 네바다 주에 걸쳐 있다. 연평균 강수량이 60밀리미터 안팎의 사막 기후를 보이는 덥고 건조한 지역이다. 또한 북미 지역에서 가장 낮은 고도를 가지고 있다.

LA나 샌프란시스코에 오다 보면, 모자브에서 14번 도로를 타고 북으로 가다 US 395번으로 계속 올라가면 공원을 횡단하는 190번 도로를 만난다. 이 도로를 타고 가다 보면 많은 뷰 포인트를 보게 된다. 그 중에 비지터 센터를 지나 바로 나오는 Sand Dune이 있다. 이곳은 걸어서 들어갈 수 있다. 가까워 보이지만 가도가도 끝이 없는 길이다. 4월에 들어가 보았는데 얼굴이 벌겋게 달아 올랐다. 그곳을 나와 조금 올라가면 삼거리가 나오는데 왼쪽으로 가면 Race Track으로 가는 길이 나온다. 돌이 바람에 움직여 바닥에 자국을 남기는 곳인데 워낙 강한 바람에 이런 현상이 일어난단다. 그러나 일 년 아무때나 그런 현상이 보이는 건 아니고 3~4월에 가장 많이 볼 수 있다고 한다. 12월에 한 번 들렀는데 과거에는 상당히 큰 호수 지역이었던 것 같다. 지금은 물

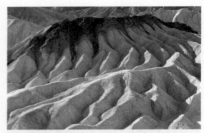

이 말라 땅이 갈라진 곳이었다. 바닥이 딱딱하지 않아 발자국이 남았다. 조그만 돌들이 바람에 구르면서 생긴 자국이 보이는 곳이다. 이곳은 다른 지역에 비해 상당히 추웠다. 사륜구동 차량이 아니면 들어가지 말아야 하는 굉장히 거칠고 험한 곳이며, 거리는 약 100킬로미터 정도로 시간도 꽤 걸리는 지역이다.

샌드 듄을 나와 오른쪽으로 나가면 이 공원의 대표적인 볼거리를 대부분 볼 수 있다. Bad Water, Artists Palette, Devils Golf Course 등이다. 이중에서 배드 워터는 정말 멀리서 보면 바다를 보는 것 같은 착각을 일으키는 곳인데, 바닷물이 말라 소금으로 넓은 지역을 덮은 지역이다. 소금길을 밟으면 아직도 물기가 올라온다. 이 지역이 데스 밸리에서도 가장 고도가 낮아 가장 더운 지역이다. 고도가 -88미터이다.

온 길을 돌아서 다시 190번 도로 동쪽으로 나가다 보면 캐니언 형태의 많은 색다른 지형을 만날 수 있다. 그 중에서 가장 압권은 Dantes View 포인트이다. 이곳에서 바라보는 데스 밸리의 석양은 정말 감동적이다.

시간을 내서 한 번쯤 둘러볼 만한 지역이다. 입장료는 10불이다. 공원 내 두 곳의 주유소가 있다. 그러나 상당히 비싸다는 것을 감안하고 공원에 들어오기 전에 기름을 가득 채우고 들어가는 게 좋다. 물론 슈퍼와 기념품을 파는 상점도 있다.

조슈아 트리 국립공원

거의 폐허가 돼 있다. 중간중간 아직도 사람이 사는 집들도 한두 채 있었지만 전체 분위기는 황량했다.

겨우 목적지인 조슈아 트리 국립공원에 도착했다. 집사람이 안도의 한숨을 내쉰다. 앞으로 이런 곳으로 올 거면 혼자 가란다. 정말 잠깐이지만 마음고생이 심한 듯했다.

이 국립공원은 사막 식물은 물론 조슈아 트리가 밀집해 있는 지역이다. 처음엔 조슈아 나무가 선인장의 일종인 줄 알았는데 그런 것은 아닌 듯했다. 북미산 유카라는 나무의 일종이라는 것을 나중에 알게 되었다. 다른 국립공원에 비해 특별한 볼거리가 없고 날씨 또한 상당히 더워 많은 사람들이 찾지는 않는 곳이지만 그런대로 볼 만한 곳이라는 생각이 들었다. 조금 높은 지역이라 그런지 기온이 조금 떨어진다. 살 것 같았다. 참

신기한 일이다. 좀 기온이 떨어
지니 이렇게 상쾌할 수가 없다.

LA 한인타운 입구

트리 공원을 빠져 나와 곧장
LA로 들어왔다. 역시 대도시는
대도시다. 퇴근 시간과 겹쳐서인
지 양쪽 도로가 꽉 막혀 있다. 어
렵게 한인타운 안으로 들어와 예
약한 호텔로 들어왔다. 교민이 운영하는 호텔이라는데 수준은 B급 모텔
정도다. 가격은 비쌌다. 모텔 이름을 바꾸었는데 예약시 알려 주지 않아
찾느라 한참 고생을 했다.

LA는 두번째 방문이지만 역시 이곳은 미국이라기보다는 한국이라는
생각이 든다. 몇 군데의 한인타운을 보아 왔지만 역시 규모나 분위기면에
서 LA를 따라가지는 못할 듯하다. 모든 게 비싸다. 식사값도 빙수값도….

네바다 주 Nevada

남한 면적의 세 배의 크기로, 인구는 180만 명 정도이다. 면적은 미국
에서 일곱번째로 큰 주지만 인구밀도는 상당히 낮다. 우리 교민의 수는
9천여 명 정도라 하는데, 이 수치는 미국 인구 센서스에서 발표한 인원
이라 실제 인원은 이보다 훨씬 많을 것으로 추정된다. 네바다라는 주명
은 시에라 네바다 산맥의 이름에서 따왔는데, 스페인 말로 네바다는 눈
을 뜻하고 시에라는 산맥을 뜻한다. 많은 사람들이 기피하던 지역이었
으나 1849년 캘리포니아 골드 러시 때 이곳을 지나는 사람들로 인해 몇
군데의 작은 촌락이 생기기 시작하여 네바다에서 발견된 은광으로 많
은 인구가 유입되기 시작한다. 대분지에 위치한 네바다는 수맥이나 적
은 강수량으로 많은 것이 부족했다. 그러나 도박이 허용되고 관대한 이
혼법으로 도시의 번영이 시작된다. 도박과 이혼을 위해 매년 찾는 수백
만 명의 관광객이 쓰고 가는 돈이 주재정의 절반을 차지한다고 한다.
세계에서 가장 높은 콘크리트 댐인 후버 댐이 이곳에 있다. 대표적인 도
시로는 라스베이거스와 리노가 있다.

Sequoia National Park
세쿼이어 국립공원

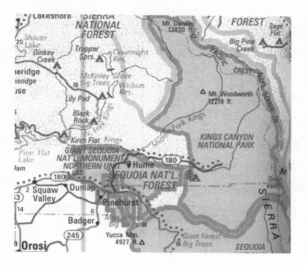

같은 층에 투숙한 젊은 친구들이 밤새 취해서 떠드는 바람에 집사람은 잠을 거의 자지 못했다. 나는 피곤해서 곯아 떨어지는 바람에 바깥이 조금 시끄럽다는 것은 알았지만 그냥 자 버렸다. 아침에 복도로 나가 보니 장난이 아니다. 카펫이 깔려 있는 복도에는 담배 꽁초와 술병이 여기저기 널려 있었다.

한국 사람은 분명한데 어디서 온 사람들인지는 모르지만 남을 전혀 생각하지 않는 무분별한 행동이 눈살을 찌푸리게 했다. 많은 곳을 다녀 보았지만 미국인들이나 외국 사람들이 이러는 경우는 정말 드물다. 공동생활에서 남을 배려하고 조심해서 행동하는 그들의 양식이 부러울 뿐이다.

체크아웃하면서 카운터에 항의했더니 미안하다는 말만 한다.

호텔을 나와 차를 타고 한인타운을 둘러보았다. 정말이지 규모가 대단했다. 타코마 한인타운과는 당연히 비교되지 않고, 뉴욕 맨해튼에 있는 한인타운과도 비교가 안 된다. 없는 게 없다. LA에 살면 영어가 필요없다는 말이 실감이 난다.

최근 한인타운이 점점 커지고 있다고 한다. 바람직한 일이라 생각은 들지만 좋은 방향으로 커졌으면 하는 게 솔직한 생각이다. 서울에서 오래 살아서 그런지 대도시는 웬지 모르게 자꾸 싫어진다. 사람 많고 시끄러운 건 딱 질색이다. 그런 이유로 미국 동부는 물론 가까이에 있는 LA조차 자주 들러 보지 않았다. 촬영 때문에 이 근처로 내려오는 일이 있어도 옆으로 지나갈 뿐 들어오진 않았었다.

작년에 촬영차 서해안 도로를 타고 샌디에이고까지 가는 일정이 있어 LA에 처음 들른 적이 있었다. 지리를 잘 몰라 한인타운을 찾으려고 차를 타고 한참 헤맸다. 그런데 분위기가 좀 이상했다. 조금 과장을 해서 말을 하면 지역별 색깔 구분이 좀 강하게 느껴졌다. 한참을 헤매다 겨우 한인타운으로 들어가니 한국인과 멕시칸이 대부분이고 몇 블럭 차이는 나지 않았지만 조금 더 지나가니 흑인들만 보이고, 비벌리 힐스라는 곳으로 가 보니 백인만 보인다.

미국 어느 곳을 가도 주거지역엔 비슷한 사람들끼리 모여 사는 모습을 자주 본다. 그러나 활동 공간이 이렇게 구분되는 곳은 처음 보는 듯했다. 뉴욕도 이번에 처음 들러 보았지만 이 정도는 아니였다. 뉴욕은 생각보다 훨씬 안전하고 많은 인종과 사람들이 섞여 살고 있었다. 그런데 내가 본 LA는 그렇지 않았다. 물론 잠깐 보고 단언하듯 말할 수는 없지만, 그땐 그렇게 보였고, 그렇게 보인 이곳이 별로 좋은 인상은 아니었다. 그러나 좋았던 점도 있었다. 좀 우스운 일이지만 음식맛이 한국과 비슷하다는 점이다. 외국 생활을 하면서 가장 그리운 것은 한국에서 먹었던 음식들이다. 그런데 우리가 있는 워싱턴 지역은 솔직히 말해 전문가들이 없다. 흉내는 내지만 맛이 우리가 알고 있는 맛과는 많은 차이가 난다. 그런데 이번에 와 보니 뉴욕이나 LA는 한국에서 먹던 맛과 거의 비슷했다.

LA 주변의 볼거리

많은 사람들이 LA에 오면 할리우드를 비롯해 비벌리 힐스, 롱 비치, 산타모니카 해변 등 유명 관광지와 디즈니랜드와 유니버설 스튜디오 등을 돌아본다. 디즈니랜드나 유니버설 스튜디오 같은 곳은 한 번 정도는 가볼 만한 가치가 있다. LA에서 조금 남쪽인 애너하임이란 곳에 위치한 디즈니랜드는 두 곳으로 나누어서 운영을 하는데, 하나는 디즈니랜드, 놀이 시설을 중심으로 한 테마 파크 디즈니 캘리포니아 어드벤처 이 두 곳이다. 입장료는 각각 따로 받으며, 정문은 서로 마주보고 있다. 매년 세계 각지에서 많은 관광객이 몰려오는데, 그 중 70퍼센트 이상이 어른 이라고 하니 재미있는 일이다. 디즈니랜드는 어린 시절 TV로만 보았던 만화 주인공을 직접 만날 수 있고, 동심으로 돌아가서 즐거운 시간을 보낼 수 있는 곳이다.

다음으로 LA에 있는 영화 스튜디오 중에서 가장 크다는 유니버설 스튜디오는 샌퍼낸도 계곡의 넓은 부지에 마련된 실제 영화 촬영장소이다. 스튜디오 내에 영화 관련 시설을 관람할 수 있는 테마 공원을 만들어 운영하고 있으며, 크게 트램 투어Studio tram ride / 스튜디오 센터 / 엔터테이먼트 센터 등 세 파트로 나누어 운영을 한다. 각 파트마다 독특한 특징이 있어 볼 만한 것들이 많지만, 특히 안내 버스를 타고 영화 속에 등장했던 세트와 영화 촬영장을 돌아보는 코스는 정말

인상적이었다. 할리우드 영화의 분위기를 조금이라도 느낄 수 있었던 곳이다. 이 두 곳은 3~4월 봄이 가장 방문하기 좋은 시기이다. 이 시기에는 관광객이 많지 않아 공원 내에 있는 대부분의 시설을 하루에 돌아볼 수 있고, 날씨가 덥지 않아 이동에도 큰 어려움이 없다.

한 번 정도 둘러볼 만한 곳으로 비벌리 힐스 바로 옆에 있는 할리우드가 있다. 이곳은 1920년에 영화촬영소가 설립되면서 발전하기 시작, 현재는 미국 영화의 총본산 구실을 하는 곳이다. 할리우드 주변에 심심치 않은 볼거리가 있지만, 특히 앞뜰에 많은 유명 배우들의 손바닥 또는 발바닥 도장이 찍혀 있는 중국극장은 아기자기한 재미를 주는 곳이기도 하다.

이외에 롱 비치, 산타모니카 비치 등 서부 해안의

유니버설 스튜디오 & 할리우드

유명 관광지들이 많이 산재해 있는 곳이 LA 주변이다. 그러나 롱 비치나 산타모니카 비치 등 우리가 많이 알고 있는 곳들은 유명세에 비해 별반 좋아 보이진 않았다. 미국 태평양 연안의 해안도시들이나 해안가에는 상당히 많은 해변들이 있다. 그러나 북쪽인 오리건 주나 워싱턴 주의 해안에는 상업적인 냄새보다는 자연 휴양지 같은 조용하고 아늑한 분위기를 만날 수 있다. 그와 반대로 이곳 캘리포니아 해안은 상당히 상업적인 냄새가 강하게 풍기는 곳들이 많으며, 빈부 격차를 심하게 느낄 수 있는 지역간의 분위기 차이가 많이 나는 곳이기도 하다.

그러나 샌디에이고 방향으로 롱 비치 이전의 해안마을들은 규모는 작으나 상당히 조용하고

아름답다. 누구나 그곳을 지나다 보면 이런 곳에서 살아 봤으면 하는 생각이 절로 나는 마을들이 중간중간 산재해 있다.

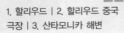

1. 할리우드 | 2. 할리우드 중국 극장 | 3. 산타모니카 해변

도시 분위기는 좀 그래도 그곳에 사는 우리 교민들은 너나할것없이 열심히 사는 모습이다. 바쁘게 하루를 준비하는 교민들의 모습을 보면서 즐거운 마음으로 도시를 빠져 나왔다. LA 주변에는 볼거리들이 상당히 많다. 비벌리 힐스는 미국의 부자들이 산다는 동네를 비롯해 할리우드, 디즈니랜드, 유니버설 스튜디오, 롱 비치 해변 등.

　다운타운을 빠져 나와 북쪽으로 올라가는 고속도로 I-5를 탔다. 주변이 온통 황금색 물결이다. 기온은 다시 올라가고 태양이 뜨겁다 보니 햇빛에 풀들이 말라 노랗게 변해 버린 모양이다.

　세콰이어 국립공원을 향해 달렸다. 한참을 가다 보니 산세가 험한 지형이 나타난다. 계속 올라가는데 기온 또한 올라간다. 이곳은 요세미티 공원의 아래에 있는 지역으로, 세계에서 가장 큰 나무라는 세콰이어 나무가 많이 자라는 곳이다.

세콰이어 국립공원

이 공원은 보고 배우는 여행의 대표적인 곳이란 생각이 들었다. 트레일 코스를 공원 가이드와 함께 걸으며 나무의 생태에 대한 설명을 듣고 보고 만지면서 자연을 배우고 자연을 보전하는 방법을 터득하는 것이다. 가족 단위로 온 사람들은 비지터 센터에 들러 정보를 듣고 자신들이 이 공원을 어떻게 둘러볼지를 계획한다. 너무도 바람직하고 보기 좋은 모습이다.

세콰이어 국립공원

조금 여유를 가지고 공원을 둘러본 후 옆에 같이 있는 킹스 캐니언 국립공원은 가지 않고 나왔다. 설명서에 나온 것을 보면 킹스 캐니언은 협

세콰이어 & 킹스 캐니언 국립공원 Sequoia & Kings Canyon National Park

삼림 위주의 국립공원으로, 1890년 빅 트리 Sequoiadendron Giganteum를 보호하기 위해 지정되었다. 세콰이어란 나무 이름은 체로키 인디언 추장의 이름에서 따온 것이라 한다. 시에라 네바다 산맥의 서쪽 사면에 위치하며, 세콰이어의 대원시림으로 유명하다. 특히 셔먼 장군이라는 이름이 붙여진 나무는 높이가 83미터이고, 줄기의 지름이 약 10미터이다. 그밖에도 높이 수십 미터의 세콰이어가 곳곳에 있다.

공원 주변에는 미국의 최고봉인 휘트니 산을 비롯하여 높은 산들이 많으며, 험준한 산악지대로 이루어져 있다. 이 공원 북쪽엔 킹스 캐니언 국립공원이 있다. 킹스 강에 형성된 깊이 300미터의 미들 포크, 사우스 포크의 두 계곡의 경관이 뛰어나며, 미국 삼나무 세콰이어의 천연림 및 곰, 사슴 등 많은 야생동물이 서식하고 있다. 공원 내에 추정치의 수령 3,500년에 높이가 81미터인 그랜트 장군이라고 명명된 세콰이어는 세콰이어 공원에 있는 셔먼 장군과 더불어 이 지역 명물이 되었다.

공원으로 들어오는 길은 두 곳이다. 프레스노Fresno에서 들어오는 180번 도로와 Tulare에서 들어오는 198번 도로가 있다. 공원 입장료는 10불이며, 모든 공원은 일 년 내내 개방하나 킹스 캐니언의 Mineral King 지역은 5월 말경부터 10월 31일까지만 오픈하고, 세콰이어 공원의 Cedar Grove는 4월 중순에서 11월 중순까지 오픈한다. 크리스탈 동굴은 겨울 시즌엔 닫는다.

요세미티 국립공원 Yosemite National Park

1890년 국립공원으로 지정된 미국에서 세번째로 오래된 공원이다. 시에라 네바다 산맥의 서쪽 사면 일대에 전개되는 대자연의 공원이다. 미국에서 가장 유명한 공원 중 하나이며, 샌프란시스코와 가까워 많은 방문객이 찾는다.

요세미티의 풍경을 보면 영감을 얻고 경이감과 신비감을 느끼게 된다고 한다. 물과 기후, 태양광선이 끊임없는 상호작용을 하여 숨막힐 정도로 웅장하고 고요한 기암절경의 형태와 색깔 그리고 표면의 질감을 만들어낸다.

공원은 요세미티 계곡과 같은 자연경관과 세콰이어 나무를 비롯한 삼림지대 및 하이시에라 황무지를 포함하고 있다. 수백만 년에 걸쳐 지층이 솟아오르고, 기후와 침식작용으로 인해 과거에 바다 밑바닥이었던 퇴적암층을 깎아 없애고, 하천과 강들에 이어 빙하가 느린 속도지만 무자비하게 퇴적암층 아래에 형성되었던 화강암들을 조각했다. 기온이 내려갔던 200만 년 전에 시작된 빙하는 3개 이상의 시에라 산맥의 정상에서부터 아래쪽으로 이동했다. 돌이 섞인 빙하의 줄기들은 통과하는 암석층을 샌드페이퍼처럼 깎고 마모시켜 계곡 바닥이 매끈한 빙하작용 특유의 흔적을 남겼다.

요세미티는 현재도 자연의 위력과 생태계의 활동이 상호작용하는 영향을 끊임없이 받으며 변화하고 있다고 한다. 요세미티에 있는 폭포들은 세계에서 가장 높은 것들 중에 하나이다. 폭포들의 우뢰 같은 흐름에서부터 유난히 반짝이는 호수들에 이르기까지 또한 경쾌한 급류에서부터 고요한 연못에 이르기까지 물은 화강암이 지반의 주류를 이루는 요세미티 풍경에 특별한 변화를 주고 있다. 특히 4월과 5월에는 시에라 산맥의 정상을 덮었던 눈이 녹아 흐르는 물로 강물이 불어 도처에 격류와 요란한 폭포를 만들어낸다. 하얀 오리나무와 검은 포플러, 잎이 넓은 단풍나무, 서양 아젤리아의 봄철 신록이 머시드 강의 주변 풍경을 밝게 장식해 준다.

하프 돔 Half Dome

요세미티의 간판으로 인식되고 있는 하프 돔은 요세미티 계곡 동쪽 끝부분에 약 1,500미터의 높이로 솟아 있다. 이 계곡에 살았던 인디언 아와니치 부족은 이 바위산을 티스사악이라고 불렀다고 하는데, 이는 분노 때문에 돌로 변한 여자를 의미한다고 한다. 하프 돔을 제일 가까이에서 볼 수 있는 Glacier point는 여름에만 5월말부터 10월까지 개방한다. 나머지 계절엔 많은 눈으로 인해 통제된다.

요세미티 폭포

총 길이가 740미터로 세계에서 다섯번째로 높은 요세미티 폭포는 위 폭포와 아래 폭포로 분리되는데, 98미터의 아래 폭포는 위 폭포의 1/4 높이에 불과하지만 나이애가라 폭포보다 두 배나 높다고 한다. 이 폭포의 절정은 눈이 녹아 수량이 최고에 달하는 늦은 봄으로, 굉음을 울리면서 절벽으로 떨어진다. 고지대의 눈이 별로 없는 늦여름에는 요세미티 폭포의 물줄기가 실개천처럼 줄어들거나 완전히 말라 버려 폭포의 절경을 볼 수 없는 아쉬움이 있다. 요세미티 폭포 이외에도 Navada, Vernal, Bridalveil 등의 폭포가 있다.

엘 캐피탄 EL Capitan

진정한 바위산의 원조로 불리는 엘 캐피탄은

인디언어로 추장을 의미하며, 힘과 내구성을 상징한다. 요세미티 계곡의 서쪽 입구에 웅장하게 솟은 이 바위 산의 정상은 계곡 바닥으로부터 대략 1,100미터에 이른다. 암석이 단단한 엘 캐피탄은 빙하들의 깎고 마모시키는 힘에 버틴 결정체라고 한다.

빅 트리 Big Tree

빅 트리 또는 시에라 미국 삼나무로 불리는 자이언트 세콰이어 나무는 3천 년 이상 된 것도 있으며, 키도 상상을 초월할 정도로 크다. 이 나무는 지구상에서 부피가 가장 큰 나무이다. 과거에는 광범위한 지역에 분포되었었으나 지금은 일부 지역에만 삼림지대를 형성하고 있다. 요세미티 공원 남쪽 입구 부근에 위치한 마리포사 그로브 숲은 가장 규모가 크고 찾기 쉬운 곳이기도 하다. 세콰이어 나무는 살아남기 위해 끈질기고 왕성한 생명력을 발휘한다고 한다. 이 나무는 목질은 연하지만 잘 썩지 않기 때문에 지면에 쓰러져도 쓰러진 형태로 여러 세기 동안 형체를 유지한다고 한다.

시에라 고원지대

계곡이 요세미티의 심장이라면 고산지대는 요세미티의 영혼이라 할 수 있다. 높이가 4,000미터에 이르는 시에라 능선의 정상 지역들의 대부분은 1984년에 개발제한지역으로 공식 지정되었다. '빛의 산맥'이라고 부르는 고산지대의 800마일에 이르는 공원의 등산로에는 많은 자연환경을 접할 수 있다.

이곳의 봄은 늦게 찾아온다. 5월 하순경에나 이곳을 통과할 수 있는 티오가 로드가 개통되며, 고지대는 사철 모두 눈으로 덮여 있다.

곡을 가지고 있는 것 말고는 세콰이어 공원과 비슷한 모습을 지닌 공원인데, 왜 굳이 분리해서 운영할까 하는 생각이 들었다. 입장료나 출입구는 같이 운영한다.

길이 좁고 험해 공원을 빠져 나오는 데 꽤 많은 시간이 소요됐다. 다시 고속도로로 나와 요세미티 국립공원의 입구인 모데스토^{Modesto}라는 곳에서 숙박하기로 했다.

요세미티 국립공원은 미국의 대표적인 국립공원이고 외국인들도 가장 많이 찾는 국립공원이다. 특히 풍경사진을 좋아하는 나로선 아주 의미 있는 공원이기도 하며 미국에 처음 와서 가장 먼저 둘러 본 곳이기도 하다. 그때의 느낌과 감격은 이루 말할 수가 없었다.

이 공원은 사시사철 어느 때나 계절의 특색에 맞게 공원의 아름다움을 자랑한다. 그러나 한여름인 7월 중순에서 8월에는 가급적 가지 않는 게 좋다. 사람도 연중 가장 많을뿐더러 이 공원의 대표적인 명소인 폭포들의 물이 말라 아주 볼품없이 돼 버리기 때문이다. 물이 없는 폭포의 모습이란 끔찍하다. 폭포에 물이 많을 땐 공원 입구부터 웅장한 폭포의 낙차음이 방문객을 맞는다. 소리만 들어도 속이 시원할 정도다.

이곳을 여행하기 가장 좋은 때는 봄인 3-4월이다. 사람도 적고 물도 많아 폭포의 위용을 볼 수 있으며, 특히 3월까진 간혹 눈도 내려 한겨울의 정취를 만끽할 수도 있다. 단 폭설로 인한 통제구역이 많아 요세미티 전부를 보지 못하는 안타까움이 있다.

앤셀 아담스 갤러리 입구

공원 도로의 모든 통제가 풀리는 시기는 5월말이다. 통제가 풀리면 동쪽으로 넘어가는 120번 도로를 타고 공원을 횡단하다 보면 새로운 모습의 요세미티를 만날 수 있다. 120번 도로는 겨울 내내 통제가 되는 도로라 시간을 맞추기가 상당히 어렵다. 특히 120번 도로를 타고 요세미티 공원의 끝부분를 조금 지나면 모노 레이크mono lake를 만날 수 있다.

이 호수는 주립공원으로, 바닷물보다 짠 거대한 염분 호수이다. 호수 주변에는 소금으로 만들어진 많은 형상들이 있으며, 건조한 시기에는 소금밭과 소금기둥이 생기는 희귀한 모습도 볼 수 있다. 호수 속에는 변형된 바다 생물들이 살고 있다고 한다. 한여름에 딱 한 번 방문한 적이 있는데, 호수 주변에 상당히 독한 모기 같은 벌레들이 많아 고생했던 기억이 있다. 그러나 호수물은 상당히 맑은 편이었다. 모노 레이크에서 US 395번 도로를 타고 남쪽으로 내려가면 데스 밸리 국립공원에 도달한다.

요세미티에서 가장 인상깊었던 것은 공원 안에 있는 사진가 앤셀 아담스 갤러리이다. 갤러리하면 우리나라처럼 깔끔한 공간에 사진 몇 장 걸어 놓고 거기에 맞는 조명을 설치한 고급스러운 공간을 생각하게 된다. 그러나 미국의 갤러리들은 실용적인 면이 강해 사진도 벽에 빽빽하게 걸어 두고 좀 어수선한 분위기를 보일 때가 많다.

이곳 앤셀 아담스 갤러리도 우리가 생각하는 그런 갤러리가 아니라 앤셀 아담스의 작품을 상품화한 포스터, 엽서, 도서류, 기념품 등을 판매하는 공간이다. 거기에 이 갤러리에서 관리하는 사진가들의 사진을 걸어 두고 판매하기도 한다. 너무도 인상적인 모습이었다.

캘리포니아 주 California

미국에서 세번째로 큰 주로, 남한의 4배 크기다. 전체 인구는 미국에서 가장 많으며, 약 3,500만 명 정도다. 1846년 멕시코와의 전쟁으로 1848년에 미국의 영토가 되었으며, 1850년 미국의 31번째 주가 되었다. 캘리포니아 기후는 크게 세 가지로 구분이 된다. 남부 해안지방은 지중해성 기후로 연중 섭씨 20~30도 정도이고, 남부의 내륙지역은 사막 기후로 모하비 사막과 데스 밸리 등 건조지역이 많으며, 섭씨 54도를 넘을 때도 있다. 반대로 북쪽 산간지역은 서안 해양성 기후로 산림이 많고, 평균 13도 정도로 연중 선선한 기후를 보인다. 캘리포니아 전체로 볼 때 겨울엔 눈보다는 비가 많이 온다.

주의 동쪽에 시에라 네바다 산맥이 뻗어 있고, 그 중앙에 알래스카를 제외한 미국 내에서 가장 높은 4,418미터의 휘트니 산이 있다. 산맥 동쪽 기슭에는 미국에서 가장 낮은 땅인 -88미터의 고도를 보이는 데스밸리가 있어 캘리포니아는 미국에서 가장 높은 곳과 가장 낮은 지점을 동시에 갖고 있는 주가 되었다. 원래 멕시코 땅이었던 관계로 스페인 문화가 많이 남아 있고, 멕시코인 이민이 많은 주이다. 중국, 일본 등 아시아계 이주자도 많으며, 특히 미국 전체 주 중에서 한국 교민이 가장

많은 곳으로 전체 교민의 수는 70만 명 정도라 한다. 경제 규모도 가장 큰 주이며, 다른 국가와 비교해도 세계 일곱번째의 경제 규모를 가진 주이다.

1,200마일에 달하는 해안선을 가지고 있고, 1번 도로의 해안도로는 환상적인 풍경을 보여준다. 특히 San Simeon 부터 Monterey에 이르는 약 100마일의 해안도로는 해안 풍경의 절정을 이룬다. 몬트레이에는 미국 내에서 가장

시설이 잘 되어 있고 주변 해안 조건과 잘 조화되도록 만들어 아름답다는 평가를 받고 있는 수족관이 있다. 이외에도 자연 그대로의 해양동물을 쉽게 만날 수도 있는 곳이 바로 캘리포니아 해안이다.

도로를 이용해 해지기 전에 캘리포니아로 들어
갈 때는 어느 곳으로 들어가든 검문소를 통과하
게 된다. 간단한 질문을 받고 통과하는데, 공통된
질문은 타 주에서 가지고 들어오는 과일이 있는
지에 관한 것이다. 질문을 하는 정확한 이유는
모르겠지만 이럴 때마다 미국에서 다른 나라 국
경을 넘어가는 느낌이 들 때가 많았다. 캘리포니
아 주기에 캘리포니아 공화국California Republic이라
고 써 있는 게 실감이 나는 순간이다.

유명한 도시가 다른 주보다 많은 편이다. 대표적
인 도시가 캘리포니아의 주도인 새크라멘토
Sacramento와 로스엔젤레스Los Angeles 샌디에이고San
Diego 샌프란시스코San Francisco 등과 이외에도 할리
우드Hollywood 산타모니카 등 많은 휴양도시와 관
광도시가 있다. 한마디로 캘리포니아는 풍부한
천연자원, 많은 산과 끝없는 사막, 자연 그대로의
울창한 숲 그리고 드넓게 펼쳐진 황금 해안 등
자연의 모든 조건을 다 갖춘 미국에서 가장 선택
받은 주라고 할 수 있다.

San Francisco
샌프란시스코

7월 18일 금요일

a trip log

모데스코 → 오클랜드 →
금문교 → 샌프란시스코

　시간이 갈수록 피곤이 누적된다. 아침에 일어나지 않고 계속 잤으면 하
는 생각이 굴뚝 같다. 도희는 아침마다 계속 코피를 쏟는다. 워낙 약하고
어려서부터 자주 코피를 쏟아서 그런지 그런데도 자기 누나를 놀리면서
장난을 친다. 다들 말은 안하지만 얼른 집에 갔으면 하는 생각들인 것 같
았다. 아침 기온이 조금 높다. 물론 지금까지 지나온 곳들보단 높지 않지
만 말이다.

　샌프란시스코로 향했다. 얼마 걸리지 않는 곳이라 상당히 여유를 부리
면서 갔다. 샌프란시스코 옆에 있는 오클랜드란 도시로 들어갔다. 한국
사람들이 많이 산다는 말을 들어서 시간도 남고 해서 한 번 둘러보고 가

오클랜드 다운타운

기로 했다.

그런데 이상하게도 다른 주나 다른 시로 들어설 때 많은 길을 놔 두고 매번 분위기가 이상한 곳으로 들어서게 된다. 집사람이 그것도 재주라고 한다.

오클랜드도 처음 방문하는 곳이라 어디로 들어가야 할지 몰라 한참을 망설였다. 그런데 들어온 길이 장난이 아니다. 길가에는 쓰레기더미가 쌓여 있고, 여기저기 버려진 병과 종이컵 등이 수북하다. 평소 캘리포니아는 상당히 깨끗하다고 느꼈다. 거리에 쓰레기를 버리다 걸리면 1,000불의 벌금이 부과되기도 하지만 자기들이 사는 주를 깨끗하게 하기 위해 다들 신경쓰는 듯했다. 그런데 오클랜드는 그게 아니다. 주변의 사람들과 건물들 분위기도 많이 가라앉아 있었다.

아무튼 이곳저곳을 헤매다 오클랜드 다운타운을 찾았다. 다운타운 내는 도시 주변부보단 깨끗했지만 첫인상이 나빠서 그런지 마음에 쏙 들진 않았다. 좀더 가다 보니 한글로 된 간판이 보였다. 식품점이 있어 들어가서 이것저것 물어보니 친절히 답을 해준다. 오클랜드는 교민이 샌프란시스코나 다른 지역보다 많지는 않다고, 한국 상가들도 모여 있지 않고 군데군데 있다고 한다. 산호세나 샌프란시스코에 교민들이 많이 산다고 했다. 미국의 여러 곳을 다녀 보았지만 이젠 한국 사람들 만나기가 그렇게 어렵진 않다. 어느 곳이든 우리 교민이 살고 있기 때문이다.

역시 몇 번을 헤매다 샌프란시스코로 들어가는 고속도로로 들어왔다. 입구부터 많이 막힌다. 출근시간이 조금 지났는데도 차량들로 인해 샌프란시스코로 들어가는 다리 입구는 꽉 막혀 있다. 통행료 2불을 받는다. 카풀 차선이 따로 있지만 막히는 건 마찬가지다. 시애틀에서 카풀 차선을 타려면 2인 이상이면 되는데, 이곳은 3인으로 되어 있다. 통행료를 내고 다리 입구로 가니 굉장히 넓은 차선인데 신호등을 설치해 한 대씩만 다리로 진입시킨다. 그렇게 하다 보니 생각보다 다리 진입 후에는 막히지 않았다.

이곳말고도 대부분의 미국 도시들은 출퇴근 시간에 주도로로 진입하는 차량들을 신호등을 설치해 통제한다. 한 대씩 진입시키는 방법인데 교통량이 많은 지역에선 상당히 효과가 있는 듯했다.

샌프란시스코는 몇 번 와 보았지만 미국의 대도시들 중에 마음에 드는

금문교 Golden Gate Bridge

길이 2,825미터, 너비 27미터인 샌프란시스코와 마린 반도를 연결하는 최단거리에 놓인 현수교이다. 조셉 B 스트라우스가 설계하였고, 1933년에 착공하여 1937년에 준공하였다. 차고 거센 조류와 짙은 안개가 자주 끼는 날씨 그리고 수면 아래 지형이 복잡하여 건설이 불가능할 것으로 예상되었으나 4년 만에 완공되어 불가사의한 일로 받아들여지고 있다. 다리의 중앙부는 해면에서 70미터 높이에 있으며, 수심이 깊어 다리 밑은 대형 선박이 통과할 수 있고, 해면과 교각 사이가 넓어 비행기도 통과할 수 있다고 한다. 다리 주변을 공원화하여 많은 관광객을 유치하고 있다. 세계에서 가장 아름다운 다리로 평가를 받는다. 북쪽인 산타로사 방향에서 오다 샌프란시스코로 넘어가려면 통행료 3불을 내야 한다. 다리를 감상할 수 있는 포인트는 모두 세 곳으로, 다양한 각도에서 다리의 아름다움을 느낄 수 있다.

금문교

30일간의 미국 횡단일주기

몇 안 되는 도시 중 하나다. 거리의 모습도 밝고 활기차며 건물들도 다른 도시들과는 색다른 멋이 있는 곳이다.

오늘은 주말이라 그런지 상당히 많은 관광객들이 몰려온 것 같았다. 거리에 사람도 많고, 차 안에서 지도를 펴고 살펴보는 사람들도 많다.

샌프란시스코 하면 여러 자랑거리가 있겠지만 뭐니뭐니해도 금문교일 것이다. 또한 금문교의 멋은 당연히 안개구름에 가려진 환상적인 모습일 것이다.

캘리포니아 지역으로 촬영을 나오면 꼭 거쳐 가는 곳이 이곳이지만 안개구름을 제대로 만난 건 처음 방문 때말고는 한 번도 없었다. 그러나 그땐 제대로 촬영 준비도 되지 않아 눈으로만 보고 느낄 수밖에 없었다. 그후로 몇 번을 더 지나갔지만 늘 흐리멍텅한 상태의 다리만 보았다. 그런데 오늘은 운이 좋은 날인지 하늘도 맑고 공기도 상쾌한 가운데 안개구름이 멋지게 지나가고 있었다. 시내를 차로 돌아보다 부랴부랴 금문교로 넘어가 정신없이 촬영을 했다. 아이들도 덩달아 자기 카메라로 사진을 찍느라 정신들이 없다.

조금 지나고 보니 구름이 없어졌다. 언제 걷혔는지도 모르게 사라진 구름이 약간은 허무하기도 했지만 오랜만에 본 안개구름의 맛은 잊지 못할 듯했다. 장비를 정리하고 철수하려고 하니 다시

금문교를 촬영하는 사진가

구름이 모이기 시작한다. 자연의 현상이라지만 정말 신기하기 짝이 없다. 금문교에서 바라본 샌프란시스코의 모습도 가히 환상적이다. 뿌연 구름에 쌓인 도시의 모습이 뭔가 신비함을 나타내고 있는 듯했다. 안개로 둘러싸인 도시 안은 맑고 화창한 날씨다.

샌프란시스코에서 또 하나 신기한 건 일본타운이 있다는 것이다. 미국 내에 있는 차이나타운 중에 이곳에 있는 차이나타운이 가장 크다라는 것은 많은 사람들이 알고 있다. 정말 그곳은 미국 안에 또 하나의 나라 같다는 생각이 들 정도로 규모가 크다. 뉴욕에서 보았던 차이나타운보다 깨끗하고 관광객도 많았다. 그러나 일본타운은 미국 어디에서도 찾아보기 힘든데, 이곳에만은 일본인들만의 상권이 모여 있는 타운이 있다. 규모는 크지 않지만 일본색이 확연히 드러나는 곳이다.

아쉽게도 샌프란시스코에도 한인타운은 없었다. 여기에도 한 곳에 모여 있진 않고 군데군데 있다고 한다. 일본타운 옆에 몇 개의 한국 상점들이 있는데 이것이 이곳에서 가장 많이 모여 있는 곳이란다.

금문교를 촬영하느라 예정된 시간보다 많은 시간을 지체했다. 서둘러 정리해서 해안선을 따라 올라가는 캘리포니아 1번 도로로 들어갔다. 이 도로는 미국 서해안을 따라 달리는 도로다. 그러나 들어가는 길이 상당히 구불구불하고 좁아 거리에 비해 상당히 많은 시간이 소비되는 곳이다. 워낙 자주 다닌 길이라 그냥 갈까 했지만 오랜만에 바다가 보고

샌프란시스코 내 일본타운

일본타운 안에 있는 한인 상점

싶어 잠깐 둘러보고 가기로 하고 방향을 잡았다.

길이 역시 험하고 힘들다. 그러나 금방 나타난 바다가 우리를 반겨 준다. 눈앞에 펼쳐진 태평양은 보는 것만으로도 속이 시원할 정도로 넓고 힘차다.

샌프란시스코에 들어오면서부터 기온이 뚝 떨어졌다. 섭씨 19도다. 약간의 한기를 느낄 정도였다.

해안으로 들어오니 기온은 더 떨어진다. 이곳 미국 서해안은 여름 평균기온이 20도 이하를 유지한다. 정말이지 피서하기엔 가장 적합한 장소다. 그러나 사람들은 바다에 잘 들어가진 않는다. 물이 차기 때문일 거다. 대부분은 모래사장을 걷거나 의자를 놓고 일광욕을 하든가 책을 보는 경우가 많다. 아니면 가족끼리 모여 대화를 주로 나눈다.

경치에 취해 계속 올라가다 나가는 길을 놓쳤다. 되돌아가서 나가든가 아니면 계속 올라가야 할 상황이다. 돌아가자니 올라온 시간이 아깝고 해서 계속 올라가기로 했다.

오랜만에 모텔 예약도 안했는데 도로 사정 때문에 시간도 많이 지체

캘리포니아 1번 도로변의 해안가

30일간의 미국 횡단일주기

되고, 집사람은 걱정이 많아지는 듯했다. 올라가는 길 중간에 있는 모텔에서 자자고 했더니 싫단다. 그도 그럴 것이 잘 모르는 지역이고 한적한 곳이라 초행길인 사람들은 숙소로 정하기가 좀 그런 곳이다.

해가 떨어지고 좁은 길을 달리는데 가도가도 끝이 없다. 길은 구불구불하고 속도는 낼 수 없고, 마음만 조급해지고 있다. 가끔 지나가는 반대편 차선의 헤드라이트가 순간순간 앞길을 막는다. 그렇게 한참을 나오니 US 101이라는 조금 넓은 국도가 나왔다. 여기서부터 모텔들이 밀집해 있는 곳까지 90마일 정도를 쉬지 않고 달렸다. 아이들은 지쳐서 차 안에서 잠이 들었다.

이 지역은 레드우드 국립공원 지역으로, 낮에는 레드우드의 우람한 모습을 보면서 지루함을 잊은 채 운전할 수 있는 길인데 지금은 너무 어두워 실루엣으로만 보인다. 저녁 11시 정도 목표했던 도시에 조금 못 미친 작은 마을에서 모텔을 알아 보았다. 웬만한 모텔들은 빈방이 없단다. 없으면 다시 15마일 정도를 올라가야 한다. 마지막 남은 모텔에 갔더니 우리가 마지막 손님이란다. 선택의 여지도 없이 흡연 방을 받아 짐을 풀었다. 그 시간이 12시. 아이들을 씻기고 간단하게 사발면을 준비해서 먹인 후 하루 일정을 마무리했다.

레드우드 국립공원 Redwood National Park

캘리포니아 남서부에 위치하며, 1968년에 국립공원으로 지정되었다. 또한 1980년에는 유네스코 지정 세계자연유산으로, 1983년에는 지구 생태계 보존지역으로 지정되었다. 캘리포니아 북서쪽 태평양 연안에 있으며, 공원 지정 지역은 몇 군데로 나뉘어져 있다. 국립공원 안에는 세 개의 주립공원이 포함되어 있다. 해안의 서쪽 비탈면에는 레드우드라고 불리는 세콰이어 종류의 나무가 무성하다. 레드우드 강변에는 세계에서 가장 키가 큰 나무로 기록된 112.1미터의 레드우드를 포함하여 큰 나무들이 많이 있으며, 이들 나무의 평균 수령은 400~800년 정도라고 한다. 공원 입구는 별도로 없으며, 캘리포니아 1번 도로와 연결된 US 101 해안도로를 타고 가다 보면 볼 수 있다. US 101번 도로로 오리건 주를 지나 캘리포니아로 넘어오는 길목에 들어서면 아름드리라고 말하기도 어려운 엄청난 두께의 레드우드가 그곳을 지나는 방문객을 맞는다.

Crater Lake National Park
오리건, 크레이터 레이크

a trip log
샌프란시스코 → 오리건
주 → 크레이터 호수

　일정의 마지막 날이다. 캘리포니아 1번 도로를 넘어오느라 어젯밤 고생을 했지만 오늘도 만만치 않다. US 101 도로에서 I-5로 넘어오는데 어제 길과 비슷하다. 국립 레크레이션 지역이라 써 있는 팻말이 보이고, 강과 호수가 있는 절경의 산악지역이다.

　많은 미국인들이 보트와 각종 레크레이션을 즐기러 온다. 계곡에서는 레프팅을 하는 사람들이 많다. 보기는 좋지만 우리에겐 힘든 구간이었다. 어제 늦게 들어와 잠도 늦게 잤지만 운전하느라 힘이 들어 그런지 몸이 천근만근이다. 길이 험해 곡예운전을 하듯이 운전을 하다 보니 온몸이 긴장되어 더욱 힘이 들어간다.

고개를 넘어오는 데 많은 시간이 소요되었다. 오늘의 일정을 제대로 소화할지 걱정도 되고, 하루 더 연장을 해야 할지도 고민이었다. 아이들과 집사람은 내일 집에 들어간다는 기쁨에 지금까지 힘든 것을 잘 참고 있는 듯하다.

그럭저럭 늦은 시간에 고개를 넘어와 I-5에 도착했다. 다시 기온이 올라간다. 캘리포니아 북쪽 끝부분인 이곳은 기온이 섭씨 37.8도까지 오른다. 아이들이 괴성을 지른다. 더운 날씨에 질렸나 보다. 나 또한 더위가 싫은 건 마찬가지다.

오늘의 목적지인 오리건 주 크레이터 호수를 향해 지친 몸을 달래며 계속 차를 몰았다. 중간에 집사람이 운전을 교대했다. 지금까지 촬영을 해오면서 몇 가지 보충촬영을 해야 한다는 강박관념이 잠이 오지 않게 한

크레이터 호수 고사목

다. 훌쩍 지나 버린 한 달이 너무 빨리 지나간 것 같기도 하고, 촬영도 제대로 못한 허전함이 집에 가까이 온 지금의 나를 더욱 힘들게 한다.

조금은 늦은 시간에 크레이터 호수에 도착했다. 2년 전 6월에 왔을 땐 기온이 영상 1도 정도로 심한 바람과 눈보라 때문에 추워서 제대로 촬영도 못하고 덜덜 떨었던 기억이 난다. 그런데 오늘은 화창한 날씨에 하늘엔 구름 한 점 없다. 그래도 그늘진 계곡 사이엔 아직도 잔설은 남아 있

다. 기온도 영상 25도 정도로 딱 좋은 날씨다.

언뜻 보기엔 백두산 천지 같다고 이곳에 사는 교민들은 말한다. 또 어떤 이들은 천지보다 훨씬 좋다고들 한다. 정말 처음 본 순간에는 백두산 천지 같다는 생각을 했다. 그러나 보면 볼수록 뭔가 빠진 듯한 허전함을 느끼게 된다. 우리 민족은 백두산을 민족의 영산이라 한다. 직접 가 보진 않았지만 사진만으로도 뭔가 모를 기 같은 것이 느껴지곤 하였다. 웅장하면서도 중후함도 있고 뭔지 모를 힘이 끌어당기는 듯한 마력을 느낄 수 있는 게 우리의 백두산이라면 이곳은 훨씬 가볍게 느껴진다. 그러나 규모로 보아서는 백두산 천지보단 훨씬 넓다. 나중에 알았지만 백두산의 100배 크기라니 엄청난 차이였다. 호수 깊이 또한 미국에 있는 호수 중에서 가장 깊은 호수라고 한다.

아이들은 다람쥐와 신나게 놀고 있다. 지난번 브라이스 국립공원에서도 그랬지만 이곳 다람쥐들도 사람을 무서워하지 않는다. 특히 도희가 난리가 났다. 과자 부스러기로 다람쥐를 유혹한다. 빈 봉지를 흔드니 다람

크레이터 레이크 국립공원 Crater
Lake National Park

1902년 국립공원으로 지정되었다. 케시케이드 산맥 중의 마자마 산이 폭발해서 생긴 신비로운 아름다움을 지닌 칼데라 호이다. 수심은 590미터, 면적은 650제곱킬로미터이며, 호수 주위가 150~600미터의 절벽으로 둘러싸여 있고, 북쪽은 사막 지형이며 기타 저

지대는 많은 야생동물들이 서식하는 대삼림지대이다. 호수는 강한 푸른 색을 띠며, 연평균 533인치의 눈이 내려 겨울에는 대부분의 시설과 길이 통제되고 닫힌다. 겨울 시즌에는 스틸 비지터센터만 오픈한다. 공원 입장료는 10불이며, 다른 공원과 마찬가지로 일주일 동안 사용 가능하다. 공원으로 들어오는 길은 남쪽에서 들어올 땐 62번 도로를 이용하면 되고, 북쪽에서는 138번 도로를 통해 들어오면 된다.

쥐들이 몰려온다. 남은 조
각 몇 개를 다른 사람들
몰래 던져 주니 신나게 받
아 먹는다. 그게 재미있
는지 도희는 계속 빈 봉지
를 흔든다.

다람쥐와 놀고 있는 아이들

대충 촬영을 끝내고 노
을이 지기 전에 산을 내려
오기로 했다. 이번 촬영에선 석양 사진을 한 장도 못 찍었다. 이유는 지난
번 뉴욕에 삼각대를 두고 온 것 때문이다. 이래저래 촬영면에선 문제가
많았던 여행이었다.

조금 과속을 해서 저녁 9시경에 마을로 내려왔다. 빈방이 있는 모텔을
찾아서 체크인을 하고 프라이드 치킨으로 저녁을 대신했다. 다행스럽게
도 일정을 하루 남기고 김치 등 반찬이 떨어졌다. 다른 건 몰라도 집사람
이 부식 관리는 정말 잘했나 보다.

내일은 집으로 간다.

오리건 코스트 Oregon Coast

오리건 코스트는 오리건 주민은 물론 전체 미국인
이 자랑으로 여기는 곳으로, 오리건의 최북단 아
스토리아에서 남쪽 북캘리포니아까지 총 길이 644
킬로미터의 해안도로에 70여 개의 주립공원과 이
름모를 수많은 해변가가 있는 상당히 아름다운 지
역이며, 자연 휴양지의 대명사라 할 수 있다. US
101 도로를 따라 위치해 있으며, 여름 기온은 평균
20도가 조금 넘지만 대체로 선선한 편이다. 여름
에도 강한 바람에 날씨의 변화가 심하지만, 특히

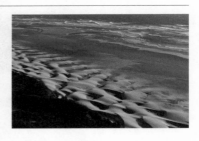

겨울에는 심한 폭풍이 몰아쳐 그 나름대로 주변 분위기를 만들어내 겨울 풍경을 보기 위해 일부러 찾

는 방문객이 많은 곳이다. US 101 도로는 인터스테이트 도로인 I-5 도로가 개통되기 전에 남북을 잇는 중심도로였다고 한다. I-5 도로는 주로 내륙을 따라 만들어졌지만 101 도로는 해안 주변으로 만들어져 볼거리가 많은 도로이다.

오리건 코스트에서 가장 대표적인 곳이 캐논 비치라는 곳이다. 예술가들이 많이 모여 살고 소형 갤러리가 많은 아주 조용하고 깨끗한 마을로 연중 많은 관광객으로 북적거리는 곳이기도 하다.

Columbia River Gorge National Scenic Area

포틀랜드에서 컬럼비아 강을 따라 I-84 도로와 나란히 달리는 US 30번 도로와 후드 강을 끼고 남쪽 방향으로 달리는 35번 도로 그리고 후드 산을 끼고 서쪽으로 달리는 US 26번 도로로 달려 다시 포틀랜드로 오는 코스이다. 이중에서 특히 30번 도로로 들어가 조금 가다 보면 크라운 포인트^{Crown Point}를 만날 수 있는데, 이곳은 컬럼비아 강의 장관을 한눈에 내려다볼 수 있는 장소로 영화에서도 자주 등장하는 장소이다. 이 길을 따라 계속 가다 보면 수많은 폭포를 만날 수 있는데, 이 중 가장 유명한 폭포는 Multnomah Falls로 미국 내에서 두번째로 높은 189미터라 하며, 인디언 처녀의 얼굴을 닮았다고 하여 '인디언 폭포'라고 불리기도 한다.

이외에도 댐을 비롯해 후드 산 등 다양한 볼거리가 있는 코스이다.

오리건 코스트 캐논 비치

컬럼비아 폭포(왼쪽)와
Multnomah Falls

오리건 주 ^{Oregon}

면적은 북한의 2배 정도이고, 전체 인구는 330만 명 정도이다. 미국에서 열번째로 넓은 주로, 1859년 33번째로 미국연방에 들어왔다고 한다. 오리건이라는 이름은 인디언 말로 컬럼비아 강을 뜻한다. 이 지역의 기후는 워싱턴과 거의 같다. 오리건을 캐스케이드 산맥을 중심으로 동서로 나누었을 때 워싱턴 주와 같이 캐스케이드 산맥의 서쪽에 주 인구의 2/3가 살고 있고, 도시들이 발달되어 있다. 반면에 동쪽은 건조한 초원이나 용암지대로, 산림도 적고 인구 또한 매우 적다.

오리건 주의 대표적인 도시는 포틀랜드로, 장미의 도시라고 한다. 세계적인 스포츠 용품 회사인 나이키의 본사가 있는 곳이기도 하다. 간혹 워싱턴 주 사람들도 쇼핑을 위해 이곳을 찾는다. 이유는 오리건 주는 물건을 살 때 세금^{부가세}을 소비자에게 받지 않아 느낌상으로 물건값이 타 주에 비해 싼 것처럼 느껴진다.

미국에서 유명한 오리건 트레일은 과거 사냥꾼이나 교역상, 선교사 등과 수송마차가 지나던 길로, 지금도 많은 관광객의 인기를 누리고 있다. 이 길은 미주리 주 인디펜던스에서 미주리 강을 건너 캔사스, 네브래스카를 지나 포토 키니를 거쳐 플래트 강, 노스 플래트 강을 따라서 포트 라라미에서 표고 7,500피트의 남쪽 통로로 로키산맥을 넘어 포트 홀, 포트 보이지를 지나 컬럼비아 계곡에서 윌라머테 강에 이르는 2,000마일의 여로로서 포장마차로 4~5개월 걸리는 먼 길이라고 한다. ^{미주리 주 인디펜던스에서 오리건 주 오리건 시까지}

서부 개척에 기여한 공이 큰 길이지만, 달리 말하면 인디언을 몰아낸 길이라는 뜻이기도 하다.

Washington, Return at Home
돌아온 워싱턴 주

7월 20일 일요일

a trip log

오리건 주 → 워싱턴 주

오늘은 조금 여유 있게 모텔을 나섰다. 몇 시간만 가면 워싱턴 주고 바로 집이다. 아이들도 상당히 들떠 있다. 워낙 짧은 시간에 무리한 일정을 소화하느라 많이들 힘이 드는 모양이다. 아들 도희는 벌써 열흘이 넘게 아침마다 코피를 쏟고 있다.

고속도로 하행선 방향으로 내려가는 RV차량을 보니 피곤한 것도 잊고 다시 여행을 떠나고 싶다는 생각이 든다. 못 말린다.

오전 11시경 워싱턴 주와 오리건 주의 경계선을 넘었다. 아이들이 환호성을 지른다. 한 5년 살았다고 자기들 고향인 줄 안다. 나 또한 마음이 편해지는 걸 숨길 수가 없다.

워싱턴 주 입구

  그런데 이상기온인지 워싱턴 주도 예전 같지 않다. 날씨가 더웠다. 뜨거운 태양이 애리조나나 캘리포니아 사막을 연상시킨다.

  이번 여행을 통해 많은 주를 돌아보았지만 그래도 사람이 가장 살기 좋은 환경을 가진 곳이 워싱턴 주가 아닌가 하는 생각을 해보았다.

  내가 처음 워싱턴에 왔을 때의 첫 느낌은 참으로 생소했다. 분명 도착한 날은 여름이었는데 길가의 잔디가 노랗게 물들어 있는 게 혹시 가을이 아닌가 하는 기분이 들 정도로 신기했다. 따스한 햇빛은 그늘에 들어가면 한기를 느낄 정도로 선선했고, 아침 저녁으로는 아무리 한여름이라도 긴 팔을 입어야 될 정도의 일교차는 정말 적응하기 힘들었다. 습기가 없는 건조한 날씨로 기온이 올라가는 한낮에도 그늘에만 들어가면 시원했고, 무리한 운동을 하지 않는 한 땀을 흘리는 일은 거의 없었다. 이러한 날씨

워싱턴 주 스페이스 니들 전망대

환경에 5년여를 살다 보니 이젠 이곳 사람이 다된 듯하다. 그런데 올해엔 기상이변인지 이곳 워싱턴 주도 상당히 덥고 건조한 날씨가 계속되었다고 한다.

워싱턴 주는 주변에 엄청나게 많은 푸른 나무와 숲이 상쾌한 공기를 제공해 주고 있어 에버그린 스테이트Evergreen State라는 별명을 가지고 있다. 한국같이 뚜렷한 사계절은 없어도 사계절이 구분되고, 여름철의 환상적인 날씨와는 달리 우기로 접어드는 겨울에는 한국처럼 춥지는 않지만 눈 오는 날도 드물고 온종일 비가 오는, 아주 우울한 날씨가 계속된다.

한국처럼 폭우가 내리는 날은 극히 드물지만 부슬부슬 몇 날 며칠씩 내리는 비는 처음 워싱턴에 온 사람들이 적응하기 힘들어 하는 것 가운데 하나이다. 그러나 오래 지내다 보면 그것 또한 이곳의 매력이라는 생각이 든다.

이와 같은 날씨 때문인지 이곳 사람들은 유난히 커피를 좋아한다. 미국의 커피 수도The Coffee Capital of America라고 할 정도로 이곳 사람들은 커피를 좋아한다고 한다. 끊임없이 내리는 부슬비에 밝은 햇살을 보기가 힘든 이곳 겨울의 자연환경은 삶의 자극을 주는 커피가 하나의 문화로 형성된 듯했다. 한국에서도 유명한 세계적인 커피 회사인 스타벅스Starbucks의 본사도 워싱턴 주 시애틀에 있다는 것을 많은 사람들은 알고 있다.

워싱턴 주로 들어오면서 지난 시간들이 생각났다. 미국 전체 50개 주 중 미국 본토에 48개 주가 있다. 이중에서 워싱

집앞 정원의 무성해진 잔디

턴 주를 포함해서 총 31개 주와 워싱턴 DC까지 32개 주를 돌아왔다. 정말 먼 거리였다. 30일이라는 짧은 시간에 돌아보기에는 상당히 무리가 따르는 일정이었지만, 우리 가족 모두들 잘 따라 주어 고마웠다.

총 13,000마일20,933km을 달렸다. 달린 거리만큼 그동안 잘 알지 못했던 미국에 대해 더 많은 것을 알게 된 소중한 시간들이었고, 가족과의 관계가 더욱 돈독해진 시간들이었다.

타코마에 들어서면서 한 달 동안 방치해 둔 잔디와 집안 정리를 해야 할 생각을 하니 벌써부터 머리가 아파 온다. 또다시 일상으로 돌아가야 할 시간인 것이다.

워싱턴 주 Washington

미국 서부의 최북단에 위치해 있고, 북쪽으로는 캐나다 밴쿠버와, 남쪽으로는 오리건 주, 동쪽으로는 아이다호 주와 경계를 이루고 있다. 인디언들이 살고 있던 이 지역은 1853년에 미국령이 되었고, 1889년에 미국의 42번째 주로 승격되었다. 주 전체 인구는 약 580만 명이며, 우리 교민은 미국에서 네번째로 많은 16만 명 정도라고 한다. 워싱턴의 사람들은 때묻지 않은 순수한 마음과 다른 주의 사람들에 비해 자신의 주에 대한 대단한 자부심을 가지고 있다. 워싱턴의 주도는 올림피아지만 워싱턴 제일의 도시는 시애틀이다. 우리에게는 「시애틀의 잠 못 이루는 밤」이라는 영화로 잘 알려져 있는 도시지만 가끔 워싱턴 DC와 혼동하는 사람들도 많다. 반도부에 솟아 있는 올림픽 산맥과 캐나다에서 오리건 주까지 종단해 있는 캐스케이드 산맥의 우람한 풍경은 아메리칸 스위스라고 불리는 워싱턴 주에 잘 어울리는 이름이다. 캐스케이드 산맥의 최고봉인 레이니어 산, 태평양으로 흘러 들어가는 강 중에서 가장 큰 컬럼비아 강, 세계 최대의 콘크리트 댐인 그랜드 쿨리는 모두 각자의 위용을 자랑하고 있다. 주의 55퍼센트가 산림지대이기 때문에 에버그린 스테이트라는 별명을 갖게 되었지만 20세기 들어와 지나친 벌목으로 산림을 보호하는 수단이 강구되고 있기도 하다. 그러나 아직도 우리가 보기에는 상당한 산림지대를 유지하고 있는 듯하다. 풍부한 수력과 목재, 발달된 항만을 가지고 있는 워싱턴 주는 미국의 서부 관문 역할을 하고 있다.

시애틀
Seattle

조용하고 평화로운 도시이다. 사람들은 늘 여유 있어 보이는 게 한국의 서울과는 다른 모습이다. 아침이면 지나는 사람 대부분이 종이컵에 든 커피를 들고 다니는 게 재미있다. 시애틀이라는 도시 이름은 이곳의 인디언 추장의 이름을 그대로 따서 지었다고 한다. 시애틀 구 다운타운인 파이오니아 광장에 가면 시애틀 추장의 흉상이 서 있다.

시애틀에는 볼거리가 많다. 그 중에서 내가 가장 좋아하고 다운타운에 나갈 일이 있으면 꼭 들르는 곳이 퍼블릭 마켓이다. 이곳은 「시애틀의 잠 못 이루는 밤」이라는 영화촬영지로 더 유명해졌다. 그래서 그런지 일 년 365일 늘 사람

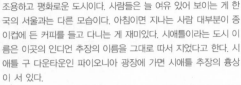

들로 북적거리는 곳이다.

사람들이 많이 몰리면 어디나 그렇듯 다양한 얼굴들이 등장한다. 거리의 음악가들이 가장 대표적이고, 그 밖에 광대들도 종종 지나는 사람들을 즐겁게 해준다.

이곳은 서민들의 시장으로, 작은 부

스를 임대해 자신들이 만든 수제품을 팔기도 하고 신선한 야채나 화사한 꽃들도 많이 나오는 곳이다. 해안도시라는 사실을 알려 주기라도 하듯, 당연히 돋보이는 곳은 어시장이다. 이곳 어시장에서 일하는 사람들은 워낙 언론에 많이 노출이 되어서 그런지 상당한 쇼맨십을 가지고 있다.

또 하나, 시애틀에 가면 꼭 들르는 곳이 하나 더 있다. 파이오니아 광장에 있는 앤틱샵Antique shop인데 상당히 유명한 곳이라고 한다. 웬만한 관광책에는 다 나와 있으니 말이다. 중고물건을 모아 두고 파

는 곳인데, 반지하에 엄청난 규모로 종류별로 모아 놓은 물건들이 정말 가지가지다. 없는 게 없다. 도시가 형성되고 사람들이 사용했던 물건이라면 여기에 다 모여 있는 듯했다. 그 중에서도 나를 가장 유혹하는 것이 클래식 카메라들이다. 그냥 수리도 하지 않고 먼지 수북한 상태로 쌓아 놓은 게 처음에는 이상했지만 그 기분도 잠깐, 갖고 싶다는 생각이 나를 못살게 굴었다.

이외에도 시애틀에는 스페이스 니들, 배를 이용해 주변을 돌아보는 투어 코스, 보잉 사에 있는 비행기 박물관 등 볼거리가 많이 있다. 단 시애틀 관광 중 그냥 지나쳐도 무방한 곳이 한 군데 있다. 지하 도시 투어Underground Tour라는 말만 들으면 거창해 보이는 여행상품이지만 다녀오면 실망 그 자체이다. 말인즉

슨 초기 시애틀에 대화재가 발생해 도시가 다 타 버렸다. 새로운 도시 건설을 계획하던 중, 과거 도시가 워낙 낮은 지대에 있어서 바닷물이 역류하여 많은 어려움을 겪었던 그들은 새로운 도시는 좀더 높게 짓기로 하고 건축을 했는데, 그러다 보니 옛날 불이 나서 폐허가 된 도시가 지금의 도시 아래에 그대로 남아 있게 되었다. 그 동안 까마득히 잊고 있던 그곳을 관광지로 개발한 것이다. 그런데 잊고 지냈다는

말 자체도 좀 이해가 가지 않았고, 또 그만큼 볼거리가 많은 곳도 아니었다. 자세히 보면 미국인들은 작은 것도 상당히 거창하게 포장하는 대단한 능력을 가진 사람들이라는 것을 자주 느낀다.

타코마는 워싱턴 주에서 우리 교민들이 가장 많이 사는 항구도시로, 지금은 많이 침체되었지만 과거에는 원목 수출 항구로 꽤 번성했던 도시였다. 한때는 우범지역으로 많은 사람들이 떠났으나 정부 차원에서 재개발을 시작하여 과거의 명성에 버금가는 도시로 탈바꿈하고 있다. 타코마 지역에 한국 교민이 많이 사는 이유를 나름대로 생각해 보았다. 이 지역은 군사도시이다. 해외로 파병 나가는 많은 군인들이 이곳에서 출발한다고 한다. 물론 귀국하는 군인들도 이곳으로 들어오고, 그러다 보니 국제결혼을 한 많은 한인들이 이곳에 정착하게 되었고, 그들을 중심으로 이곳에 교민들이 많이 모여 살게 된 것 같았다. 최근 들어 이민 오는 사람들은 타코마보다는 시애틀 북쪽 지역으로 많이 들어오고 있다.

산 정상에 연중 내내 만년설이 있어 눈산이라고 불리는 레이니어는 인디언 말로 타호마^{Tahoma}라고 하며, 이 이름의 어원으로 워싱턴의 세번째 도시인 타코마^{Tacoma}라는 도시 이름이 생겼다. 마운틴 레이니어는 4,392미터의 높이로 오랜 침엽수림인 순수한 전나무 군으로 이루어졌다. 공원 내의 많은 나무들은 5백 년 이상된 것으로, 어떤 나무들은 천년 이상된 것들도 많다고 한다.

또한 여러 야생동물들이 서식하고 있으며, 운이 좋은 날에는 흑곰과 퓨마 같은 동물들을 멀리서나마 볼 수 있다고 한다. 그러나 자주 가 본 나는 사슴과 여우 이외에 다른 동물은 아쉽게도 한 번도 보지 못했다.

이곳의 날씨는 태평양에서 습기를 담은 바람이 불어오기 때문에 비 오는 날이 많고 산 주변으로는 멋진 구름의 모양이 자주 연출된다. 이곳을 가는 방법은 파라다이스 포인트로 들어가는 길과 선 라이즈 포인트로 가는 길이 있는데, 선 라이즈 지역은 겨울의 엄청난 강설량으로 보통 11월에서 5월말까지는 입산이 통제되고 있다. 그러나 파라다이스 코스는 일 년 내내 오픈하고 있다. 정상 가까이까지 포장도로로 되어 있어 누구나 쉽게 만년설의 빙하를 가까이에서 볼 수 있는 기회를 주는 곳이기도 하다.

이 산은 활화산으로, 어떻게 보면 아주 위험한 산이지만 이곳 사람들은 자신의 애인처럼 사랑하고 있다.

올림픽
국립공원
Olympic National Park

서부해안을 중심으로 상당히 넓은 지역으로 분포돼 다양한 지형을 보이고 있다. 공원 안에는 호수, 바다, 산, 온천, 빙하 등 다양한 볼거리가 있다. 그러나 다른 국립공원과는 달리 지역이 여러 개로 나누어져 있어 한 지역에서 다른 지역으로 가기 위해선 국립공원 밖으로 나가야 하는 불편한 점이 있다. 또한 공원 내 바닷가는 주차장에서 상당히 걸어 들어가야 하고, 인디언 보호지역으로 되어 있어 관리 소홀로 바닷가 주변이 많이 산만하고 지저분하다는 게 흠이다. 대표적인 포인트 몇 곳을 살펴보면, 가장 인상적인 곳 중에 한 곳인 허리케인 릿지^{Hurricane Ridge}가 있다. 미국 국립공원의 대부분이 그렇듯이 이곳도 웬만한 곳까지는 차량으로 갈 수 있도록 도로가 잘 되어 있다. 주차장에서 내려 조금만 걸어가면 병풍 같은 만년설과 빙하가 우리를 사로잡는다. 장비를 갖춘다면 눈 위를 걷는 하이킹 코스도 있어 새로운 맛을 느낄 수 있다. 허리케인 릿지를 내려와 올림픽 공원의 두번째 포인트인 호우림지 쪽으로 가다 보면 중

허리케인 릿지

호우림

간에 상당히 큰 호수를 하나 만나게 된다. 이 호수의 이름은 크레센트 호수로, 초승달 모양으로 길게 펼쳐진 산중에 있는 호수다. 언뜻 보면 바다 같다는 생각이 들 정도로 상당히 넓고 긴 호수지만 미국에는 이러한 호수들이 상당히 많다. 호우림 지역을 조금 못 미쳐 온천이 하나 나오는데, 이곳에서는 상당히 유명한 곳이라고 하지만 워낙 많은 사람들이 찾아와 지금은 많이 오염되고 있다는 안타까운 소식도 들린다. 이곳에서 생활하는 교포들은 많이 들르는 곳이라 한다.

올림픽 마운틴을 가기 전에 가장 가보고 싶었고 흥미를 느끼게 한 곳이 우림지이다. 이곳은 연간 강수량이 많고 태평양에서 불어오는 습한 공기로 인해 공원 내에 원생림이 만들어졌는데, 나무줄기를 따라 이끼들이 엉켜서 축축 늘어진 모습이 아마존 강 정글 속에 들어와 있는 듯한 느낌을 주는 곳이다. 허리케인 릿지와 더불어 올림픽 국립공원에서 가장 깊은 인상을 주는 곳이다.

트레일 코스가 몇 군데 있는데, 가장 짧은 코스가 원형으로 호우림 주변을 관찰하는 왕복 1시간 거리의 코스다.

올림픽 공원의 특색 중 하나는 해안가에 상당히 큰 고목들의 잔해가 널려 있다는 것이다. 어디에서 흘러왔는지 모를 이 커다란 고목들이 상당히 이색적인 분위기를 만들어 주고 있다.

30일간 함께한
촬영장비 이야기

기본적인 원칙을 지키도록 노력하는 것이
좀더 좋은 사진을 얻을 수 있는 방법이다.

중형 카메라 📷

- 핫셀 503cx
- 렌즈는 50mm, 80mm, 150mm, 250mm
50mm 렌즈를 주로 사용

35mm 카메라 📷

- 캐논 EOS 3
- 렌즈는 Sigma 15mm, Canon 20-35mm,
28-80mm, 70-200mm, 300mm, 105mm 마
이크로 렌즈

디지털 카메라 📷

- 캐논 D-60
- 사용 렌즈는 EOS 3와 같음

파노라마 카메라 📷

- Horseman SW612
- 사용 렌즈는 Rodenstock 45mm

필름과 노출계

컬러 슬라이드 필름 코닥 E 100VS
흑백 필름 코닥 TMX 100
세코닉 L-508

많은 주를 돈다고 생각하니 욕심이 생겼
다. 사진을 최대한 많이 찍을 생각으로, 있는 장비
없는 장비 몽땅 챙겨 떠났다.

대표적인 카메라 한 세트만 가지고 가는 게 사
진의 집중성과 완성도를 높일 수 있는 방법임을
잘 알면서도, 혹시나 하는 생각에 욕심이 앞서 무
리를 한 것이다. 아닌 걸 알면서도 고집하는 건 더 바보
같은 짓인데.

어떤 촬영이든 사전 준비가 상당히 중요하다. 특히 자주 가는 것이 쉽지 않은 장소는 더더욱 준비가 철저해야 실수를 방지할 수 있다. 날씨, 주변 환경 등 촬영하고자 하는 지역의 특성을 잘 알아야 한다. 그리고 그 지역에 맞는, 촬영에 가장 적당한 시간대를 찾는다. 필요한 사진 장비를 준비한다. 그러나 정해진 일정과 시간에 쫓기는 여행에서는 이러한 원칙을 제대로 지킬 수 없는 게 현실이다. 그래도 기본적인 원칙을 지키려고 노력하는 것이 그렇지 않은 것보다 좀더 좋은 사진을 얻을 수 있는 비결이다.

특히 풍경사진에서는 날씨와 적절한 시간대 선정이 가장 중요하다. 광선의 다양한 변화를 볼 수 있고, 대상의 콘트라스트 및 질감의 표현에 가장 이상적인 일출, 일몰 전후의 시간대가 가장 좋다. 뭐니뭐니해도 제일 좋은 방법은 해당 지역에 며칠이고 머물면서 아침 저녁으로 기후 및 광선, 주변 환경의 변화를 파악하고 거기에 맞춰 촬영을 하는 것이다. 알면서도 그렇게 못하는 현실이 얼마나 안타까운가. 누군가 그랬다. 사진은 기다림의 예술이라고.

또한 촬영 장비는 앞에서도 언급했듯이 한가지 포맷으로 통일하는 게 좋다. 그러나 짧은 시간에 최대한 많은 것을 얻으려는 욕심이 생길 수도 있다. 그러다 보니 자신이 갖고 있는 모든 장비를 동원해 촬영을 하는 경우가 있다. 그러나 모든 장비를 다 들고 떠나는 경우, 여러가지가 복잡해져서 어느 것 하나 제대로 된 촬영이 안 되는 게 보통이다. 이 점도 기억해야 한다.

장기간 촬영할 때는 필름 보관도 중요하다. 지금은 디지털 카메라가 상용화되어 필름이 과거처럼 그렇게 중요한 요인은 아니지만, 필름을 사용해 촬영하려고 한다면 필름 보관에 상당히 신경을 써야 한다. 필름은 온도에 민감한 재료이다. 특히 온도가 높은 여름에 필름을 상온에 방치하면 필름의 기본 틀이 깨져서 확실한 재현을 만들어내지 못한다. **컬러 밸런스나 콘트라스트가 무너진다**

이를 방지하기 위해선 필름을 선선하고 직사광이 들지 않는 곳에 보관해야 한다. 만약 자동차를 가지고 촬영을 간다면, 아이스박스 같은 곳에 넣어 가면 좋을 것이다. 디지털 카메라로 촬영을 할 경우는 메모리 용량이 큰 메모리 카드를 준비하는 게 좋고, 촬영 후 백업시킬 휴대용 하드웨어나 노트북을 준비하는 것도 잊지 말아야 한다. 최근엔 기가급(GB) 메모리 카드도 **compact flash: 4GB 까지도 나왔다** 등장하여 훨씬 더 편리해졌다.